CLEMENT MAROT
ŒUVRES DIVERSES

Eau forte d'après un portrait perdu attribué à Holbein

CLEMENT MAROT

ŒUVRES DIVERSES

RONDEAUX, BALLADES, CHANTS-ROYAUX, EPITAPHES ETRENNES, SONNETS

édition critique par
C. A. MAYER

UNIVERSITY OF LONDON
THE ATHLONE PRESS
1966

A la mémoire de W. D. Hogarth

Mes recherches ont été facilitées par une subvention du Central Research Fund de l'Université de Londres.
Je tiens à remercier tous ceux qui m'ont aidé dans mon travail. Je prierai MM. C. Dionisotti, F. Lesure, I. McFarlane, D. J. Ross, R. Scheurer, J. S. Spink et Mlle D. Bentley-Cranch d'accepter ce témoignage de ma gratitude.

INTRODUCTION

I. ETUDE LITTÉRAIRE

i. *Les petits genres lyriques dans l'œuvre de Marot*

Depuis le XVIIe siècle, sinon depuis son vivant, Marot est, pour beaucoup de lecteurs, le poète des petits genres. Il est aisé de comprendre que le grand siècle ne fut guère susceptible d'apprécier sa poésie lyrique et satirique, alors que ses pièces légères furent goûtées pour leur esprit, leur verve et leur galanterie. De nos jours, le fait de ne voir dans notre poète que l'auteur spirituel de rondeaux et de ballades permettait de reléguer Marot au moyen âge et de considérer sa poésie comme un pur art d'agrément. On sait ce qu'il y a de limité, de faux dans cette vue.[1] Placée dans une perspective plus juste, son œuvre montre combien son esprit était ardent et en même temps substantiel, largement ouvert aux courants intellectuels les plus puissants de son temps. C'est donc en partie pour corriger une erreur que la critique moderne a insisté sur l'aspect plus grave du poète. Il ne faut pas pour autant être insensible à ce qu'il y a d'aimable, d'aérien, de charmant dans l'œuvre de Marot.

Rappelons quels sont les petits genres auxquels il a contribué. Ce sont le Rondeau, la Ballade, le Chant-Royal, l'Epitaphe, l'Etrenne et le Sonnet. Ces genres ne se distinguent ni par le ton, ni par le sujet, comme c'est le cas des *Œuvres satiriques* et des *Œuvres lyriques*.[2] Seule l'Epitaphe se rattache à un sujet unique, la mort. Encore faut-il noter que ce sujet est traité sur des tons très différents. Car, si la plupart des Epitaphes sont sérieuses, d'autres sont franchement facétieuses et parfois satiriques. Dans les Rondeaux, Ballades et Epigrammes par contre Marot est tour à tour lyrique, satirique, élégiaque. Dans ces conditions l'éditeur moderne ne peut que suivre le poète en adoptant la classification

---
[1] Cf. *Œuvres lyriques*, p. 29.
[2] Sur le problème général de l'économie de l'édition critique de Marot, voir *Les Epitres*, pp. 26–31.

par genres, telle qu'on la trouve à peu près dès la première édition de Marot, à savoir l'*Adolescence clémentine*.[1] Pourtant le présent volume ne contient que les Rondeaux, Ballades, Chants-royaux, Epitaphes, Etrennes et Sonnets, et non les Epigrammes, qui devront paraître séparément. Cette distinction est d'une part d'ordre pratique et esthétique, les épigrammes ayant tout avantage à être publiées en un seul volume; d'autre part elle s'impose par des considérations historiques. C'est que, dans son édition de 1538,[2] Marot a mis à part les Epigrammes,[3] y compris celles qui avaient préalablement été publiées comme Dixains, Huitains, Blasons ou Etrennes.[4]

a. Le Rondeau

Marot composa soixante-quatre rondeaux.[5] Cinquante-six de ces pièces furent publiées dans l'*Adolescence clementine* du 12 août 1532 et composées par conséquent avant 1527.[6] Un autre rondeau, *Sur la devise de Madame de Lorraine, Amour & Foy*,[7] parut pour la première fois dans l'*Adolescence clementine* publiée à Lyon en juillet 1533,[8] avant d'être publié dans la *Suite de l'Adolescence clementine*[9] vers la fin de cette même année, et appartient donc très probablement à la jeunesse de Marot. En dehors de ce poème, deux rondeaux seulement se trouvent dans la *Suite de l'Adolescence clementine*. Ce sont les pièces *De la paix traictée à Cambrai*[10] qui doit dater de 1529, et *A Mgr de Belleville*[11] qui fut composé en mai-juin 1532. En 1534, dans *Le Premier Livre de la Metamorphose d'Ovide*,[12] paraissent deux rondeaux se rapportant à l'emprisonnement du poète en 1526. Enfin l'édition

---

[1] *LADOLESCENCE CLEMENTINE*, Paris, G. Tory pour P. Roffet, 12 août 1532 (*Bibliographie*, II, no. 9).

[2] *Les Œuvres de Clement Marot*, Lyon, S. Gryphius, s.d. (1538) (*Bibliographie*, II, no. 71).

[3] Ces pièces forment un recueil à part, sous le titre *Les Epigrammes de Clement Marot divisez en deux livres.*

[4] Cf. plus bas, pp. 15–16.

[5] A ce nombre de rondeaux authentiques plusieurs pièces apocryphes furent ajoutées par divers éditeurs. Voir plus bas, pp. 39–43.

[6] Sur cette question, voir P. Villey, *Recherches sur la chronologie des Œuvres de Marot*, Paris, 1921, pp. 9–39.

[7] No. LIX.   [8] Voir *Bibliographie*, II, no. 14 bis.

[9] *Bibliographie*, II, no. 15.   [10] No. LVII.   [11] No. LVIII.

[12] *Bibliographie*, II, no. 21.

ETUDE LITTÉRAIRE 7

de 1538[1] contient les trois derniers rondeaux qu'ait écrits Marot. Ce sont les pièces *De l'amour du siècle antique*,[2] *D'une dame à un importun*,[3] et *De la mal mariée*.[4] La date de leur composition est impossible à déterminer avec précision.

Plus qu'aucun autre genre, les rondeaux de Marot sont donc liés à sa jeunesse, puisque cinquante-huit sur soixante-quatre de ces pièces furent composées avant 1527, c'est-à-dire avant que le poète n'eût atteint la trentaine. A partir d'alors le poète semble avoir renoncé à peu près complètement au rondeau. Dans son *Art poétique françoys*,[5] Thomas Sebillet le dit très clairement:

...lés Poétes de ce temps lés plus frians ont quitté lés Rondeaus a l'antiquité, pour s'arrester aus Epigrammes et Sonnetz, Poémes de premier pris entre lés petis. Et de fait tu lis peu de Rondeaus de Saingelais, Sceve, Salel, Héroet: et ceus de Marot sont plus exercices de jeunesse fondés sur l'imitation de son pere, qu'œuvres de téle estofe que sont ceus de son plus grand eage: par la maturité duquel tu trouveras peu de rondeaus creus dedans son jardin.

Il n'y a rien d'étonnant à cela. Le rondeau est sans doute le genre de prédilection des poètes du quinzième siècle. Villon, Charles d'Orléans, de même que les Grands Rhétoriqueurs, l'ont tous cultivé. Or nous savons que Marot, fidèle dans sa jeunesse à la poétique des Rhétoriqueurs, rompit avec cette tradition vers 1525 en 1527 sous l'influence de l'humanisme, du luthéranisme et de la vogue de l'Italie, mouvements avec lesquels il entra en contact grâce à sa position à la cour de Marguerite d'Angoulême.[6]

Ce serait pourtant une erreur que de reléguer, comme on l'a fait trop souvent, les rondeaux de Marot au rang de simples compositions de rhétoriqueur sans importance. Ce n'est pas seulement qu'il a su mettre dans ces poèmes infiniment de charme; mais encore qu'avant d'abandonner ce genre désuet, il a essayé de le rénover par l'inspiration pétrarquiste,[7] tout comme il n'a abandonné la Complainte qu'après avoir tâché d'en renouveler l'inspiration par l'evangélisme.[8]

Assez paradoxalement, c'est Marot qui a perfectionné le rondeau au point d'en faire un véhicule pour la libre expression poétique.

[1] *Bibliographie*, II, no. 70.   [2] No. LX.   [3] No. LXI.   [4] No. LXII.
[5] Ed. F. Gaiffe, STFM, Paris, 1910, p. 120.   [6] Voir *Epîtres*, p. 40.
[7] Voir plus bas, pp. 19–29.   [8] Voir *Œuvres lyriques*, pp. 10–12.

C'est probablement son père, Jean Marot, qui a donné au rondeau sa forme définitive.[1] Au début, le nom de rondeau s'appliquait à des formes très diverses n'ayant en commun que la présence d'un refrain.[2] Une évolution très lente semble s'être faite, aboutissant au rondeau marotique.[3]

b. La Ballade

Des dix-neuf ballades composées par Marot, treize furent publiées dans l'*Adolescence clementine* du 12 août 1532, une quatorzième se rapportant à l'emprisonnement du poète en 1526[4] parut dans *Le Premier Livre de la Metamorphose d'Ovide* en 1534, mais fut sans doute composée en 1526. *La Suite de l'Adolescence clementine* contient trois ballades; les deux dernières furent publiées dans les *Œuvres* de 1538.

La Ballade, comme le Rondeau, appartient donc essentiellement à la jeunesse de Marot. Dans ce genre on peut distinguer assez nettement les pièces publiées dans l'*Adolescence*, et donc composées avant 1527, des poèmes rimés après cette date. Dans les ballades de sa jeunesse Marot s'est contenté de suivre fidèlement les Rhétoriqueurs, en faisant preuve, plutôt que de lyrisme, de virtuosité, témoin ce tour de force qu'est la ballade *Du jour de Noel* composée entièrement en rimes en *ac, oc* et *ic*. Une seule de ces treize ballades, celle qui vante les prouesses *De frere Lubin*, fait exception, puisque la satire y permet au poète de donner expression à sa verve et à son esprit. Les cinq dernières ballades par contre sont toutes d'inspiration lyrique. Ce sont le *Chant de joye au retour d'Espagne de Messeigneurs les enfans*, le *Chant pastoral à Monseigneur le cardinal de Lorraine, De s'amye bien belle*, le *Chant de May* et le *Chant de May & de Vertu*. La première de ces pièces est d'un lyrisme purement officiel, de même du reste que la seconde, laquelle représente en plus une

---

[1] Cf. Ph. A. Becker, *Clément Marot, sein Leben und seine Dichtung*, Munich, 1926, p. 212: « Das Rondeau hat seine stereotype Form erst gegen Ende des 15. Jahrhundert erhalten. Marot übernahm sie fertig von seinem Vater. »

[2] Voir *Recueil d'Arts de Seconde Rhétorique*, publié par E. Langlois (Collection Documents Inédits sur l'Histoire de France), Paris, 1902.

[3] Voir G. Raynaud, *Rondeaux et autres poésies du XVe siècle*, Paris, SATF, 1889; pp. xxxv–lv.

[4] C'est la pièce *Contre celle qui fut s'amye* (no. LXXX).

tentative d'assimiler la ballade à la poésie bucolique.[1] La troisième ballade, *De s'amye bien belle*, est la plus intéressante du point de l'évolution de Marot, puisqu'elle se trouve parmi les *Elégies*.[2] On sait que vers 1533 le poète semble avoir défini l'élégie comme un long poème d'amour,[3] alors qu'en 1538 il en élargissait la définition en rangeant parmi les élégies trois de ses Complaintes.[4] A un moment donné, Marot a donc tenté d'assimiler la ballade à l'élégie. Bien qu'il ne s'agisse là, de toute évidence, que d'une tentative passagère, on voit qu'à partir de 1527 Marot a fait de la ballade un genre lyrique. Ici, comme ailleurs, ses hésitations montrent qu'il a voulu donner à la poésie française une direction nouvelle.

Sebillet marque très clairement ce caractère souple de la ballade marotique:

> La Balade est Poéme plus grave que nesun dés précédens, pour ce que de son origine s'adressoit aus Princes, et ne traitoit que matiéres graves et dignes de l'aureille d'un roy. Avec le temps empireur de toutes choses,

---

[1] Il convient de noter que ces deux pièces, publiées pour la première fois dans *La Suite de l'Adolescence clementine*, y figurent dans la section intitulée *Chants divers* en compagnie de l'épithalame I (*Œuvres lyriques*, LXXXV) et de plusieurs autres pièces (cf. *Œuvres satiriques*, p. 7, n. 6). C'est peut-être à cause de la présence dans cette section de plusieurs poèmes appartenant au lyrisme officiel que V. L. Saulnier a prétendu que *Chant divers* était l'appellation que Marot réservait à ce genre poétique (« Cette section, au titre médiocre mais parfaitement autorisé, groupe surtout des pièces politiques d'apparat », *Etat présent des études marotiques*, *L'information littéraire*, 1963, p. 101).
Je ne saurais me ranger de cet avis. Voici les pièces publiées dans les *Chantz divers*: *Le chant de l'Amour fugitif*, *Le second Chant d'Amour fugitif*, *Le chant des visions de Petrarque*, *Chant nuptial du mariage de madame Renée*, *Chant Royal de la Conception nostre Dame*, *Chant pastoral en forme de Ballade à Monseigneur le Cardinal de Lorraine*, *Chant de joye, composé la nuyct qu'on sceut les nouvelles de la delivrance des Enfans de France*. Dans les *Œuvres* de 1538, Marot a ajouté à cette section sept pièces, à savoir le *Chant Royal Chrestien* et le *Chant Royal dont le Roy bailla le Refrain*, tous deux publiés déjà dans l'*Adolescence clementine*, le *Chant nuptial du Roy d'Escoce*, le *Cantique à la Deesse Santé*, les deux ballades *Chant de May* et *Chant de May & de Vertu* et enfin le *Chant de folie De l'origine de Villemanoche*. De ces pièces la plupart n'ont certes pas un caractère officiel. De plus, deux parmi ces poèmes, *Le second Chant d'Amour fugitif* et le *Chant de folie De l'origine de Villemanoche* sont satiriques et non lyriques. Tout nous porte donc à croire que les *Chants divers* ne forment en somme qu'un groupe de pièces diverses que Marot n'a pas voulu classer.
[2] Pour mes raisons de retrancher ce poème des Elégies, voir *Œuvres lyriques*, p. 41.
[3] Voir *Œuvres lyriques*, pp. 16–18.   [4] Voir *Œuvres lyriques*, p. 8.

lés Poétes François l'ont adaptée a matiéres plus légéres et facécieuses, en sorte qu'aujourd'huy la matiére de la Balade est toute téle qu'il plaist a celuy qui en est autheur. Si est elle néantmoins moins propre a facécies et légéretéz.[1]

Du point de vue technique cependant Marot n'a guère introduit d'innovations dans ce genre.

c. Le Chant-royal

On ne connaît que quatre Chants-royaux de Marot. Un de ces poèmes (*Chant Royal de la Conception*, no. LXXXVI) fut composé en 1521;[2] les trois autres probablement entre 1527 et 1531. En effet les deux pièces *Chant Royal chrestien* (no. LXXXII) et *Chant royal dont le Roy bailla le refrain* (no. LXXXIII) furent publiées pour la première fois dans l'édition subreptice lyonnaise intitulée *Les Opuscules*,[3] pour figurer ensuite, dans l'*Adolescence clementine*, dans la section finale des œuvres « Faictes depuis l'eage de son Adolescence », alors que le dernier Chant-royal de Marot (*Chant royal de la Conception*, no. LXXXIX) parut pour la première fois dans la *Suite*. Ajoutons que dans les *Œuvres* de 1538, le premier Chant-royal reste dans l'*Adolescence*, tandis que les trois autres figurent dans la *Suite*, parmi les *Chants divers*.

Le Chant-royal semble avoir été un des genres de prédilection des poètes de la fin du XVe et du début du XVIe siècle. On sait que ce genre était lié au concours poétique connu sous le nom de Puys de Palinod à Rouen.[4] Marot y participa avec son Chant-royal de la Conception (no. LXXXVI), mais ne remporta pas de prix.[5]

Tel fut le prestige de ce genre artificiel que les théoriciens de l'époque, même quand ils se montrent plutôt hostiles envers la poétique des Rhétoriqueurs, comme Sebillet, en font beaucoup de cas. Ce dernier va même jusqu'à faire cette curieuse affirmation que le chant-royal est le genre lyrique par définition et celui d'où provient toute la poésie lyrique française:

[1] *Ed. cit.*, p. 131.
[2] Voir plus bas, p. 175.
[3] O. Arnoullet, s.d. (vers 1531) (*Bibliographie*, II, no. 6).
[4] Voir E. de Robillard de Beaurepaire, *Les Puys de Palinod de Rouen et de Caen*, Caen, 1907.
[5] Voir plus bas, p. 175, n. 1.

…le chant Royal est le premier et souverain entre tous lés chans: et que lés autres ne se font qu'a l'ombre et imitation de luy.[1]

Les chants-royaux de Marot sont probablement ce qu'il ait écrit de plus faible. Sans doute ne se sentait-il pas à son aise dans ce genre artificiel.

d. L'Epitaphe

A la différence des genres précédents, l'épitaphe n'est pas liée à une période de la vie de Marot; il en a composé du commencement jusqu'à la fin de sa carrière.

Sur les quarante-quatre épitaphes qu'on peut lui attribuer avec un certain degré d'assurance,[2] quatorze furent publiées dans l'*Adolescence clementine* du 12 août 1532.[3] Ce sont:

---

[1] *Ed. cit.*, p. 141. Les « autres » chants sont les « Chans Pastouraus, chans nuptiaus, chans de joye, chans de follie ». Cf. aussi la définition que donne Sebillet:

« Aussi s'appelle-il chant Royal de nom plus grave : ou a cause de sa grandeur et magesté, qu'il n'appartient estre chantée que devant lés Roys : ou pource que véritablement la fin du chant Royal n'est autre que de chanter lés louenges, prééminences et dignités dés Roys tant immortelz que mortelz : comme il est a présumer que la Balade ayt esté ainsi nommée a cause du bal, auquel se peut croire que par son chant se souloit accommoder au temps de son origine. . . . Mais afin que tu ne me dies curieus d'etymologies (qui touchent toutesfois de bien prés la force et sustance de la chose), je me contenteray de ce peu que je t'en ay dit, pour te aviser au reste que le plus souvent la matiére du chant Royal est une allégorie obscure enveloppant soubz son voile louenge de Dieu ou Déesse, Roy ou royne, Seigneur ou Dame : laquelle autant ingénieusement déduitte que trouvée, se doit continuer jusques a la fin le plus pertinemment que faire se peut : et conclure en fin ce que tu prétens toucher en ton allégorie avec propos et raison. »
(*Ed. cit.*, pp. 136–7.)

[2] Dans ce nombre ne sont pas comprises cinq épitaphes traduites du latin ou du grec et qui doivent figurer dans le volume des *Traductions*. Ce sont:
De Messire Charles de Bourbon
 (« Dedans le clos de ce seul tumbeau cy »)
Epitaphe d'Erasme pris du Latin
 (« Le grand Erasme icy repose »)
Epitaphe de feu Messire Artus Gouffier, grand maistre de France, pris du grec de Lascaris
 (« Patroclus fut d'Achilles regretté »)
Epitaphe de Philippe, mere de messire Artus Gouffier pris du grec de Cinerius
 (« Soubs cette tumbe cy »)
Epitaphe de Messire Jan Olivier, evesque d'Angiers, traduict ainsi qu'on dict par C.M.
 (« Te veux tu enquerir, viateur, qui je suis »)
[3] Voir plus haut, p. 6.

De Jane Bonté (no. XC)
De Longueil, homme docte (no. XCI)
Du petit Argentier Paulmier d'Orleans (no. XCII)[1]
De maistre André le Voust, medecin du duc d'Alençon (no. XCIII)
De Catherine Budé (no. XCIV)
De Coquillart & de ses armes à trois coquilles d'or (no. XCV)
De Frere Jehan Levesque, cordelier, natif d'Orleans (no. XCVI)
De Jehan Le Veau (no. XCVII)
De Guion Le Roy qui s'attendoit d'estre Pape avant que mourir (no. XCVIII)
De Jouan, fol de Madame (no. IC)[2]
De Frere André, Cordelier (no. C)
De maistre Pierre de Villiers (no. CII)
De Jean Serre, excellent joueur de farces (no. CIII)
Epitaphe de ladicte dame en vers Alexandrins (no. CV)[3]

Deux épitaphes parurent pour la première fois dans des éditions de l'*Adolescence* de l'année 1533, à savoir celle *Du frere Cordelier Semydieux* (no. CI)[4] et celle *De Alexandre, president de Barrois* (no. CXI).[5] La *Suite de l'Adolescence clementine* contient seize nouvelles épitaphes:

De la Royne Claude (no. CIV)
De Monsieur de Precy (no. CVI)
De Messire Jean Cotereau, Chevalier, Seigneur de Maintenon (no. CVII)
De luy mesmes (no. CVIII)
De luy encores (no. CIX)

[1] Dans l'édition de 1538 le titre de cette pièce devient *De feu honneste personne le petit Argentier Paulmier d'Orleans*.
[2] Dans l'édition de 1538 le titre de cette pièce devient *De Jouan, le fol de Madame*.
[3] C'est l'épitaphe de Louise de Savoie. Cette pièce ne figure pas dans la section des *Epitaphes*, mais se trouve à la suite de l'*Eglogue* sur la mort de Louise de Savoie (*Œuvres lyriques*, LXXXVII).
[4] Publiée dans l'*Adolescence* imprimée le 7 juin 1533 à Paris par G. Tory pour P. Roffet (*Bibliographie*, II, no. 14). Sur cette pièce, voir plus bas, p. 44.
[5] Publiée pour la première fois dans l'*Adolescence* imprimée le 12 juillet 1533 à Lyon par F. Juste (*Bibliographie*, II, no. 14 bis).

ETUDE LITTÉRAIRE 13

Des Allemans de Bourges recité par la deesse Memoire (no. CX)
De maistre Jacques Charmolue (no. CXII)
De Damoyselle Anne de Marle (no. CXIII)
De maistre Guillaume Cretin, poete françoys (no. CXIV)
De Loys Jagoyneau (no. CXV)
De Florimond de Champeverne (no. CXVI)
De Jehan de Montdoulcet (no. CXVII)
De Guillaume Chantereau, homme de guerre (no. CXVIII)
De trois enfans freres (no. CXIX)
De l'abbé de Beaulieu La Marche qui osa tenir contre le Roy (no. CXX)
Du cheval de Vuyart (no. CXXI)

L'épitaphe de Alix (no. CXXII) fut publiée pour la première fois dans une édition de la *Suite* parue en 1535 chez Juste à Lyon,[1] et celle *De Françoys, Daulphin de France* (no. CXXIII) dans un recueil collectif en 1536.[2]

Cinq autres épitaphes:

De Anne de Beauregard qui mourut à Ferrare (no. CXXIV)
De Helene de Boisy (no. CXXV)
De Monsieur du Tour, Maistre Robert Gedoyn (no. CXXVI)
De Jan l'Huilier, Conseiller (no. CXXVII)
De Madame de Chasteaubriant (no. CXXVIII)
De Ortis le More du Roy (no. CXXIX)

paraissent pour la première fois dans les *Œuvres* de 1538.

Une nouvelle épitaphe:

De Monsieur le General Preudhomme (no. CXXXIII)

figure dans l'édition de Constantin en 1544;[3] deux autres se trouvent dans le recueil posthume de 1547,[4] à savoir

---

[1] *Bibliographie*, II, no. 34.
[2] *Recueil de vers latins et vulgaires de plusieurs Poetes Françoys, composés sur le trespas de feu Monsieur le Daulphin*; Lyon, F. Juste, 1536 (*Bibliographie*, II, no. 246).
[3] *Bibliographie*, II, no. 129. Une autre épitaphe, *De Martin*, imprimée dans cette édition, me parait d'authenticité douteuse. Voir plus bas, p. 45.
[4] *Epigrammes de Clement Marot*, Poitiers, J. et E. de Marnef, 1547 (*Bibliographie*, II, no. 154).

De feue Madame de Maintenon (no. CXXX)
D'elle mesme (no. CXXXI)

Enfin l'épitaphe *De Monseigneur de Langeay, Guillaume Du Bellay* parut dans l'édition des *Œuvres* publiée en 1549 par J. de Tournes.[1]

Dans l'*Adolescence* les épitaphes forment une section à part; il en est de même dans la *Suite*, mais dans cette dernière édition la section des épitaphes est intitulée *Le Cimetiere*. Dans les *Œuvres* de 1538 enfin, les six nouvelles épitaphes sont ajoutées au *Cimetiere*[2] de la *Suite*.[3]

La plupart des épitaphes sont parfaitement sérieuses; mais plusieurs en sont facétieuses. Marot n'a jamais distingué entre ces deux catégories de poèmes, les mettant ensemble dans les mêmes sections.[4] Ainsi, sur les quatorze épitaphes publiées sous ce nom dans l'*Adolescence clementine* de 1532, cinq sont des poèmes funéraires graves, comme par exemple l'épitaphe de Longueil (no. XCI) et celle de Catherine Budé (no. XCIV), tandis que les neuf autres pièces sont facétieuses ou satiriques, telles les épitaphes de frère Jean Levesque (no. XCVI) et de Jean Serre (no. CIII). Même remarque pour *La Suite de l'Adolescence clementine*, où, dans la section intitulée *Le Cimetiere*, quinze poèmes graves sont suivis de l'épitaphe satirique de l'abbé de Beaulieu (no. CXX) et de celle *Du cheval de Vuyart* (no. CXXI).[5]

---

[1] *Bibliographie*, II, no. 169.

[2] Les deux épitaphes parues en 1535 et 1536 se trouvent également rangées dans le *Cimetiere* en 1538.

[3] Les *Œuvres* de 1538 ne représentent en somme que la réunion des trois recueils publiés avant cette date, c'est-à-dire l'*Adolescence*, la *Suite*, et *Le Premier Livre de la Metamorphose de Ovide*, avec, en plus, deux livres d'Epigrammes.

[4] C'est par erreur que des critiques ont affirmé que les épitaphes sérieuses sont réunies dans *Le Cimetiere* et les pièces facétieuses dans la section des *Epitaphes*. Cf. P. Jourda, *Marot, l'homme et l'œuvre*, Paris, 1950, pp. 82-4.

[5] En dehors de ces épitaphes, cette section de la *Suite de l'Adolescence clementine* contient deux Complaintes. Voici les pièces contenues dans *Le Cimetiere*:

De la royne Claude (no. CIV)
De Messire Charles de Bourbon (translation du latin; voir plus haut, p. 11, n. 2).
De feu Monsieur de Precy (no. CVI)

ETUDE LITTÉRAIRE 15

Marot ne semble pas avoir transformé ce genre de façon notable. Dans les deux sortes de compositions il suit ses prédécesseurs. Çà et là, surtout dans les épitaphes satiriques, on sent l'influence de l'antiquité. Ainsi l'épitaphe d'Alix (no. CXXII) contient des réminiscences du *Satyricon* de Pétrone, et dans quelques autres pièces il est possible qu'il y ait des échos de l'anthologie grecque,[1] mais dans l'ensemble c'est peu de choses.

La plupart des épitaphes sérieuses paraissent avoir été composées sur commande, peut-être même à raison d'honoraires. De toute manière, le fait qu'un assez grand nombre de ces poèmes furent gravés sur les dalles funéraires des personnes éternisées par le poète semble l'indiquer. Dans ces conditions il n'est guère étonnant que Marot soit resté, dans ce genre, plus ou moins fidèle à la tradition.

e. L'Etrenne

Dès l'*Adolescence* Marot publia un certain nombre de poèmes courts intitulés Etrennes. Dans les *Œuvres* de 1538 il rangea

De Messire Jehan Cotereau Chevalier, Seigneur de Maintenon (no. CVII)
De luy mesmes (no. CVIII)
De luy encores (no. CIX)
Epitaphe des Allemans de Bourges, recitée par la Deesse Memoire (no. CX)
De Alexandre President de Barroys (no. CXI) (cette pièce avait déjà été publiée dans l'*Adolescence clementine* du 12 juillet 1533 sortie des presses de Juste à Lyon)
De maistre Jaques Charmolue jadis changeur du Tresor (no. CXII)
De noble damoyselle Anne de Marle (no. CXIII)
De maistre Guillaume Cretin, jadis Croniqueur & poete Françoys (no. CXIV)
De Loys Jagoyneau, Jadis Receveur de Soissons (no. CXV)
De Florimond de Champeverne, Valet de chambre du Roy (no. CXVI)
De Jehan de Montdoulcet, Valet de chambre du Roy Loys XII, Vers Alexandrins (no. CXVII)
De Guillaume Chantereau, homme de guerre (no. CXVIII)
De troys enfans freres (no. CXIX)
Complaincte sur la mort de Anne Lhuilier d'Orleans, laquelle par fortune fut bruslée dormant en son lict (*Œuvres lyriques*, VII)
De la tombe de l'Abbé de Beaulieu La Marche qui osa tenir contre le Roy (no. CXX)
La complaincte du riche infortuné Messire Jaques de Beaune, seigneur de Samblançay (*Œuvres lyriques*, V)
Epytaphe du cheval de Vvyart Secretaire de Monseigneur de Guyse, qui par faveur l'appela son glorieux (no. CXXI)

[1] Cf. J. Hutton, *The Greek Anthology in France and in the Latin writers of the Netherlands to the year 1800*, Cornell University Press, 1946.

16 INTRODUCTION

cependant ces pièces parmi les *Epigrammes*,[1] de même que les Blasons, Dixains, Huitains et autres pièces brèves. Ces poèmes n'ayant aucun caractère distinctif, il convient de les mettre parmi les épigrammes, suivant fidèlement l'édition de 1538.[2] Il n'en est pas ainsi du groupe de poèmes publiés en 1541 sous le titre *Les estreines de Clement marot*.[3] Les quarante et une pièces qui forment ce recueil[4] furent toutes adressées à des dames de la cour pour leurs étrennes, le 1er janvier 1541; elles sont faites toutes sur le même mètre et présentent le même jeu de rimes, étant de cinq vers chacune, dont les premier, troisième et quatrième sont de sept, les deuxième et cinquième de trois syllabes, et rimant A A B B A. Dans ces conditions nous devons reconnaître que nous nous trouvons en présence d'un véritable genre à forme fixe créé par Marot. Il convient donc de publier séparément, dans le présent volume qui contient tous les genres à forme fixe, ces quarante et un poèmes[5] qui constituent le genre des Etrennes.

[1] Ce sont:
De la Rose
  («La belle Rose à Venus consacrée»)
A une Damoyselle
  («Damoyselle que j'ayme bien»)
Present de couleur Blanche
  («Present present de couleur de Colombe»)
A sa Dame
  («Une assez suffisante Estreine»)
A une Dame
  («Ces quatre vers à te saluer tendent»)
A Anne
  («Ce nouvel an pour Estrenes vous donne»)
A Jane Seve Lyonnoise
  («Je ne scay par quelles Estreines»)
A Jane Faye Lyonnoise
  («Pour Estrene je vous enhorte»)
A Estienne Dolet
  («Apres avoir estrené Damoyselles»)
[2] Notons cependant que Constantin (*Œuvres*, 1544, *Bibliographie*, II, no. 129) a mis toutes ces pièces dans une section intitulée *Etrennes* avec les *Etrennes aux dames de la Court*.
[3] Paris, J. Dupré, février 1541 (*Bibliographie*, II, no. 91). Le privilège de cette édition est du 10 février 1540 a.s.
[4] En 1542, Etienne Dolet, dans son édition des *Œuvres* de Marot (*Bibliographie*, II, no. 105), ajouta deux poèmes à ce nombre.
[5] Quarante-trois avec les deux pièces ajoutées par Dolet.

f. Le Sonnet

On connaît trois sonnets authentiques de Marot. Ce sont le *Sonnet A Madame de Ferrare* (no. CLXXVII), le *Sonnet de la différence du Roy et de l'empereur* (no. CLXXVIII), et le sonnet *Pour le May Planté par les Imprimeurs de Lyon* (no. CLXXIX). La dernière de ces pièces fut publiée par Marot en 1538. Les deux autres nous sont connues grâce au manuscrit de Chantilly.[1]

Il existe deux autres sonnets attribués à Marot et dont l'authenticité est probable ou possible, à savoir les pièces *Response à deux jeunes hommes qui escrivoyent à sa louange* (no. CLXXX),[2] et « Voyant ces mons de veue si loingtaine » (Appendice 5),[3] dont la première fut imprimée dans l'édition des *Œuvres* de Marot donnée par Dolet en 1542,[4] alors que la seconde fut imprimée dans les *Œuvres* de Mellin de Saint-Gelais en 1547.[5]

Ainsi, Marot ne publia qu'un seul sonnet, et sans même lui donner ce titre, puisque le poème en question se trouve parmi les Epigrammes dans l'édition de 1538. Des considérations d'histoire littéraire interdisent à l'éditeur moderne de suivre Marot dans ce cas, pour précise que soit son indication. Les sonnets doivent nécessairement figurer dans une section à part; on les trouvera dans le présent volume réservé aux genres à forme fixe.

Deux questions se posent à propos du sonnet marotique: est-ce Marot qui a introduit ce genre en France? et Marot a-t-il eu conscience des possibilités esthétiques du sonnet italien? On peut répondre par la négative à la deuxième de ces questions. Sans entrer dans une discussion que rend à peu près impossible le nombre restreint de sonnets écrits par Marot, arrêtons-nous à la considération que le fait même d'en avoir composé si peu ne laisse guère présumer chez lui une grande appréciation des ressources artistiques de ce genre. Ajoutons, pourtant, cet autre fait, que Marot n'a publié lui-même qu'un seul sonnet, laissant les autres en manuscrit, ce qui montre qu'il était incertain sur

---

[1] Le sonnet à la duchesse de Ferrare fut publié en 1550 dans un recueil collectif (*Bibliographie*, II, no. 273). Le *Sonnet de la différence du Roy et de l'empereur* resta inédit jusqu'à la découverte, par G. Mâcon, du manuscrit de Chantilly.
[2] Voir plus bas, p. 48.
[3] Voir plus bas, pp. 48-9.
[4] *Bibliographie*, II, no. 105.
[5] Lyon, P. de Tours.

l'emploi qu'il convenait de faire de ce genre.[1] Si cette constatation ne permet pas de formuler des hypothèses positives, elle doit nous mettre en garde contre une condamnation trop absolue. Plutôt que d'avoir complètement méconnu la valeur artistique du sonnet, Marot semble avoir simplement hésité.

On a longtemps accepté que c'est Marot qui a introduit le sonnet en France. En effet, le poème de cette forme qu'il adressa à Renée de France fut composé à Venise dans l'été de 1536.[2] A cette date pas un seul sonnet en langue française n'avait été publié. Récemment M. Françon a réclamé pour Mellin de Saint-Gelais l'honneur d'avoir introduit le sonnet en France,[3] mais, comme il n'existe pas d'édition critique des œuvres de ce poète, et que l'authenticité des pièces attribuées à lui, de même que la chronologie de ses œuvres, sont très peu sûres, il y a gageure à vouloir établir la précédence de Mellin de Saint-Gelais dans ce genre. Des deux sonnets que cite M. Françon, l'un est « faict au nom de Mademoiselle de Traves »[4] et fut publié par le poète italien Symeoni dans ses *Œuvres* en 1549. Si l'attribution de ce poème à Mellin de Saint-Gelais est sûre, la date d'octobre-novembre 1533 que lui assigne M. Françon n'est que possible, sans être certaine.[5]

Le deuxième sonnet de Mellin de Saint-Gelais cité par M. Françon est la pièce « Voyant ces mons de veue si loingtaine », imitée d'un sonnet de Sannazaro publié en 1531. L'authenticité de cette pièce est douteuse. Si, d'une part, elle fut publiée dans

[1] Notons qu'alors que le sonnet publié en 1538 est assimilé à l'épigramme, les deux sonnets du manuscrit de Chantilly portent bien ce titre de « sonnet ».
[2] Il ne fut jamais publié du vivant de Marot, mais figure dans le manuscrit de Chantilly (Musée Condé, ms 748, *Bibliographie*, I, pp. 10-18) dans la section des pièces composées à Venise (le titre de cette section est: « Autres œuvres faictes à Venise »). Or nous savons que Marot était à Venise du mois de juin au mois de novembre 1536.
[3] *Notes sur l'histoire du sonnet en France*, Italica, XXIX (1952), pp. 121-8; et *La date d'un sonnet de Saint-Gelais*, BHR, XV (1953), pp. 213-14.
[4] *Œuvres complètes*, ed. Blanchemain, Paris, 1873, t. I, p. 281.
[5] Le poème est la réponse d.Hélène de Traves à un sonnet italien de Symeoni célébrant sa ressemblance à sa mère (« Alla Signora Helena di Traves sopra la somiglianza di sua madre »). Cette dernière mourut le 29 octobre 1533. Comme Symeoni avait été au service de cette dame, M. Françon suppose que la réponse d'Hélène de Traves doit se placer peu de temps après la mort de sa mère. Or, en 1533, Hélène de Traves n'était âgée que de quatre ans! En somme, tout ce qu'on peut affirmer c'est que le poème fut composé avant 1549.

les *Œuvres* de Mellin de Saint-Gelais en 1547, elle est attribuée de façon expresse à Clément Marot par le scribe du ms 1700 de la Bibliothèque Nationale.[1] Du reste la date de 1533 que propose M. Françon pour ce poème est des plus hypothétiques.[2] Il reste acquis que le premier sonnet imprimé en langue française est celui que Marot publia dans les *Œuvres* de 1538. De plus, il y a des chances pour que son sonnet adressé à Renée de France soit le premier sonnet composé en langue française, comme on l'a toujours pensé. En effet ce poème peut être daté avec précision, tandis que pour les pièces de Mellin de Saint-Gelais les dates qu'on a proposées ne sont que des conjectures.

ii. *Le sentiment de l'amour dans les poèmes de jeunesse de Marot*

Pendant longtemps on a cherché dans la poésie d'amour de Marot la vérité d'une expérience vécue, plutôt que l'expression poétique d'une émotion profonde affinée au contact des idées de la Renaissance.[3] Ce n'est que récemment qu'on a abandonné ces recherches stériles, du moins dans le cas de Marot, pour étudier les thèmes mêmes de sa poésie d'amour.[4] Encore s'est-on intéressé presque exclusivement aux Elégies, qui bien qu'étant des poèmes d'amour,[5] sont non seulement complètement impersonnelles, mais la partie de l'œuvre du poète qu'on peut estimer la moins réussie.[6] Marot

---

[1] Voir plus bas, pp. 48–9.
[2] M. Françon croit que ce poème où sont évoquées de hautes montagnes ne peut avoir été composé que près des Alpes. Notons cependant que, s'agissant de l'imitation d'un poème italien, il n'est pas nécessaire pour le poète d'avoir devant les yeux quoi que ce soit. Après tout, ce poème de Sannazaro fut imité aussi par le poète anglais Thomas Wyatt («Like to these unmeasurable montayns») ! M. Françon prétend en outre que Mellin de Saint-Gelais n'a pu songer à l'écrire en 1536 lors du séjour de la Cour à Lyon, puisque la mort tragique du dauphin aurait empêché le poète à composer une telle pièce. En fait le sonnet n'a rien de léger et cadre parfaitement avec une situation triste. Ce sont ces conjectures extrêmement douteuses qui font proposer à M. Françon la date de 1533 où la Cour était à Avignon. Il s'agit très clairement d'une hypothèse entièrement gratuite.
[3] Cf. *Œuvres lyriques*, pp. 19–21.
[4] Voir V. L. Saulnier, *Les Elégies de Clément Marot*, Paris, 1952, pp. 47–88 ; et D. Magrini, *Clemente Marot e il Petrarchismo*, dans *Miscellanea . . . Guido Mazzoni*, t. I, 1907.
[5] Voir *Œuvres lyriques*, pp. 16–18.
[6] Voir *Œuvres lyriques*, p. 33.

y ayant traité les plus rabattus parmi les thèmes de la poésie d'amour médiévale, on a jugé avec raison que l'inspiration de ces poèmes était pré-pétrarquiste.[1] Il n'en est pas ainsi des Rondeaux consacrés à l'amour.[2] Ici l'inspiration est sensiblement différente. Ce n'est pas que ces poèmes soient vraiment personnels, ni que le sentiment qu'y exprime le poète soit nécessairement sincère, même si on pouvait faire de la sincérité un jugement de valeur esthétique. Mais Marot y a su éviter les insincérités flagrantes et les artificialités qui défigurent tant de ses élégies, et y a exprimé des sentiments qui, s'ils ne sont pas nécessairement sincères, font preuve d'une émotion profonde et d'une analyse parfois très fine.

Bien que composés pour la plupart vers la même époque où Marot écrivit la majorité de ses *Chansons*, qui sont également de courts poèmes d'amour, les Rondeaux d'amour se distinguent assez nettement de cet autre genre. L'inspiration dans les *Chansons* est toute populaire, et c'est leur grande simplicité, leur entrain et leur verve, même dans la mélancolie, qui font leur charme.[3] Dans les Rondeaux, par contre, le ton est plus élevé. Les thèmes qu'il y traite sont, dans la plupart des cas, nouveaux en France. Car, s'il évoque parfois la belle dame sans mercy, l'amant martyr, et un ou deux autres lieux communs de la poésie du quinzième siècle, il emploie de préférence les thèmes rendus célèbres par Pétrarque et qu'avaient mis à la mode les poètes pétrarquistes italiens de la fin du quinzième et du début du seizième siècle.

Ici une question se pose. Suivant les conclusions de J. Vianey sur le pétrarquisme dans la littérature française,[4] on a accepté que ce n'est que vers le milieu du XVIe siècle que le pétrarquisme a pénétré en France. Il est vrai que Vianey a consacré plusieurs pages à Mellin de Saint-Gelais et à Marot, mais pour ce dernier, ce sont, en dehors de quelques épigrammes, les blasons du beau et du laid tétin qui sont représentés comme des poèmes pétrar-

---

[1] Cf. V. L. Saulnier, *ouvr. cit.*, p. 98.
[2] Les rondeaux n'ont pas tous l'amour pour sujet. Voir plus haut, p. 5.
[3] Voir *Œuvres lyriques*, pp. 33-6.
[4] J. Vianey, *Le Pétrarquisme en France au XVIe siècle*, Montpellier, 1909.

quistes.¹ On a cru notamment que dans sa jeunesse Marot ignorait tout de la poésie italienne et n'a pris contact avec elle que lors de son exil à Ferrare.² Nous savons aujourd'hui que le pétrarquisme a pénétré en France beaucoup plus tôt que ne l'avait pensé Vianey.³ Le père de Clément, Jean Marot, notamment a peut-être mérité le titre de premier pétrarquiste français par son rondeau XXX (« S'il est ainsi que ce corps t'abandonne ») imité de près du sonnet de Serafino Aquilano (« Se questo miser corpo t'abandonna »).⁴ Il serait étonnant si le fils n'avait pas suivi le père dans cette voie nouvelle.⁵ Il n'est pas difficile d'admettre qu'avec l'énorme essor de l'influence italienne en France au début du XVIᵉ siècle, avec la présence de tant d'artistes, poètes, hommes politiques et courtisans italiens à la cour de François Iᵉʳ, l'influence de la poésie italienne dût être très grande en France précisément à ce moment.

Qu'on considère ce poème:

> En esperant, espoir me desespere
> Tant que la mort m'est vie tres prospere;
> Me tourmentant de ce qui me contente,
> Me contentant de ce qui me tourmente
> Pour la douleur du soulas que j'espere.

¹ Selon Vianey (*ouvr. cit.*, pp. 45–50) ces poèmes seraient imités du genre du *capitolo* italien. Il me semble que précisément dans le cas de ces deux poèmes l'imitation est très difficile à prouver. Marot a pu trouver l'inspiration pour ces deux poèmes dans *Les Regrets de la Belle Heaulmiere* de Villon par exemple.
² J'ai moi-même répété cette affirmation dans la préface des *Epîtres*, p. 13. Cf. R. Weiss, *The Spread of Italian Humanism*, Hutchinson University Library, London, 1964, p. 100.
³ Cf. l'ouvrage de F. Simone, *Il Rinascimento Francese, Studi e ricerche*, Turin, 1961.
⁴ Voir C. A. Mayer et D. Bentley-Cranch, *Le premier pétrarquiste français, Jean Marot*, BHR, t. XXVII (1965), pp. 183–5.
⁵ Que Marot a bien connu Pétrarque, c'est ce qui se voit également dans *Le Chant Royal dont le Roy bailla le refrain* (no. LXXXIII). Le refrain de ce poème est effectivement un vers célèbre du poète italien :
« Piaga per allentar d'arco non sana. »
Pour bien souligner le caractère d'exercice littéraire ou de pastiche, Marot, dans le premier vers du poème, emploie une des plus célèbres images de Pétrarque, à savoir celle du « vert laurier », qui tire son origine du jeu de mots sur Laure. Le poème contient également trois *concetti* pétrarquistes, l'amant « tout pasle » (v. 12), le « perçant Traict » que la dame tire « de l'Arc de ses deulx yeux » (vv. 16–17) et « du feu la flamme esprise, Qui plus fort croist quand estaindre on l'essaye » (vv. 30–1).

22   INTRODUCTION

>   Amour hayneuse en aigreur me tempere;
>   Puis temperance aspre comme Vipere
>   Me refroidist soubz chaleur vehemente
>   En esperant.
>   L'enfant aussi, qui surmonte le pere,
>   Bande ses yeulx pour veoir mon improperé;
>   De moy s'enfuyt & jamais ne s'absente,
>   Mais, sans bouger, va en obscure sente
>   Cacher mon dueil affin que mieulx appere
>   En esperant.

Il est intitulé: *Rondeau par contradictions*,[1] et comme l'indique ce titre, il est construit entièrement sur une série d'antithèses, à tel point que chaque vers en contient une. Or l'usage d'antithèses pour exprimer la force de l'amour est un des *concetti* pétrarquistes les plus fréquents, et dont les poètes de la fin du XVe siècle, comme Tebaldeo, et Serafino surtout, ont usé et abusé.[2] Ici donc, l'inspiration pétrarquiste est évidente.

Le même *concetto* se retrouve dans le rondeau *De l'amoureux ardant* (no. V):

>   Au feu qui mon cueur a choisy,
>   Jectez y, ma seule Deesse,
>   De l'eau de grace & de lyesse!
>   Car il est consommé quasi.

où, sous l'influence de Serafino, Marot se montre plus précieux que d'ordinaire. Dans le rondeau *De celluy qui incite une jeune Dame à faire Amy* (no. IV), par contre, l'antithèse est exprimée de façon très discrète:

>   A mon plaisir vous faictes feu et basme.

L'échange des cueurs, tant chanté par Serafino, et qu'à l'imitation du poète italien avait déjà employé Jean Marot,[3] revient deux fois dans les rondeaux de Clément. La pièce, *A une Dame pour luy offrir cueur & service* (no. LII) est entièrement construite sur ce *concetto*:

>   Tant seullement ton Amour je demande,
>   Te suppliant que ta beaulté commande
>   Au cueur de moy comme à ton serviteur,
>   Quoy que jamais il ne desservit heur
>   Qui procedast d'une grace si grande.

---

[1] No. XXVI.   [2] Sur les sources de ce poème, voir plus bas, pp. 93–5.
[3] Voir plus haut, p. 21, n. 4.

> Croy que ce cueur de te congnoistre amande,
> Et vouluntiers se rendroit de ta bande
> S'il te plaisoit luy faire cest honneur
> Tant seullement.
> Si tu le veulx, metz le soubz ta commande!
> Si tu le prendz, las, je te recommande
> Le triste Corps! ne le laisse sans Cueur!
> Mais loges y le tien, qui est vainqueur
> De l'humble Serf qui son vouloir te mande
> Tant seullement.

Il est intéressant de noter que Marot semble s'être inspiré, dans ce poème, des *Azolani* de Bembo plutôt que de Serafino.[1] Dans le rondeau *Pour ung qui est allé loing de s'Amye* (no. LVI) on trouve plus de préciosité dans le développement des idées et surtout dans celle de la distinction entre le cœur et le corps:

> Loing de tes yeux t'amour me vient poursuivre
> Aultant ou plus qu'elle me souloit suivre
> Aupres de toy; car tu as (pour tout seur)
> Si bien gravé dedans moy ta doulceur
> Que mieulx graver ne se pourroit en cuivre.
>
> Le corps est loing; plus à toy ne se livre.
> Touchant le cueur, ta beaulté m'en delivre.
> Ainsi je suis (long temps a) sans mon cueur
> Loing de tes yeux.
> Or l'homme est mort qui n'a son cueur delivre;
> Mais endroit moy ne s'en peult mort ensuyvre,
> Car, si tu as le mien plein de langueur,
> J'ay avec moy le tien plein de vigueur,
> Lequel aultant que le mien me faict vivre
> Loing de tes yeux.

Le thème de la séparation du cœur et du corps se retrouve dans le rondeau *De celluy qui ne pense qu'en s'Amye* (no. XLIII), bien que Marot lui donne dans ce poème une tournure qui ne doit rien à Pétrarque:

> Toutes les nuyctz je ne pense qu'en celle
> Qui a le Corps plus gent qu'une pucelle
> De quatorze ans sur le poinct d'enrager,
> Et au dedans ung cueur (pour abreger)
> Autant joyeux qu'eut oncque Damoyselle.

[1] Voir plus bas, p. 120.

> Elle a beau tainct, ung parler de bon zelle
> Et le Tetin rond comme une Grozelle.
> N'ay je donc pas bien cause de songer
> Toutes les nuictz?
> Touchant son cueur, je l'ay en ma cordelle,
> Et son Mary n'a sinon le Corps d'elle.
> Mais toutesfois, quand il vouldra changer,
> Prenne le Cueur, et, pour le soulager,
> J'auray pour moy le gent Corps de la belle
> Toutes les nuictz.

Dans deux rondeaux Marot emploie le *concetto* de la blessure que reçoit l'amant par les yeux ou la bouche de sa dame. C'est par un baiser qu'elle l'a « navré » dans le rondeau *D'alliance de Sœur* (no. XLIX):

> Las, elle m'a navré de grand vigueur
> Non d'ung cousteau, ne par haine ou rigueur,
> Mais d'ung baiser de sa bouche vermeille.

alors que dans le rondeau *De l'Amant doloreux* (no. XI) c'est le regard de la bien-aimée qui a blessé le poète:

> Avant mes jours mort me fault encourir
> Par ung regard dont m'as voulu ferir,
> Et ne te chault de ma griefve tristesse;
> Mais n'est ce pas à toy grande rudesse,
> Veu que tu peulx si bien me secourir?

Ce *concetto* revient dans la ballade « Amour me voyant sans tristesse » (no. LXXXIII).

A l'instar des poètes italiens, Marot évoque la douce haleine de son amie dans le rondeau *Du baiser de s'Amye* (no. LV):

> En la baisant m'a dit: Amy sans blasme,
> Ce seul baiser qui deux bouches embasme
> Les arres sont du bien tant esperé.
> Ce mot elle a doulcement proferé,
> Pensant du tout appaiser ma grand flamme.
>
> Mais le mien cueur adonc plus elle enflamme,
> Car son alaine odorant plus que basme
> Souffloit le feu qu'Amour m'a preparé
> En la baisant.
> Brief mon esprit, sans congnoissance d'ame,
> Vivoit alors sur la bouche à ma Dame;

Dont se mouroit le corps enamouré;
Et si sa Levre eust gueres demouré
Contre la mienne, elle m'eust sucé l'ame
En la baisant.

La nature colorée par les souffrances du poète est présente comme arrière-plan dans le rondeau *De celluy qui est demeuré et s'Amye s'en est allée* (no. XLVI):

> Tout à part soy est melancolieux
> Le tien Servant, qui s'esloigne des lieux
> Là où l'on veult chanter, dancer et rire.
> Seul en sa chambre, il va ses pleurs escrire,
> Et n'est possible à luy de faire mieulx.
>
> Car, quand il pleut, et le Soleil des Cieulx
> Ne reluist point, tout homme est soucieux.
> Et toute Beste en son creux se retire
>   Tout à part soy.

Comme Pétrarque, Marot emploie un oiseau, en l'occurence « l'aronde », pour représenter son cueur dans un de ses plus beaux rondeaux, *D'ung soy deffiant de sa Dame* (no. XLII).

N'oublions pas les métaphores précieuses typiques de la poésie pétrarquiste qui se trouvent dans plusieurs rondeaux.

En dehors de ces *concetti*, Marot a emprunté à la poésie pétrarquiste quelques thèmes célèbres. L'amant malheureux qui chérit son malheur, sa maladie, fait le sujet du rondeau *Du confict en douleur* (no. XXV):

> Si j'ay du mal, maulgré moy je le porte,
> Et s'ainsi est qu'aulcun me reconforte,
> Son reconfort ma douleur point n'appaise.
> Voyla comment je languis en mal aise
> Sans nul espoir de liesse plus forte.
>
> Et fault qu'ennuy jamais de moy ne sorte
> Car mon estat fut faict de telle sorte
> Des que fuz né. Pourtant ne vous desplaise
>   Si j'ay du mal.
>
> Quand je mourray, ma douleur sera morte;
> Mais ce pendant mon povre cueur supporte
> Mes tristes jours en Fortune maulvaise,
> Dont force m'est que mon ennuy me plaise,
> Et ne fault plus que je me desconforte
>   Si j'ay du mal.

Le thème de la tristesse et de la solitude de l'amant malheureux est développé dans le rondeau *De celluy qui est demeuré et s'Amye s'en est allée* (no. XLVI), et enfin celui de la dame, objet de toute vertu et perfection, fait le charme du rondeau *De celluy qui nouvellement a receu Lettres de s'Amye* (no. XL), où il se trouve allié à l'invocation à la dame de jouir de sa jeunesse, thème cher à Serafino :

> A mon desir d'un fort singulier estre
> Nouveaulx escriptz on m'a faict apparoistre
> Qui m'ont ravy tant qu'il fault que par eulx
> Aye Lyesse ou Ennuy langoreux;
> Pour l'ung ou l'autre Amour si m'a faict naistre.
>
> C'est par ung cueur que du mien j'ay faict maistre,
> Voyant en luy toutes vertus accroistre;
> Et ne crains fors qu'il soit trop rigoreux
> A mon desir.
> C'est une Dame en faictz et dictz adextre;
> C'est une Dame ayant la sorte d'estre
> Fort bien traictant ung loyal Amoureux.
> Pleust or à Dieu que feusse assez heureux
> Pour quelcque jour l'esprouver et congnoistre
> A mon desir.

Alors qu'il est aisé de voir que Marot a emprunté à la poésie pétrarquiste des thèmes et des *concetti* célèbres, il est infiniment plus difficile de trouver des sources précises pour ses rondeaux pétrarquistes. C'est que Marot, à la différence de Ronsard, n'imite presque jamais de façon servile.[1] Ici et là il nous est possible de trouver un vers imité de Pétrarque ou une strophe inspirée à peu près certainement de quelques vers de Serafino, mais dans l'ensemble, tout nous porte à croire que Marot, connaissant comme tous ses contemporains lettrés la poésie italienne, en a imité quelques traits, mais sans suivre de près tel ou tel poète pétrarquiste.

En dehors de ce qu'il a pris chez Serafino qu'il semble avoir imité plusieurs fois, les ressemblances les plus frappantes que présente sa poésie pétrarquiste sont avec les ouvrages de poètes

---

[1] Cf. P. Vianey, *Le Pétrarquisme en France au XVIe siècle*, ouvr. cit., p. 46 : « Non pas que Marot ait copié ses modèles ; il n'était pas plagiaire ; mais comme il s'est bien approprié leur esprit ! »

relativement peu connus comme Olimpo di Sassoferrato et Chariteo. Olimpo ne devint vraiment célèbre que dans la deuxième moitié du siècle, quand sa poésie connut un succès très grand auprès du peuple plutôt qu'auprès de l'élite lettrée. Bien que ses ouvrages aient été publiés dès le début du siècle,[1] ils ne semblent guère avoir été connus des courtisans. Chariteo, d'autre part, établi à Naples, paraît avoir été peu lu dans le Nord. Du reste, seulement deux éditions de ses Œuvres sont connues dans la première moitié du XVIe siécle.[2] Il ne faudrait pas conclure de ces observations qu'il fût impossible pour Marot d'avoir lu les ouvrages de ces deux poètes. Les échanges culturels entre les deux pays sont malgré tout encore assez mal connus. Avec le grand nombre d'Italiens de tant de conditions diverses à la cour de France, il n'est pas exclu qu'un poète comme Marot pût prendre connaissance d'auteurs plus ou moins ignorés en Italie.

Que Marot ait su imiter intelligemment les traits les plus caractéristiques du pétrarquisme, sans pour autant calquer, comme le feront ses successeurs, son œuvre sur celle des poètes italiens, suffit pour montrer, une fois de plus, combien il était maître de son art, et cela dès ses poèmes de jeunesse. Alors que chez Serafino, Tebaldeo et les autres poètes pétrarquistes italiens, les *concetti* sont le plus souvent de simples clichés dont l'originalité ne consiste, pour ainsi dire, que dans leur parfaite artificialité, ces mêmes métaphores, antithèses et pointes prennent chez Marot infiniment plus de fraicheur et de charme. Certes Marot était indéniablement meilleur poète que Tebaldeo ou Serafino;[3] mais il est vrai aussi que Marot arrive à allier, de façon parfaitement naturelle et aisée, les thèmes et les manières pétrarquistes à ceux de la poésie du XVe siècle, et surtout à les faire siens.

C'est donc dès sa jeunesse, et non à partir de son exil à Ferrare,

---

[1] *Strambotti d'amore*, Pérouse, 1518.
[2] *Tutte le opere uolgari*, Naples, 1509; et *Opere*, Venise, A. di Bindosi, s.d. (1515).
[3] Cf. R. Weiss, *ouvr. cit.*, p. 100 : 'Marot's sentiments, his feelings, his rhetorical finery, do not differ very much from those of Cariteo, Tebaldeo, or Serafino. He merely happened to be a better poet.' M. Weiss parle, il est vrai, des Epigrammes et non des Rondeaux de Marot, et accepte, semble-t-il, la théorie de Vianey sur le rôle de l'exil dans la prise de conscience par Marot de la poésie italienne, mais quant à l'appréciation de la grandeur de Marot et de sa supériorité sur Tebaldeo et Serafino il n'y a certes pas lieu de discuter.

que Marot connut et imita les poètes pétrarquistes. On ne trouve plus guère de *concetti* pétrarquistes dans les poèmes que Marot composa après 1538.[1] Il n'y a dans cette constatation rien de surprenant. A l'époque où Marot se trouva à la cour de Ferrare, la préciosité des poètes du début du siècle, de Tebaldeo et de Serafino notamment, était passée de mode. Marot, en abandonnant leur manière, ne fit donc que se conformer à la nouvelle mode italienne.

L'oubli relatif dans lequel sont tombés les rondeaux de Marot s'explique par le fait que Du Bellay, dans *La Deffence et Illustration de la langue françoise*, condamna le rondeau et la ballade comme « espiceries qui corrompent le goust de nostre langue ». A partir de ce moment-là il était inévitable que ceux qui s'intéressent à Marot s'occuperaient de ses autres genres et négligeraient le rondeau si méprisé. Pour les rondeaux d'amour de Marot ce mépris est immérité. On trouve dans ces poèmes une expression discrète du chagrin de l'amant délaissé, comme par exemple dans le rondeau *De celluy qui est demeuré et s'Amye s'en est allée* (no. XLVI) :

> Tout à part soy est melancolieux
> Le tien Servant, qui s'esloigne des lieux
> Là où l'on veult chanter, dancer et rire.
> Seul en sa chambre, il va ses pleurs escrire,
> Et n'est possible à luy de faire mieulx.
>
> Car, quand il pleut, et le Soleil des Cieulx
> Ne reluist point, tout homme est soucieux,
> Et toute Beste en son creux se retire
>   Tout à part soy.
> Or maintenant pleut larmes de mes yeux.
> Et toy qui es mon Soleil gracieux
> M'as delaissé en l'ombre de martyre.
> Pour ces raisons loing des aultres me tire,
> Que mon ennuy ne leur soit ennuyeux,
>   Tout à part soy.

ou bien dans le rondeau *Du conflict en douleur* (no. XXV), où le vieux thème de l'amant martyr et mourant s'allie de façon

---

[1] Comme la plupart des poèmes d'amour écrits après 1527 sont des Epigrammes que nous ne publions pas dans le présent volume, une discussion en détail est impossible ici.

heureuse au thème pétrarquiste de l'amant malheureux aimant son mal.

Les rondeaux d'amour contiennent également quelques-uns des plus beaux vers de Marot. Quoi de mieux venu, de plus charmant, que ce chant d'amour:

> Plus qu'en aultre lieu de la ronde
> Mon cueur volle comme l'Aronde
> Vers toy en prieres et dictz.[1]

iii. *Galanterie et badinage*

Dans les *Etrennes aux dames de la Court*, Marot revient en quelque sorte à l'inspiration de sa jeunesse, à un moment où presque tous ses efforts sont dirigés vers la poésie sérieuse, la traduction des Psaumes et le lyrisme grave des Cantiques. La verve, l'entrain, la gaîté et l'esprit qui brillent dans les Etrennes montrent de façon éclatante que la plume de Marot n'a rien perdu de son charme.

Ces poèmes, étant adressés chacun à une dame de la cour, n'échappent pas entièrement au défaut inhérent à ce genre de composition, à savoir le goût de la plaisanterie intime, susceptible d'être entendue des seuls initiés. Pourtant, dans la plupart des cas, les allusions sont si fines qu'elles n'ôtent rien au plaisir qu'on éprouve à la lecture de ces pièces. De plus, elles sont le plus souvent limpides, de sorte que le lecteur non initié comprend sans trop de difficulté de quoi il est question. Ainsi, dans l'Etrenne *A Madame de Bressuyre* (no. CXLVII):

> S'on veult changer vostre nom
> De renom
> A un meilleur ou pareil,
> Ne vueillez de mon conseil
> Dire non.

il n'est pas necéssaire de savoir que Jehanne de Bretagne, dame de Bressuire, était veuve depuis quatre ans, pour comprendre que dans ce poème Marot exprime le souhait que la dame à qui il s'adresse trouve un mari digne d'elle, et veut faire sentir que cette dame, évidemment d'un certain âge, montre peut-être trop de fierté.

[1] *D'ung soy deffiant de sa Dame* (no. XLII).

Dans d'autres Etrennes, l'allusion est plus voilée, sans pour autant défigurer le poème par trop d'obscurité. Ainsi, dans l'Etrenne *A Madame la grand' Seneschale* (no. CXLIV):

> Que voulez, Diane bonne,
> Que vous donne?
> Vous n'eustes, comme j'entens,
> Jamais tant d'heur au printemps
> Qu'en Automne.

le poète fait allusion à la liaison de Diane de Poitiers avec le dauphin Henri. A l'époque, cette liaison n'étant un secret pour personne, l'allusion si délicate devait être comprise de tout le monde. Aujourd'hui, le poème, même si l'allusion n'est plus très claire, reste un petit chef-d'œuvre de galanterie et de délicatesse.

Il en est de même de l'Etrenne *A Madame l'Admiralle* (no. CXLIII):

> La doulce beaulté bien née
> Estrenée
> Puissions veoir avant l'esté,
> Mieulx qu'elle ne l'a esté
> L'autre année.

où la disgrâce de l'Amiral Chabot en 1540, tout en formant le vrai sujet du poème, est introduite avec tant de tact et d'élégance, que le poème reste encore aujourd'hui un modèle de bon goût.

C'est la simplicité de l'Etrenne, dépourvue de toute préciosité et des fioritures du pétrarquisme, qui en fait tout l'attrait. Quoi de plus simple, de plus limpide, de plus charmant que ces vœux de nouvelle année adressés à la duchesse de Nevers dans l'Etrenne (no. CXXXVIII):

> La Duchesse de Nevers
> Aux yeulx vertz,
> Pour l'esprit qui est en elle,
> Aura louenge eternelle
> Par mes vers.

Revenant au badinage de sa jeunesse, Marot se permet une ou deux fois des plaisanteries sur le nom de la dame à qui il s'adresse. Pourtant, ici encore, Marot réussit à créer un effet d'élégance, alors que d'ordinaire ce genre de plaisanterie nous semble

ETUDE LITTÉRAIRE 31

franchement grossier. Voici par exemple l'Etrenne adressée à une Italienne du nom de Lucresse (no. CLXV):

> Cest an vous face maistresse,
> Sans destresse,
> D'amy aussi gracieux
> Que fut Tarquin furieux
> A Lucresse.

Il en est de même des plaisanteries grivoises qui, dans ces poèmes, revêtent un caractère de simple et délicate galanterie comme par exemple dans l'Etrenne *A Bye* (no. CLXVI):

> Voz graces en faict & dict
> Ont credit
> De plaire, Dieu sçait combien.
> Ceux qui s'y congnoissent bien
> Le m'ont dit.

ou encore l'Etrenne *A ma Dame de Bernay dicte Sainct Pol*[1] (no. CLXXIV):

> Vostre mary a fortune
> Opportune;
> Si de jour ne veult marcher,
> Il aura beau chevaucher
> Sur la brune.

Marot est le maître de tous ces poètes épicuriens qui, par delà le froid intellectualisme des salons dix-sept cent cinquante, retrouveront chez l'abbé de Chaulieu, à la fin du grand siècle, l'art de faire des portraits ressemblants, des allusions intimes, des plaisanteries sur le nom ou le caractère d'une dame de façon délicate et galante. Lui, en tout cas, possédait cet art à la perfection.

iv. *Versification*

A la différence des poèmes publiés dans les trois volumes précédents de notre édition, les pièces contenues dans le présent volume appartiennent pour la plupart à des genres à forme fixe. Il convient donc d'étudier séparément la versification de chaque genre.[2]

---

[1] C'est Anne d'Alençon, l'ancienne amie du poète.
[2] Le seul travail d'ensemble sur la versification de Marot est celui de Keuter, *Clement Marots Metrik*, dans *Archiv für das Studium der neueren Sprachen und Litteraturen*, 1882, pp. 331 suiv.

Le Rondeau[1]

Sebillet, se basant, comme toujours, fermement sur l'œuvre de Marot, distingue entre deux formes principales du rondeau, à savoir le rondeau simple et le rondeau double.[2] Voici comment il décrit ces deux formes:

> *Rondeau simple:* Le Rondeau simple ha quattrain en premier couplet, et quattrain en dernier, unisones, dont lés premiers et derniers vers symbolisent, et lés deus du mylieu demeurent en ryme platte. Le second couplet n'ha que deus vers resemblans en ryme lés deuz premiers du premier couplet: et reprend on aprés le second couplet, et en la fin du tiers le premier vers du premier, ou seulement l'hémistiche...[3]
> *Rondeau double:* Le Rondeau double est celuy qui ha cinquain pour le premier couplet, et cinquain pour le dernier uniformes, comme requiert la nature du Rondeau: mais telz que lés deus vers premiers de chaque cinquain fraternizent en ryme platte: le tiers et quart tout ainsi, mais en autre terminaison: et le cinquiéme symbolise avec lés deus premiers. Le second couplet est de trois vers, de ryme consonante aus trois premiers du premier couplet...[4]

Les définitions de Sebillet sont quelque peu embrouillées. Les exemples qu'il donne—il s'agit dans les deux cas de rondeaux de Marot[5]—montrent que le rondeau simple consiste en un quatrain en rimes embrassées et en un distique suivi du refrain, suivi à son tour d'un second quatrain en rimes embrassées complété par le refrain. Cette forme a donc 12 vers, si l'on compte le refrain. Le rondeau simple est relativement rare chez Marot. Il n'en a fait que cinq en tout.[6] Ils sont tous écrits en octosyllabes et présentent le jeu de rimes ABBA AB R ABBA R.

Tous les autres rondeaux de Marot, à l'exception d'un seul

---

[1] Je ne ferai pas ici l'histoire des genres à forme fixe employés par Marot. Sur ces questions voir L. E. Kastner, *A History of French Versification*, Oxford, 1903; W. Suchier, *Französische Verslehre auf historischer Grundlage*, Halle, 1952; et W. T. Elwert, *Französische Metrik*, Munich, 1961.
[2] *Ouvr. cit.*, pp. 123-7. Sebillet, il est vrai, mentionne quatre sortes de rondeaux; outre les deux formes déjà mentionnées, il cite le triollet, que Marot n'a jamais cultivé, et le rondeau parfait (voir plus bas, p. 33).
[3] p. 123.   [4] p. 126.   [5] VI, LV.
[6] V, VI, VII, XXIV, XXXIX. Le rondeau VII présente la particularité que le refrain consiste du premier vers en entier et non seulement du premier hémistiche.

ETUDE LITTÉRAIRE 33

rondeau parfait,[1] appartiennent à la seconde catégorie, celle du rondeau double. Dans le rondeau double une première strophe de cinq vers est suivie d'un tercet complété du refrain et d'une seconde strophe de cinq vers également complétée par le refrain. Le jeu de rimes dans le rondeau double de Marot est AABBA AABR AABBAR. La plus grande partie des rondeaux doubles sont décasyllabiques, quatre seulement étant en octosyllabes.[2] Marot semble avoir associé le rondeau simple avec l'octosyllabe et le rondeau double avec le décasyllabe.

Reste le rondeau parfait. Marot n'en a écrit qu'un seul, le poème intitulé *Rondeau parfaict. A ses amys apres sa delivrance*.[3] Voici comment Sebillet définit le rondeau parfait:

Rondeau redoublé ou parfait: Il y a une autre espéce de Rondeau dit parfait, ou redoublé, a cause que de moitié ou plus il surmonte le double en nombre de vers et de reprises, et se fait ou du simple ou du double, en sorte qu'il admet autant de coupletz qu'il y a de vers au premier couplet: et a la fin de chaque couplet suivant son ordre se répéte un vers du premier couplet l'un aprés l'autre.[4]

Le rondeau parfait de Marot consiste en six quatrains en rimes croisées, le dernier suivi du refrain. Les vers sont de dix syllabes et le jeu de rimes est ABAB BABA ABAB BABA ABAB BABAR.

La Ballade
Sebillet donne une description à peu près complète des ballades de Marot:

Sa forme est téle qu'elle contient trois coupletz entiers, et un épilogue communement appelé Envoy. Lés trois coupletz doivent avoir tous autant de vers lés uns comme lés autres, et unisones en ryme: car s'ilz sont de différent son, ja la bonne part de la grace que doit avoir la Balade, est esgarée. Le nombre dés vers en chaque couplet est mis en l'arbitre du Poéte: toutesfois plus vulgairement chaque couplet est huittain ou dizain, par fois settain ou unzain: desquelz je t'ay pardevant déclaré la structure au chapitre de l'Epigramme…L'Envoy ou épilogue mesure le nombre de sés vers a la forme du couplet: car si le couplet est huittain, l'Envoy sera quattrain. Si le couplet ha dis vers, l'épilogue en aura cinq plus communément, aucunesfois set. S'il est unzain, l'Envoy sera icy de cinq, là de sis, ailleurs de set vers. Et si le couplet ha douze

---

[1] LXIV.   [2] XXXVII, XXXVIII, XLII, XLVIII.
[3] LXIV.   [4] pp. 127–8.

vers, comme tu en trouveras en aucunes Balades de Marot, l'Envoy en doit avoir set pour légitime proportion. Voila quant au nombre dés vers: mais quant a la ryme, tu entends asséz, sans mon avertissement, qu'a raison de l'analogie, lés vers de l'Envoy, en quelque nombre qu'ilz soient, doivent resembler en son, autant dés derniers du couplet, qu'ilz sont en leur nombre: comme si l'épilogue ha cinq vers, cés cinq doivent estre unisones aus cinq derniers de chaque couplet précédent, et ainsi en plus grand nombre...Mais sur tout faut que tu avises au dernier vers du premier couplet, qu'on appelle, Refrain, pource qu'il se répéte entier en la fin de chaque couplet, et de l'Envoy de mesme. Répéte dy-je, non comme au Rondeau simple ou double, auquel la répétition du vers ou hémistiche est abondante, c'estadire qu'elle ne diminue point le nombre dés vers autrement requis au couplet, ains est supernumeraire. Mais en la Balade le refrain répété est conté pour un dés vers constituans le couplet...[1]

 Chacune des dix-neuf ballades de Marot se compose de 3 strophes et d'un Envoi. Sept ballades présentent des strophes de 8 vers avec un envoi de 4 vers;[2] cinq des strophes de 10 vers,[3] cinq des strophes de 11[4] et deux des strophes de 12 vers.[5] Comme le dit Sebillet, l'envoi est de 4 vers dans les ballades où les strophes sont de 8 vers, de 5 vers quand les strophes sont de 10 vers, et de 7 vers quand les strophes sont de 12 vers (sauf dans la ballade XIII (LXXIX) où l'envoi est de 7 vers et les strophes de 10 vers). Sur les cinq ballades en strophes de 11 vers, quatre ont des envois de 5 vers et une un envoi de 6 vers.[6]

 A l'exception de la ballade II (LXVIII), toutes les ballades de Marot sont « unisones », selon l'expression de Sebillet, c'est-à-dire que les trois strophes présentent le même jeu de rimes et que l'envoi en reproduit certaines. Dans les ballades à strophes de 8 vers, le jeu de rimes est ABABBCBC pour les strophes et BCBC pour l'envoi;[7] dans les ballades de strophes à 10 vers ABABBCCDCD pour les strophes et CCDCD pour l'envoi.[8] Les ballades en strophes à

---

[1] pp. 131-3.
[2] Ballades III (LXIX), V (LXXI), VI (LXXII), XIV (LXXX), XVII (LXXXIII), XVIII (LXXXIV), XIX (LXXXV).
[3] Ballades II (LXVIII), VII (LXXIII), X (LXXVI), XII (LXXVIII), XIII (LXXIX).
[4] Ballades VIII (LXXIV), IX (LXXV), XV (LXXXI), XI (LXXVII), XVI (LXXXII).
[5] Ballades I (LXVII), IV (LXX).   [6] Ballade XI (LXXVII).
[7] A l'exception de la ballade IV (LXX) où l'envoi rime B B C C.
[8] A l'exception de la ballade II (LXVIII) qui est irrégulière, et de la ballade XIII (LXXIX) dans laquelle le jeu de rimes est identique à celui des autres ballades en strophes à 10 vers, mais où l'envoi de 7 vers présente le jeu de rimes B B C C D C D.

11 vers présentent le jeu de rimes ABABCCDDEDE pour les strophes et DDEDE pour l'envoi, à l'exception de la ballade XI (LXXVII) où chaque strophe rime ABABBCCDEDE, et l'envoi CCDEDE. Enfin les ballades en strophes à 12 vers ont le jeu de rimes ABABBCCDDEDE dans les strophes et CCDDEDE dans l'envoi.

Les ballades en strophes à 8 vers sont en octosyllabes, les autres en décasyllabes.

Le Chant-Royal

Dans ce genre, qu'il a peu cultivé, Marot n'a fait aucune innovation ni perfectionnement. Aussi la définition que Sebillet donne de ce genre est-elle à peu près identique à celle que l'on trouve dans tous les *Arts de Seconde Rhétorique*:

Sa structure est de cinq coupletz unisones en ryme, et égaus en nombre de vers, ne plus ne moins qu'en la Balade: et d'un Envoy de moins de vers, suivant la proportion mentionnée au chapitre précédent. Mais il y a plus de certitude, car peu de chans Royauz trouveras-tu autres que de unze vers au couplet, et consécutivement de sept a l'Envoy, ou de cinq, selon que l'interprétation de l'allégorie requiert. Car coutumiérement l'Envoy du chant Royal porte la déclaration de l'allégorie qui y a esté déduitte: et par là congnoit on si pertinemment et proprement la similitude de l'allégorie est accommodée a ce que declare l'Envoy.[1]

Les quatre Chants-Royaux de Marot sont tous composés de cinq strophes de 11 vers chacune avec un envoi de 5 vers. Toutes les strophes présentent le même jeu de rimes et l'envoi en reproduit certaines. Ce jeu de rimes, identique pour les quatre poèmes, est ABABCCDDEDE pour les strophes, et DDEDE pour l'envoi.

Tous les Chants-Royaux de Marot sont décasyllabiques.

L'Epitaphe

A la différence des genres précédents, l'épitaphe n'est pas un genre à forme fixe, mais, comme l'épigramme, emprunte le plus souvent les formes du distique, du quatrain, de l'huitain, du dixain, etc. Plusieurs épitaphes cependant sont des pièces d'une certaine longueur.

Dans ces poèmes Marot s'est servi des rimes traditionnelles. On

[1] pp. 137-8.

trouve des rimes plates, des rimes croisées aussi bien que des rimes embrassées.

L'Etrenne

Dans ce genre créé par Marot, les premier, troisième et quatrième vers sont de 7 syllabes, les deuxième et cinquième de 3, le jeu de rimes étant AABBA.

Le Sonnet

Dans ce genre Marot a employé le décasyllabe. Les deux quatrains du sonnet marotique consistent en vers à rimes embrassées et les tercets en vers à rimes plates pour les deux premiers vers, le troisième du premier tercet rimant avec le troisième du second tercet, le jeu de rimes étant ABBA ABBA CCD CCD.[1]

II. LE TEXTE

1. *Classification et ordre*

En groupant les pièces courtes par genres, nous respectons l'économie établie par Marot.

Le seul problème se pose du fait que Marot, dans l'édition de 1538, s'est borné, dans l'ensemble, à reproduire les trois recueils précédents, c'est-à-dire l'*Adolescence Clementine*, la *Suite de l'Adolescence Clementine* et *Le Premier Livre de la Métamorphose d'Ovide*, en y ajoutant deux livres d'*Epigrammes*. Par conséquent, pour plusieurs genres, notamment les Epîtres et les Complaintes, nous nous trouvons en présence de deux sections différentes, l'une dans l'*Adolescence*, l'autre dans la *Suite*. Dans le cas des petits genres et des genres à forme fixe, le problème est rendu plus difficile par la présence, dans la Suite, de sections de mélanges, à savoir les *Chants Divers* et le *Menu*, tandis que dans l'*Adolescence* les poèmes sont groupés par genre. Ainsi plusieurs ballades forment un groupe distinct dans l'*Adolescence*, alors qu'un certain nombre d'autres poèmes de ce genre figurent dans les *Chants*

---

[1] Voir plus bas, p. 49, n. 3.

divers de la *Suite*.¹ De même, les Epitaphes furent rangées, dans les éditions originales, dans deux sections distinctes, celle des *Epitaphes* dans l'*Adolescence Clementine*, et *Le Cimetiere* dans la *Suite*.² Pourtant, comme nous l'avons vu, il n'y a aucune différence réelle à remarquer entre les pièces qui sont comprises dans l'une de ces sections et celles qui se trouvent dans l'autre.³ L'une et l'autre contiennent des épitaphes sérieuses et des épitaphes épigrammatiques. Marot n'a donc pu vouloir faire une distinction de caractère entre ces diverses pièces.

Dans les *Œuvres* de 1538 Marot laisse intactes les *Epitaphes* de l'*Adolescence*; dans le *Cimetiere* de la *Suite* les changements qu'il a effectués se réduisent à peu de chose: il ôte les deux *Complaintes*⁴ qui vont désormais être rangées parmi les Elégies, et ajoute les deux épitaphes qui avaient paru depuis la publication de la *Suite*.⁵

Par conséquent, pour peu que l'éditeur moderne refuse de maintenir la distribution en recueils différents, c'est-à-dire l'*Adolescence*, la *Suite* et le *Premier Livre de la Métamorphose d'Ovide*, —et rappelons que depuis Constantin aucun éditeur ne l'a maintenue⁶—il est illogique de garder la distinction entre les *Epitaphes* et le *Cimetiere*,⁷ ou bien entre les ballades de l'*Adolescence* et les ballades des *Chants divers* de la *Suite*, ou encore entre les rondeaux de l'*Adolescence* et les rondeaux du *Menu* de la *Suite*. Dès qu'on abolit cette séparation factice et qu'on publie ensemble toutes les épîtres de Marot, celles de l'*Adolescence* comme celles de la *Suite*, sans compter les pièces qui ne figurent ni dans l'un ni dans l'autre de ces deux recueils, il faut en bonne logique réunir également les rondeaux, ballades, chants-royaux et épitaphes,⁸ en y ajoutant les quelques pièces publiées dans des recueils parus après 1538.⁹

¹ Voir plus haut, p. 9, n. 1.   ² Voir plus haut, pp. 4–5.
³ Cf. plus haut, p. 14, n. 5.   ⁴ Voir plus haut, p. 14, n. 5.
⁵ Ce sont les pièces: *D'Alix* (CXXII), et *De Françoys, Daulphin de France* (CXXIII).
⁶ Voir *Epîtres*, pp. 29–31.
⁷ C'est pourtant ce qu'ont fait, à la suite de Constantin, tous les éditeurs modernes.
⁸ Sur le problème des épitaphes non originales mais traduites, voir plus haut, p. 11, n. 2.
⁹ Voir plus bas, pp. 51-2. Sur le problème posé par les étrennes, voir plus haut, pp. 15–16.

A l'intérieur de chaque groupe j'ai maintenu, autant que possible, l'ordre établi par Marot. La date de composition de beaucoup des poèmes étant impossible à déterminer avec exactitude, l'ordre chronologique est souvent impossible à suivre; on ne peut donc qu'adopter dans l'ensemble celui dressé par le poète lui-même, en dépit du fait que la raison n'en est pas toujours apparente.

Dans les Etrennes, dont nous ne possédons pas d'édition entièrement digne de confiance,[1] l'ordre des pièces pose un problème difficile. C'est que l'édition princeps[2] présente un ordre différent de celui dans lequel ces poèmes sont rangés dans les éditions des *Œuvres* de Marot parues en 1542 chez Dolet,[3] et en 1544 chez Constantin.[4] Bien que ce soit cette dernière édition que j'ai adoptée comme texte de base pour les Etrennes, j'ai reproduit l'ordre de l'édition princeps, puisque ce recueil, tout en étant défiguré par un grand nombre de coquilles et de fautes qui l'excluent comme texte de base, semble par ailleurs être plus authentique que ne le sont les éditions de Dolet et de Constantin.[5]

ii. *La question d'authenticité*

La question d'authenticité se pose pour chaque pièce qui ne figure ni dans les *Œuvres* de 1538, ni dans le manuscrit de Chantilly.[6] Cependant, pour les Etrennes, il existe une édition qui peut constituer une garantie d'authenticité égale presque à celle des recueils que nous venons de nommer. Il s'agit d'une plaquette, intitulée *Les estreines de Clement marot vallet de chambre du Roy*, publiée à Paris par Jean Dupré en février 1541 (n.s.).[7] Cette plaquette bénéficia d'un privilège dont voici le texte:

Il est permis à Jehan dupré libraire demourant à Paris faire imprimer & vendre ce present traicté intitulé les estreines de Clement marot & defenses faictes à tous aultres de ne imprimer lesdites estreines ne icelles inserer ou mectre avec aultre livre jusques à deux ans sur peine de confiscation desditz livres & d'amende arbitraire. Faict le 10 de Febvrier 1540. J. J. de Mesmes.[8]

[1] Voir plus bas, pp. 51–2.
[2] Voir plus bas, p. 38.
[3] *Bibliographie*, II, no. 105.
[4] *Bibliographie*, II, no. 129.
[5] Voir plus bas, pp. 51–2.
[6] Voir *Epîtres*, pp. 52–4.
[7] *Bibliographie*, II, no. 91.
[8] C'est-à-dire 1541 n.s.

LE TEXTE

On peut ajouter que ces poèmes ayant été écrits pour le 1er janvier 1541, le privilège, et sans doute la publication, suit de très près leur composition. L'authenticité des quarante et une pièces imprimées dans ce volume est donc établie de façon certaine.

Toutes les pièces qui ne sont pas contenues dans un de ces trois recueils doivent être examinées en détail.

1. Un groupe de huit rondeaux publiés pour la première fois dans l'*Adolescence Clementine* du 12 juillet 1533:[1]

> « Au cueur ne peult un chascun commander »
> « Devant vos yeulx, dames, ayez honneur »
> « En l'eau, en l'eau, ces folz seditieux »
> « Juges, prevotz, bourgeois, marchans, commun »
> « Nostre maistre Geoffroy Brulart »
> « O bon Jesus, de Dieu eternel filz »
> « O quelle erreur par finis esperitz »
> « Qui les besoignes veult bien faire »

Il faut d'abord noter qu'une de ces pièces, « Devant vos yeulx, dames, ayez honneur », appartient en réalité à Jean Marot. Sous le titre *Rondeau de l'honneur* elle figure dans le *Doctrinal des Princesses* de ce poète.[2] Un deuxième poème appartenant à ce groupe, « O quelle erreur par finis esperitz », se trouve dans le ms 2372 du fonds français de la Bibliothèque Nationale,[3] qui porte le titre *Poésies du roi François Ier*. Il appartient donc probablement à François Ier.[4]

Cinq de ces rondeaux, « Au cueur ne peult un chascun commander », « Juges, prevotz, bourgeois, marchans, commun », « Nostre maistre Geoffroy Brulart », « Qui les besoignes veult bien faire », et « O bon Jesus, de Dieu eternel filz », ont été réimprimés dans l'*Adolescence Clementine* publiée le 7 mars 1534

---

[1] Lyon, F. Juste: *Bibliographie*, II, no. 14 bis.

[2] B.N. ms fr. 12489, fo. 114 v°. Sur Jean Marot, voir E. Rutson, *The life and works of Jean Marot*, thèse déposée dans la Bibliothèque Bodléienne de l'Université d'Oxford.

[3] Fo. 190 v°. Le poème se trouve également dans le recueil de Jean Gueffier, le secrétaire de Renée de France (B.N. fonds Rothschild, no. 2964; *Bibliographie*, I, pp. 18–31), et dans un grand nombre d'autres manuscrits, sans attribution.

[4] Voir Champollion-Figeac, *Poésies de François Ier*, Paris, 1847, p. 166.

par la veuve de P. Roffet,[1] pour être repris dans l'*Adolescence Clementine* sortie des presses le 19 août 1534 chez le même éditeur.[2] Dans cette dernière édition les cinq pièces figurent dans une section spéciale, intitulée: « S'ensuyvent aucunes œuvres qui ne sont de la façon dudict Marot ». Ce titre n'est pas absolument décisif, puisqu'au moins un poème appartenant sans l'ombre d'un doute à Marot[3] se trouve dans cette section de pièces apocryphes. Pourtant, de même que les deux pièces précédentes, ces cinq rondeaux ne furent pas repris par Marot dans l'édition de 1538. Tout nous porte donc à considérer ces poèmes comme apocryphes.

Reste le rondeau « En l'eau, en l'eau, ces folz seditieux ». Ce poème fait suite à une espèce de « placard » intitulé: *Ce que aulcuns Theologiens plaquerent à Paris quand Beda fut forbanny voulans esmouvoir le peuple à sedition contre le Roy* («Au feu, au feu ceste heresie»). Le rondeau de Marot porte le titre *Responce de Clement Marot à l'escripteau cy dessus.* Il ne fut jamais inclus dans une édition parisienne du vivant de Marot. Par contre il reparut dans l'édition donnée par Steels à Anvers en 1539.[4] Or, dans le cas de ce poème, le critère de l'inclusion dans les *Œuvres* de 1538 ne joue guère, puisqu'il représente une violente satire de la Sorbonne. Il n'y a rien d'impossible à ce que Marot ait rimé une attaque contre la Sorbonne au moment du bannissement de Béda, lorsque le triomphe des idées nouvelles semblait très probable. Qu'après l'affaire des Placards et son premier exil le poète n'ait pas voulu avouer cette pièce, il n'y a là rien d'étonnant. On sait que, dans l'édition de 1538, Marot a écarté ou adouci toutes ses pièces contenant de la satire religieuse.[5] Concluons que des huit rondeaux de l'*Adolescence Clementine* du 12 juillet 1533, seul « En l'eau, en l'eau, ces folz seditieux » semble probablement authentique.

[1] *Bibliographie*, II, no. 16.
[2] *Bibliographie*, II, no. 19.
[3] Le *Placet au Roy pour Marot*, « Plaise au Roy ne reffuser point ». Cette pièce figure dans l'édition de 1538 parmi les Epigrammes sous le titre: *Au roy pour avoir cent escuz.*
[4] *Bibliographie*, II, no. 79.
[5] Voir *Le Texte de Marot*, art. cit., t. XV, pp. 72–4, *La Religion de Marot*, ouvr. cit., pp. 126–7, et *Les Epîtres*, pp. 10–11 et 23.

2. Deux rondeaux publiés dans l'*Adolescence Clementine* du 19 août 1534:[1]

> *Rondeau à Nostre Dame* « En temps obscur estoille refulgente »
> *Rondeau du Guay* « Oyez le guay, petit mignon »

Ces deux pièces figurent dans la section des compositions apocryphes et ne furent pas avouées par Marot. Il n'y a donc aucune raison pour les lui attribuer.

3. Le rondeau: *L'adieu de France à l'Empereur* « Adieu Cesar, Prince bien fortuné »
Ce rondeau fut publié pour la première fois dans *Les Cantiques de la Paix par Clement Marot*, ouvrage imprimé par A. Berthelin à Paris vers 1541.[2] Cette édition est presque sans valeur pour le problème de l'authenticité, puisque Berthelin attribue à Marot des pièces qui ne sauraient lui appartenir.[3] Le rondeau fut composé lors de la visite de Charles-Quint à Paris au mois de janvier 1540. Les pièces que Marot rima à l'occasion de cette visite furent publiées dans le recueil intitulé *Les Cantiques de la paix* imprimé par Estienne Roffet à Paris en janvier 1540,[4] avec un privilège spécial.[5] Il est donc surprenant qu'un poème composé à l'occasion de cette visite ait été imprimé, non dans le recueil consacré spécialement aux pièces rimées pour cet événement, mais environ un an plus tard, dans une édition d'une valeur contestable. *L'adieu de France à l'Empereur* ne me semble donc pas authentique.

4. Quatre rondeaux attribués à Marot par Lenglet-Dufresnoy:[6]

> « D'estre content sans vouloir davantage »
> *A un pour avoir de l'argent* « En beau papier je sçay tant bien signer »
> *Sur la devise de Hugues Salel, valet de chambre du Roy François Ier* « Honneur te guide & te met en haultesse »

---

[1] Paris, veuve P. Roffet; *Bibliographie*, II, no. 19.
[2] *Bibliographie*, II, no. 90.   [3] Voir *Œuvres lyriques*, pp. 48–9.
[4] *Bibliographie*, II, no. 86.   [5] Voir *Œuvres lyriques*, p. 42.
[6] *Œuvres de Clement Marot*, La Haye, 1731, 6 vol.

Rondeau des barbiers « Povres barbiers, bien estes morfonduz »

Lenglet-Dufresnoy semble avoir tiré ces quatre poèmes du *Recueil de vraye Poesie Françoyse* publié en 1544,[1] où ils figurent sans nom d'auteur. Les trois premiers appartiennent en réalité à Charles de Sainte-Marthe, puisqu'ils furent imprimés dans la *Poésie françoise* de ce poète en 1540.[2] Aucune indication, en dehors de l'attribution arbitraire de Lenglet-Dufresnoy, ne nous permet de croire que Marot puisse être l'auteur du quatrième de ces rondeaux, le *Rondeau des barbiers*. Aucune de ces quatre pièces n'appartient donc à Marot.

5. *Rondeaux manuscrits*

Les quatre rondeaux dont nous avons à parler maintenant ne se trouvent dans aucune des éditions de Marot parues au XVIe siècle, mais figurent dans des manuscrits de l'époque. Le premier, « A tout jamais d'un vouloir immuable », dont le texte est donné par le ms 7162 du fonds français de la Bibliothèque Nationale, fut publié par Paulin Paris en 1842.[3] Ce rondeau appartient en réalité à Jean Marot.[4]

Il en est de même d'un rondeau, « S'il est ainsy que ce corps te habandonne », publié dans les *Œuvres de Clément Marot* par B. S. Marc en 1879,[5] sur la foi du ms 2335 du fonds français de la Bibliothèque Nationale.[6] Le rondeau fut imprimé dans les œuvres de Jean Marot,[7] et figure dans de nombreux manuscrits de l'époque.[8]

Le même éditeur publia un autre rondeau, « Comme la rose entre espines fleurit », d'après le ms 2205 du fonds français de la Bibliothèque Nationale.[9] Le scribe fait suivre ce poème du nom

---

[1] Paris, D. Janot pour J. Longis et V. Sertenas; *Bibliographie*, II, no. 264.
[2] Lyon, Le Prince.   [3] *Manuscrits de la Bibliothèque du roi*, t. v.
[4] Voir E. Rutson, *thèse cit.* Le poème se trouve également dans le ms B.N. fr. 728 et le ms B.M. Sloane 2553.
[5] *Œuvres complètes de Clément Marot*, Paris, Garnier.
[6] Fo. 65 r°. Le poème y est précédé du sigle C M.
[7] *Recueil des œuvres de Jehan Marot*, Lyon, Juste, 1537.
[8] Voir E. Rutson, *thèse cit.*, et C. A. Mayer et D. Bentley-Cranch, *Le premier pétrarquiste français, Jean Marot*, BHR, t. XXVII (1965), pp. 183–5.
[9] Fo. 100 r°. Voir *Bibliographie*, I, p. 90.

LE TEXTE 43

Marot. Dans les œuvres de Jean Marot on n'en trouve pas trace, et ce poème ne semble avoir été attribué à aucun autre poète. On peut se demander pourtant si l'attribution par un scribe anonyme représente une preuve suffisante d'authenticité.[1] Ajoutons que, comme nous l'avons montré, Marot a plus ou moins renoncé au genre du rondeau vers 1527. On voit donc mal comment un poème qui n'a rien de hardi aurait été omis de l'édition de 1538. Il faudrait supposer que le poème fût composé après 1538, et que, pour une raison que nous ignorons, il ne fût connu que du seul scribe du ms 2205 ! Ajoutons que ce manuscrit, un recueil de chants-royaux, ballades et rondeaux copiés sur parchemin, ne contient aucune pièce connue comme étant de Marot, mais lui en attribue trois, toutes par ailleurs également inconnues. Ce sont, avec le rondeau en question, les deux chants-royaux, « Le grand pasteur jadis en ce bas estre » et « Lorsqu'au palais de la cité de Balle ». Dans ces conditions il est difficile de croire à l'authenticité de ces trois pièces. De plus, comme le nom de famille figure seul à la fin de chaque poème, il se peut que ce soit celui du père et non celui du fils. S'ils ne se trouvent dans aucun recueil imprimé de Jean Marot, il n'en est pas moins vrai que leur manière n'est guère celle de Clément.

L'attribution à Clément Marot, par le scribe du ms 10262 des Nouvelles Acquisitions françaises de la Bibliothèque Nationale,[2] d'un rondeau au titre *Rondeau par Clement Marot*, « Tous les regretz qui les cueurs tormentez »,[3] représente un cas légèrement différent, puisque ce manuscrit contient un très grand nombre de poèmes authentiques de Marot. Il y a donc dans ce cas une présomption d'authenticité. Pourtant on peut se demander pourquoi ce rondeau, s'il appartient réellement à Marot, n'a jamais été publié.

6. Chant-royal: *La Mort du juste & du pescheur* « N'est il fascheux icy longuement vivre »
Ce poème fut publié à la suite du *Sermon du bon Pasteur* en 1541 à Anvers.[4] Comme le *Sermon du bon Pasteur* appartient

---
[1] Sur ce problème, voir *Bibliographie*, I, pp. 8-10.   [2] Fo. 271 v°.
[3] A ma connaissance ce poème est inédit.
[4] *Bibliographie*, II, no. 94.

selon toute probabilité à Almanque Papillon,[1] et que, quand il ne serait pas de Papillon, rien n'indiquerait qu'il fût de Marot, le chant-royal qui l'accompagne n'a guère de chance non plus d'avoir été composé par notre poète.[2]

7. Deux chants-royaux: « Le grand pasteur jadis en ce bas estre » et « Lorsqu'au palais de la cité de Balle »
Ainsi que le rondeau « Comme la rose entre espines fleurit », ces chants-royaux furent publiés en 1879 par B. S. Marc[3] d'après le manuscrit 2205 du fonds français de la Bibliothèque Nationale.[4] Le deuxième de ces chants-royaux appartient en réalité à Jean Marot.[5] Ajoutons que le premier poème figure également dans le ms 19369 du fonds français de la Bibliothèque Nationale, mais sans nom d'auteur.

8. L'épitaphe *Du frere Cordelier Semydieux* « Cy gist Cordellier Semydieux »
Ce poème fut publié pour la première fois dans l'*Adolescence Clementine* publiée par P. Roffet, à Paris, le 7 juin 1533.[6] Il remplace, dans cette édition, l'épitaphe *De frere André, Cordelier* (no. C). Dans l'édition de 1538, cependant, c'est la pièce antérieure qui est reproduite à l'exclusion du présent poème. Sans doute faut-il conclure de ce fait que frère André et frère Semydieux sont un seul personnage, et que pour des raisons de prudence, en 1538, Marot a préféré ne pas nommer par son nom de famille le cordelier défunt dont il fait l'épitaphe satirique. De toute manière, il n'y a pas lieu de douter de l'authenticité de ce poème.[7]

[1] Voir *Œuvres lyriques*, pp. 54–5; et C. A. Mayer, *Le Sermon du bon pasteur, un problème d'attribution*, BHR, t. XXVII (1965), pp. 286–303.
[2] Ce chant-royal fut réimprimé par Dolet dans son *Second Enfer* (Troyes, 1544) mais sans être attribué à Marot.
Ajoutons qu'à la fin du *Sermon du bon pasteur* se trouvent, outre ce chant-royal, deux autres pièces, l'une de 18 vers (« Christ est il mort? Ouy certainement ») et un sixain intitulé *Adam & Eve* (« Clerz & lays, nobles & gentilz »), dont l'attribution à Marot est extrêmement douteuse.
[3] *Ed. cit.* [4] Fos. 9 v° et 35 r°. Voir plus haut, pp. 42–3.
[5] Il est imprimé dans le *Recueil des œuvres de Jehan Marot, éd. cit.*
[6] *Bibliographie*, II, no. 14.
[7] C'est pourtant ce qu'a fait Becker (*ouvr. cit.*, p. 209). Cependant l'*Adolescence* du 7 juin 1533 est une édition digne de foi. En dehors de la pièce en question, cette édition ne contient aucun poème apocryphe ou douteux.

LE TEXTE 45

9. L'épitaphe *De Martin* « Cy gyst apres qui debout & assis »
Ce poème fut publié pour la première fois dans l'*Adolescence Clementine* du 19 août 1534,[1] où il figure dans la section des pièces apocryphes.[2] Il fut par la suite réimprimé dans l'*Adolescence Clementine* publiée à Anvers en 1539,[3] et par Lenglet-Dufresnoy.[4] Aucune raison n'a jamais été avancée pour justifier l'attribution de cette pièce à Marot.

10. Trois épitaphes publiées dans *Les Œuvres de Clément Marot*, Lyon, Constantin, 1544 :[5]

> *De Monsieur le General Preud'homme* « Cy dessoubs prend son dernier somme »
> *De Martin* « Cy gist pour Alix contenter »
> *Epitaphe de ma Dame Laure* « En petit lieu compris vous pouvez veoir »

L'édition de Constantin n'a guère d'autorité, surtout pour le problème de l'authenticité.[6] Pourtant, dans le cas de la première de ces pièces, il existe une preuve relativement sûre qui permet de l'attribuer à Marot. Elle se rattache en effet à la complainte *De Monsieur le General Guillaume Preudhomme*,[7] que Constantin fut le premier à publier. Comme la complainte est indéniablement l'ouvrage de Marot,[8] il est probable que l'épitaphe du même personnage est également de sa plume.

L'épitaphe « Cy gist pour Alix contenter » ne présente guère de preuves internes permettant de l'attribuer à Marot, outre le personnage d'Alix auquel le poète a consacré plusieurs poèmes. A la vérité, l'épitaphe fait suite à l'épitaphe d'Alix.[9] Elle pourrait être l'ouvrage d'un imitateur. Ajoutons que la pièce se trouve également dans le ms 15220 du fonds français de la Bibliothèque Nationale,[10] mais sans attribution. L'authenticité de cette épitaphe est donc douteuse.

Enfin l'*Epitaphe de ma Dame Laure* est attribuée à François Ier

---

[1] *Bibliographie*, II, no. 19.
[3] *Bibliographie*, II, no. 79.
[5] *Bibliographie*, II, no. 129.
[7] *Œuvres lyriques*, IX, Complainte VII.
[9] CXXII, Epitaphe XXXIII.
[2] Voir plus haut, pp. 39-40.
[4] Voir plus haut, p. 41.
[6] Cf. *Œuvres lyriques*, p. 49.
[8] Voir *Œuvres lyriques*, p. 52.
[10] Fo. 44 r°.

de la façon la plus expresse dans la préface à l'édition de Pétrarque donnée par J. de Tournes en 1545.[1]

11. Deux épitaphes publiées dans le recueil posthume, *Epigrammes de Clément Marot*, Poitiers, J. et E. de Marnef, 1547:[2]

De feue Madame de Maintenon « Cy gist l'espouse au mary venerable »
D'elle mesmes « Cy gist qui fut de Maintenon la dame »

L'édition de Poitiers donne un assez grand nombre de pièces inédites à cette date;[3] l'impression d'un poème dans cette édition représente donc *a priori* une certaine preuve d'authenticité. Il existe en plus, dans le cas de ces deux épitaphes écrites pour la même personne, une preuve interne. Madame de Maintenon est Marie Thurin, veuve de Jean Cotereau, seigneur de Maintenon, dont Marot composa l'épitaphe entre 1531 et 1533. Il est donc infiniment probable que ces deux pièces sont authentiques.

12. L'épitaphe *De Monseigneur de Langeay, Guillaume Du Bellay* « Arreste toy, Lisant »

Cette épitaphe fut publiée pour la première fois dans *Les Œuvres de Clement Marot*, publiées à Lyon par J. de Tournes en 1549.[4] Cette édition fut donnée par les soins d'Antoine du Moulin, ami du poète.[5] Il existe donc une certaine présomption d'authenticité pour cette pièce, bien qu'il soit impossible d'affirmer avec certitude qu'elle soit de Marot.

13. L'*Epitaphe nouveau de Martin par C.M.*[6] « Cy gist Martin qui, pour saouler Alix »

Cette épitaphe fut publiée pour la première fois dans un recueil collectif paru en 1550.[7] Elle reprend le thème grivois d'Alix et de

---

[1] *Il Petrarca*, Lyon. Le poème figure dans un grand nombre de manuscrits.
[2] *Bibliographie*, II, no. 154.   [3] Voir *Epitres*, p. 53.
[4] *Bibliographie*, II, no. 169.   [5] Voir *Epitres*, pp. 53-4.
[6] C'est la troisième épitaphe de ce titre. Cf. plus haut, p. 45.
[7] *Traductions de Latin en Françoys, Imitations et Inventions nouvelles, tant de Clement Marot que d'autres des plus excellens Poetes de ce temps*, Paris, E. Groulleau, 1550; *Bibliographie*, II, no. 273. Dans ma *Bibliographie*, j'ai suivi Brunet en mettant la date 1549 pour la première édition de ce recueil, mais je n'ai pu en

LE TEXTE 47

Martin.[1] Il n'existe au fond guère de preuves, ni pour ni contre l'authenticité de cette pièce. Il se peut qu'elle soit de Marot.

14. L'épitaphe « Cy git Servot la tourangelle »
Cette épitaphe fut publiée pour la première fois dans un recueil collectif du XVIIe siècle.[2] Il n'existe aucune preuve de son authenticité.

15. Deux étrennes publiées dans *Les Œuvres de Clement Marot*, Lyon, E. Dolet, 1542:[3]

A Madame du Gauguier « Je vous donne en conscience »
A elle mesme « Pour vostre estreine qui vaille »

Ces deux pièces complètent le groupe d'étrennes que Marot avait offertes aux dames de la cour le 1er janvier 1541. On peut donc se demander pourquoi elles ne furent pas imprimées dans le recueil contenant toutes les autres étrennes et pour lequel l'imprimeur Dupré obtint un privilège spécial.[4] On doit noter également que l'édition des *Œuvres* publiée par Dolet en 1542 ne possède pas une grande valeur, et qu'elle contient plusieurs pièces apocryphes.[5] D'autre part, ces deux poèmes sont composés dans la forme et le style des étrennes de Marot,[6] de sorte qu'il faudrait

---

trouver d'exemplaire. L'exemplaire que j'ai pu consulter contient un privilège daté du 30 septembre 1549, mais porte l'achevé d'imprimer daté du 15 novembre 1550.

Le même recueil contient quatre autres épitaphes attribuées à Marot, mais qui sont représentées comme des traductions et ne figurent par conséquent pas dans le présent volume. Ce sont:
  Epitaphe d'Erasme pris du latin par C.M.
    « Le grand Erasme icy repose »
  Epitaphe de feu Messire Artus Gouffier, grand maistre de France, pris du grec de Lascaris
    « Patroclus fut d'Achilles regretté »
  Epitaphe de Philippe, mere de messire Artus Gouffier, pris du grec de Cinerius
    « Soubz ceste tumbe cy »
  Epitaphe de Messire Jan Olivier, evesque d'Angiers, traduict ainsi qu'on dit par C.M.
    « Te veux tu enquerir, viateur, qui je suis »

[1] Voir plus haut, p. 45.
[2] *Fine galanterie du temps*, Paris, J. Ribou, 1661.
[3] *Bibliographie*, II, no. 105.   [4] Voir plus haut, p. 38.
[5] Voir *Le Texte de Marot*, art. cit., t. XV, pp. 80–5.
[6] Voir plus haut, p. 36.

16. Deux sonnets contenus dans le ms 1700 du fonds français de
la Bibliothèque Nationale:[1]

« Adolescents qui la peine avez prise »
« Voyant ces mons de veue si loingtaine »

La première de ces pièces fut imprimée par Dolet, dans son
édition de 1542 des *Œuvres* de Marot,[2] sous le titre: *A deux
jeunes hommes qui escrivoyent à sa louange*. L'inclusion dans
l'édition de Dolet ne constitue pas une preuve.[3] La valeur du ms
1700, par contre, est incontestable, surtout du point de vue des
poèmes de Clément Marot. Nous ignorons, il est vrai, l'identité du
scribe, mais il a dû avoir d'étroits rapports avec le poète, puisqu'il
est le seul à nous avoir livré un de ses poèmes les plus beaux, et
dont tous les critiques ont admis, sans exception, l'authenticité, à
savoir l'*Epistre faicte par Marot*.[4] Dans ces conditions, son attri-
bution à Marot de ce sonnet entraine la conviction.[5]

Le problème du deuxième sonnet est plus ardu. Il est attribué
à Marot de la façon la plus expresse par le titre: *Sonnet par Marot*.
Il fut cependant imprimé dans les *Œuvres* de Mellin de Saint-
Gelais en 1547.[6] Depuis on a toujours admis la paternité de ce
dernier pour le poème en question. Il y a pourtant lieu d'en
douter. On sait que Mellin de Saint-Gelais ne surveilla aucune-
ment l'impression de ses ouvrages, et parmi ceux attribués à lui
se trouvent un certain nombre qui semblent devoir être restitués
à d'autres poètes de l'époque. D'autre part, l'autorité du scribe
du ms 1700 me semble très grande. Parmi toutes ses attributions
à Marot, celle-ci est en somme la seule qui soit douteuse. Rap-
pelons que le poème est imité d'un sonnet de Sannazaro publié

---

[1] *Bibliographie*, I, p. 86.   [2] *Bibliographie*, II, no. 105.
[3] Voir plus haut, p. 47.   [4] *Œuvres lyriques*, LXXIV.
[5] Il est vrai que le sonnet n'est pas nommément attribué à Marot (il n'y a pas
de titre), mais il est le second d'une section de deux poèmes dont le premier est
l'épigramme *A madamoyselle de la Roue* (« Painctres expers, vostre façon
commune ») et qui est intitulée *Marot*; à la fin du sonnet se trouve le mot
Finis.
[6] Lyon, P. de Tours. Cf. plus haut, p. 17.

LE TEXTE 49

en 1531.¹ Il convient d'ajouter qu'il n'y a rien d'insolite à ce que ce poème, s'il est de Marot, n'ait jamais été livré à l'imprimeur par le poète. N'a-t-il pas empêché l'impression de deux autres de ses sonnets, composés l'un en 1536, l'autre en 1537, tous deux figurant au ms de Chantilly, et dont l'un, celui à Renée de France,² fut publié dans un recueil posthume, alors que l'autre, le *Sonnet de la difference du Roy & de l'Empereur*,³ resta inédit jusqu'à la découverte du manuscrit de Chantilly. Un autre poème inédit jusqu'à l'époque moderne est précisément l'*Epistre faicte par Marot*⁴ connue uniquement par la même source que le sonnet en question, à savoir le ms 1700.

Notons encore que ce poème qui traite de la vue des Alpes a fort bien pu être écrit par Marot alors qu'il attendait, à Venise, la permission de rentrer en France. Bien qu'il soit impossible d'attribuer ce sonnet à Marot avec certitude,⁵ il me semble donc probable que le poème lui appartienne plutôt qu'à Mellin de Saint-Gelais.

J'accepte donc comme authentiques les quarante et une Etrennes de la plaquette de Jean Dupré,⁶ l'épitaphe *De frere Cordelier Semydieux* et l'épitaphe *De Monsieur le general Preudhomme*.

L'authenticité des pièces suivantes me semble extrêmement probable, bien qu'il soit impossible de la démontrer avec certitude:

Les étrennes: *A Madame du Gauguier*
              A elle mesme
Le sonnet: *Response à deux jeunes hommes qui escrivoyent à sa louange*
Les épitaphes: *Epitaphe de feu Madame de Maintenon*
              D'elle mesmes
              Epitaphe de monsieur de Langeay

Je publie ces pièces à leur place en les frappant toutefois d'un astérisque.

---

¹ Voir plus haut, pp. 17–18.   ² Sonnet I (CLXXVII).
³ Sonnet II (CLXXVIII).   ⁴ Voir plus haut, p. 48.
⁵ Notons que le jeu de rimes des tercets (C C D D D C) est différent de celui des autres sonnets de Marot (voir plus haut, p. 36).
⁶ Voir plus haut, pp. 38–9.

Je crois d'authenticité douteuse les pièces suivantes:

Les rondeaux: « En l'eau, en l'eau ces folz seditieux »
      « Tous les regretz qui les cueurs tormentez »
Les épitaphes: « Cy gist pour Alix contenter »
      « Cy gist Martin qui, pour saouler Alix »
Le sonnet: « Voyant ces mons de veue si loingtaine »

Je mets ces pièces par conséquent dans un Appendice.

Je rejette purement et simplement, outre les poèmes appartenant à d'autres poètes connus,[1] les pièces suivantes:

Les rondeaux: « Au cueur ne peult un chascun commander »
      « Juges, prevotz, bourgeois, marchans, commun »
      « Nostre maistre Geoffory Brulart »
      « O bon Jesus, de Dieu eternel filz »
      « Qui les besoignes veult bien faire »
      Rondeau à Nostre Dame
      Rondeau du Guay
      L'adieu de France à l'Empereur
      « Comme la rose entre espines fleurit »
      Rondeau des barbiers
Les chants-royaux: *La Mort du juste & du pescheur*
      « Le grand pasteur jadis en ce bas estre »
Les épitaphes: « Cy gist apres qui debout & assis »
      « Cy git Servot la tourangelle »

---

[1] C'est-à-dire les trois rondeaux de Jean Marot:
 « Devant vos yeulx, dames, ayez honneur »
 « A tout jamais d'un vouloir immuable »
 « S'il est ainsy que ce corps te habandonne »
le rondeau de François 1er:
 « O quelle erreur par finis esperitz »,
de même que l'épitaphe de Laure par cet auteur:
 « En petit lieu compris vous pouvez veoir »
les trois rondeaux de Charles de Sainte-Marthe:
 « D'estre content sans vouloir davantage »
 « En beau papier je sçay tant bien signer »
 « Honneur te guide & te met en haultesse »
et le chant-royal de Jean Marot:
 « Lorsqu' au palais de la cité de Balle ».

iii. *Etablissement du texte*

Pour toutes les pièces contenues dans *Les Œuvres* de 1538 j'ai adopté le texte de cette édition comme texte de base,[1] en substituant toutefois aux fautes et aux mauvaises leçons qu'elle présente les leçons des éditions antérieures et des recueils manuscrits qui ont également bénéficié de la collaboration de l'auteur.[2]

De pièces autres que celles qui sont contenues dans les *Œuvres* de 1538, il n'y a dans le présent volume, en dehors de quelques rares poèmes publiés dans des recueils posthumes, que les Etrennes, publiées en plaquette en 1541,[3] c'est-à-dire très peu de temps après leur composition. Le privilège dont bénéficia cette édition[4] est une garantie de son authenticité, et, dans une certaine mesure, de son autorité. Cependant, le texte de cette plaquette est souvent mauvais. Certains vers notamment y sont incorrects, étant de six au lieu de sept syllabes. C'est le cas de l'étrenne V (CXXXVIII) *A Madame de Nevers*, dont le premier vers se lit dans l'édition princeps

« Ma dame de Nevers ».

Ce vers fut changé par Dolet, en 1542,[5] et se lit:

« La Duchesse de Nevers »[6]

La plupart des fautes ont été corrigées par Dolet; une ou deux qui lui ont échappé se trouvent émendées par Constantin deux ans

---

[1] Sur ce problème, voir *Le Texte de Marot*, art. cit., t. XIV, pp. 316–19.
[2] Pour le présent volume les éditions suivantes ont servi pour les corrections:
LADOLESCENCE CLEMENTINE, Paris, G. Tory pour P. Roffet, 12 août 1532, *Bibliographie*, II, no. 9.
LADOLESCENCE CLEMENTINE, Paris, G. Tory pour P. Roffet, 13 novembre 1532, *Bibliographie*, II, no. 11.
Ladolescence Clementine, Paris, G. Tory pour P. Roffet, 12 février 1533 n.s., *Bibliographie*, II, no. 12.
Ladolescence Clementine, Paris, G. Tory pour P. Roffet, 7 juin 1533, *Bibliographie*, II, no. 14.
LA SUITE de l'adolescence Clementine, Paris, veuve de P. Roffet, s.d. (fin 1533 ou début 1534), *Bibliographie*, II, no. 15.
[3] *Bibliographie*, II, no. 91.   [4] Voir plus haut, p. 38.
[5] Voir plus haut, p. 38.
[6] Autres exemples: Etrenne XXIV (CLVII) *A Chastagneraye*, où une faute dans les vv. 4 et 5 détruit la rime; et Etrenne X (CXLIII) *A Madame l'Admiralle*, v. 4.

plus tard.[1] Il faut noter qu'il ne s'agit là que de simples corrections et non de leçons sensiblement différentes. On ne saurait donc supposer que Dolet ou Constantin se fussent procuré un manuscrit provenant de l'auteur; ils se sont bornés, en éditeurs diligents, à améliorer un texte authentique, mais légèrement fautif. Pourtant, ils ont à plusieurs reprises mal lu les noms des dames en question, ce qui nous vaut un certain nombre de titres plus ou moins déformés. Dans tous ces cas, les documents que nous possédons au sujet de ces personnes montrent que leurs noms sont donnés correctement dans l'édition princeps, et défigurés par Dolet et Constantin.[2]

Le problème est donc difficile. D'une part, l'authenticité de l'édition princeps ne saurait être mise en doute, et le manque d'autorité des versions de Dolet et de Constantin est certain. D'autre part, il est impossible d'accepter le texte fautif de l'édition princeps. Par conséquent, la solution la meilleure—il n'en saurait exister de parfaite—consiste à accepter le texte de Constantin, tout en restituant la graphie de l'édition princeps dans le cas des noms propres défigurés. Dans le cas des étrennes publiées pour la première fois par Dolet en 1542, c'est-à-dire les deux poèmes adressés à Mme du Gauguier,[3] j'ai également accepté le texte de Constantin.

Restent les autres pièces qui n'ont pas été publiées dans l'édition de 1538. C'est d'abord l'épitaphe *Du frere Cordelier Semydieux*,[4] dont nous donnons le texte de l'édition princeps, l'*Adolescence clementine* du 7 juin 1533.[5] Des quatre épitaphes posthumes[6] je donne dans chaque cas le texte de l'édition princeps.[7] Enfin dans le cas du sonnet *Responce à deux jeunes hommes qui escrivoyent à sa louange* j'ai également accepté le texte de l'édition princeps, en l'occurence, *Les Œuvres* publiées par Dolet en 1542,[8] de préférence à celui du ms 1700 du fonds

---

[1] Voir plus haut, p. 38.　　　　　　　[2] Voir plus haut, p. 38.
[3] Voir plus haut, p. 47.　　[4] Epitaphe XII (CI). Voir plus haut, p. 44.
[5] *Bibliographie*, II, no. 14.
[6] Epitaphes XLI (CXXX), XLII (CXXXI), XLIII (CXXXII), XLIV (CXXXIII).
[7] Ce sont respectivement les *Œuvres*, Lyon, Constantin, 1544 (*Bibliographie*, II, no. 129), *Les Epigrammes*, Poitiers, J. et E. de Marnef, 1547 (*Bibliographie*, II, no. 154), *Les Œuvres*, Lyon, J. de Tournes, 1549 (*Bibliographie*, II, no. 169) et les *Traductions*, Paris, E. Groulleau, 1550 (*Bibliographie*, II, no. 273).
[8] *Bibliographie*, II, no. 105.

français de la Bibliothèque Nationale, ce dernier texte étant sans titre.

On sait que d'un grand nombre de poèmes composés avant 1532 il existe trois états de texte différents.[1] C'est le cas de toutes les pièces publiées soit dans une des deux éditions subreptices,[2] soit en plaquette ou en recueil collectif, avant de paraître dans l'*Adolescence Clementine*. Pour un assez grand nombre de poèmes restés inédits jusqu'à cette édition, l'état original nous est connu par des manuscrits.

Des pièces parues pour la première fois dans la *Suite de l'Adolescence Clementine*, par contre, il n'existe le plus souvent qu'un seul état, puisque l'édition de 1538 reproduit le texte de la *Suite* avec très peu de remaniements. Pour un certain nombre de poèmes, toutefois, un état original nous est livré par les manuscrits.

En règle générale, je donne toutes les variantes permettant d'établir les différents états du texte, c'est-à-dire de l'édition princeps et de tous les manuscrits connus.[3]

Voici les éditions et manuscrits collationnés pour le choix du texte et des variantes:

Le Temple de Cupido, s.l.n.d., *Bibliographie*, II, no. 1.

Epistre de maguelonne à son amy pierre de prouvance elle estant a lhospital, s.l.n.d., *Bibliographie*, II, no. 2.

Palinodz, Chantz-royaulx, Ballades, Rondeaulx et Epigrammes à l'honneur de l'immaculée conception de la toute belle mere de Dieu Marie (patronne des Normans) presentez au puy à Rouen composez par scientifiques personnaiges, s.l.n.d., *Bibliographie*, II, no. 234.

Rondeaux en Nombre troys cens cinquante, Singuliers et à tous propos, Paris, J. Saint-Denys, s.d., *Bibliographie*, II, no. 235.

Rondeaux en Nombre troys cens cinquante, Singuliers et à tous propos, Paris, M. Simon du Bois pour Galliot du Pré, 1527, *Bibliographie*, II, no. 235.

Les Opuscules et petit Traictez de Clement Marot, Lyon, O. Arnoullet, s.d. *Bibliographie*, II, no. 6.

LADOLESCENCE CLEMENTINE, Paris, G. Tory pour P. Roffet, le 12 août 1532, *Bibliographie*, II, no. 9.

---

[1] Voir *Le Texte de Marot*, art. cit., t. XIV, pp. 319–32. *Les Epîtres*, p. 73, et *Œuvres lyriques*, pp. 68–71.

[2] *Les Opuscules* (*Bibliographie*, II, no. 6); *Petit traicté* (*Bibliographie*, II, no. 6 bis).

[3] Dans le présent volume je ne suis pas la règle que j'ai adoptée dans les *Epîtres* et les *Œuvres satiriques*, où je n'ai donné, à de rares exceptions près, que les variantes provenant de manuscrits dont le scribe nous est connu ou dont on peut démontrer la relative authenticité et valeur. Sur ce problème, voir *Œuvres lyriques*, pp. 70–1.

L'ADOLESCENCE CLEMENTINE, Paris, G. Tory pour P. Roffet, le 13 novembre 1532, *Bibliographie*, II, no. 11.
  Ladolescence Clementine, Paris, G. Tory pour P. Roffet, le 12 février 1533, *Bibliographie*, II, no. 12.
  Ladolescence Clementine, Paris, G. Tory pour P. Roffet, le 7 juin 1533, *Bibliographie*, II, no. 14.
  L'ADOLESCENCE CLEMENTINE, Lyon, F. Juste, le 12 juillet 1533, *Bibliographie*, II, no. 14 bis.
  LA SUITE de l'adolescence Clementine, Paris, veuve P. Roffet, s.d., *Bibliographie*, II, no. 15.
  Le Premier Livre de la Metamorphose d'Ovide, Paris, E. Roffet, 1534, *Bibliographie*, II, no. 21.
  La suyte de ladolescence Clementine, Lyon, F. Juste, 1535, *Bibliographie*, II, no. 34.
  Recueil de vers latins et vulgaires de plusieurs Poëtes Françoys composés sur le trespas de feu Monsieur le Daulphin, Lyon, F. Juste, 1536, *Bibliographie*, II, no. 246.
  Rescript à Françoys Sagon et au jeune poete champestre, facteur de la genealogie de Frippelippes, Avecques un rondeau faict par Clement Marot dudict jeune poete, s.l., 1537, *Bibliographie*, II, no. 250.
  Les Œuvres de CLEMENT MAROT, Lyon, S. Gryphius, s.d. (1538), *Bibliographie*, II, no. 71.
  Les estreines de Clement marot vallet de chambre du Roy. Aultre traicté de la maladie et convalescence de monseigneur le Daulphin, composé par Hugues Salel aussi vallet de chambre du Roy, Paris, J. Dupré, 1541, *Bibliographie*, II, no. 91.
  Les Cantiques de la paix par Clement Marot. Ensemble ung Dialogue et les Estrenes faictes par iceluy, Paris, A. Berthelin, s.d., *Bibliographie*, II, no. 90.
  Les Œuvres de CLEMENT MAROT, Lyon, E. Dolet, 1542, *Bibliographie*, II, no. 105.
  Les Œuvres de Clement Marot, Lyon, A l'enseigne du Rocher (Constantin), 1544, *Bibliographie*, II, no. 129.
  Epigrammes de Clement Marot, Poitiers, J. et E. de Marnef, 1547, *Bibliographie*, II, no. 154.
  Les Œuvres de Clement Marot, Lyon, J. de Tournes, 1549, *Bibliographie*, II, no. 169.
  Traductions de Latin en Françoys, Imitations et Inventions nouvelles, tant de Clement Marot que d'autres des plus excellens Poetes de ce temps, Paris, E. Groulleau, 1550, *Bibliographie*, II, no. 273.
  Recueil des dernieres Œuvres de Clement Marot, non imprimées, mars 1538; manuscrit no. 748 du Musée Condé, Chantilly, *Bibliographie*, I, pp. 10–18.
  Le recueil de Jehan Gueffier; manuscrit no. 2964 du fonds Rothschild de la Bibliothèque Nationale, *Bibliographie*, I, pp. 18–47.
  Le manuscrit no. 728 du fonds français de la Bibliothèque Nationale.

LE TEXTE

Le manuscrit no. 1537 du fonds français de la Bibliothèque Nationale.[1]
Le manuscrit no. 1700 du fonds français de la Bibliothèque Nationale, *Bibliographie*, I, p. 86.
Le manuscrit no. 1701 du fonds français de la Bibliothèque Nationale.
Le manuscrit no. 1721 du fonds français de la Bibliothèque Nationale.
Le manuscrit no. 2202 du fonds français de la Bibliothèque Nationale.
Le manuscrit no. 2205 du fonds français de la Bibliothèque Nationale, *Bibliographie*, I, p. 90.
Le manuscrit no. 2206 du fonds français de la Bibliothèque Nationale, *Bibliographie*, I, p. 90.
Le manuscrit no. 2335 du fonds français de la Bibliothèque Nationale, *Bibliographie*, I, p. 90.
Le manuscrit no. 2369 du fonds français de la Bibliothèque Nationale.
Le manuscrit no. 4967 du fonds français de la Bibliothèque Nationale, *Bibliographie*, I, pp. 63–5.
Le manuscrit no. 7162 du fonds français de la Bibliothèque Nationale.
Le manuscrit no. 12489 du fonds français de la Bibliothèque Nationale.
Le manuscrit no. 12795 du fonds français de la Bibliothèque Nationale, *Bibliographie*, I, p. 87.
Le manuscrit no. 15220 du fonds français de la Bibliothèque Nationale.
Le manuscrit no. 17527 du fonds français de la Bibliothèque Nationale.
Le manuscrit no. 19183 du fonds français de la Bibliothèque Nationale.
Le manuscrit no. 23289 du fonds français de la Bibliothèque Nationale.
Le manuscrit no. 24029 du fonds français de la Bibliothèque Nationale.
Le manuscrit no. 477 des Nouvelles acquisitions françaises de la Bibliothèque Nationale.[2]
Le manuscrit no. 10262 des Nouvelles acquisitions françaises de la Bibliothèque Nationale.
Le manuscrit no. 200 de la Bibliothèque municipale de Soissons, *Bibliographie*, II, Addendum, 3.
Le manuscrit no. 202 de la Bibliothèque municipale de Soissons, *Bibliographie*, I, p. 66.
Le manuscrit no. 203 de la Bibliothèque municipale de Soissons, *Bibliographie*, I, p. 67.
Le manuscrit no. 2553 du fonds Sloane du British Museum.[3]
Le manuscrit no. 558 de la Bibliothèque municipale de Saint-Omer.[4]

[1] Ce manuscrit porte le titre: *Poésies françoises couronnées au puy de la Conception de Rouen depuis 1519 jusqu'en 1528*. Il contient une Table des poèmes, rédigée en 1778 par M. Guiot, chânoine de St. Victor. Sur ce manuscrit illuminé, voir Robillard de Beaurepaire, *ouvr. cit.*, p. 161.

[2] Voir C. A. Mayer, *Un manuscrit important pour le texte de Marot*, BHR, XXVIII, 1966, pp. 366–73.

[3] Ce manuscrit contient une section de rondeaux sans noms d'auteurs, dont quelques-uns sont de Marot.

[4] Ce manuscrit porte le titre: *Traictié de la paix faicte à Madril* (sic) et semble avoir été rédigé en 1529.

SIGLES

Le Temple de Cupido, s.l.n.d.
    Bibliographie, II, no. 1.   A
Epistre de maguelonne à son amy pierre de prouvance elle estant a lhospital, s.l.n.d.
    Bibliographie, II, no. 2.   B
Palinodz, Chantz-royaulx, Ballades, Rondeaulx et Epigrammes à l'honneur de l'immaculée conception de la toute belle mere de Dieu Marie (patronne des Normans) presentez au puy à Rouen composez par scientifiques personnaiges, s.l.n.d.
    Bibliographie, II, no. 234.   C
Rondeaux en Nombre troys cens cinquante, Singuliers et à tous propos, Paris, J. Saint-Denys, s.d.
    Bibliographie, II, no. 235.   D
Rondeaux en Nombre troys cens cinquante, Singuliers et à tous propos, Paris, M. Simon du Bois pour Galliot du Pré, 1527.
    Bibliographie, II, no. 235.   E
Les Opuscules et petitz Traictez de Clement Marot, Lyon, O. Arnoullet, s.d.
    Bibliographie, II, no. 6.   F
L'ADOLESCENCE CLEMENTINE, Paris, G. Tory pour P. Roffet, le 12 août 1532.
    Bibliographie, II, no. 9.   G
L'ADOLESCENCE CLEMENTINE, Paris, G. Tory pour P. Roffet, le 13 novembre 1532.
    Bibliographie, II, no. 11.   H
Ladolescence Clementine, Paris, G. Tory pour P. Roffet, le 12 février 1533.
    Bibliographie, II, no. 12.   I
Ladolescence Clementine, Paris, G. Tory pour P. Roffet, le 7 juin 1533.
    Bibliographie, II, no. 14.   J
L'ADOLESCENCE CLEMENTINE, Lyon, F. Juste, le 12 juillet 1533.
    Bibliographie, II, no. 14 bis.   K
LA SUITE de l'adolescence Clementine, Paris, veuve P. Roffet, s.d.
    Bibliographie, II, no. 15.   L
Le Premier Livre de la Metamorphose d'Ovide, Paris, E. Roffet, 1534.
    Bibliographie, II, no. 21.   M

SIGLES

La suyte de ladolescence Clementine, Lyon, F. Juste, 1535.
 Bibliographie, II, no. 34.   N
Recueil de vers latins et vulgaires de plusieurs Poëtes Françoys composés sur le trespas de feu Monsieur le Daulphin, Lyon, F. Juste, 1536.
 Bibliographie, II, no. 246.   O
Rescript à Francoys Sagon et au jeune poete champestre, facteur de la genealogie de Frippelippes, Avecques un rondeau faict par Clement Marot dudict jeune poete, s.l., 1537.
 Bibliographie, II, no. 250.   P
Les Œuvres de CLEMENT MAROT, Lyon, S. Gryphius, s.d. (1538).
 Bibliographie, II, no. 71.   Q
Les estreines de Clement marot vallet de chambre du Roy. Aultre traicté de la maladie et convalescence de monseigneur le Daulphin, composé par Hugues Salel aussi vallet de chambre du Roy, Paris, J. Dupré, 1541.
 Bibliographie, II, no. 91.   R
Les Cantiques de la paix par Clement Marot. Ensemble ung Dialogue et les Estrenes faictes par iceluy, Paris, A. Berthelin, s.d.
 Bibliographie, II, no. 90.   S
Les Œuvres de CLEMENT MAROT, Lyon, E. Dolet, 1542.
 Bibliographie, II, no. 105.   T
Les Œuvres de Clement Marot, Lyon, A l'enseigne du Rocher (Constantin), 1544.
 Bibliographie, II, no. 129.   U
Epigrammes de Clement Marot, Poitiers, J. et E. de Marnef, 1547.
 Bibliographie, II, no. 154.   V
Les Œuvres de Clement Marot, Lyon, J. de Tournes, 1549.
 Bibliographie, II, no. 169.   W
Traductions de Latin en Françoys, Imitations et Inventions nouvelles, tant de Clement Marot que d'autres des plus excellens Poetes de ce temps, Paris, E. Groulleau, 1550.
 Bibliographie, II, no. 273.   X
Recueil des dernieres Œuvres de Clement Marot, non imprimées, mars 1538; manuscrit no. 748 du Musée Condé, Chantilly.
 Bibliographie, I, pp. 10–18.   *a*
Le recueil de Jehan Gueffier; manuscrit no. 2964 du fonds Rothschild de la Bibliothèque Nationale.
 Bibliographie, I, pp. 18–47.   *b*
Le manuscrit no. 728 du fonds français de la Bibliothèque Nationale.   *c*
Le manuscrit no. 1537 du fonds français de la Bibliothèque Nationale.   *d*

SIGLES

Le manuscrit no. 1700 du fonds français de la Bibliothèque Nationale.
Bibliographie, I, p. 86.   *e*
Le manuscrit no. 1701 du fonds français de la Bibliothèque Nationale.   *f*
Le manuscrit no. 1721 du fonds français de la Bibliothèque Nationale.   *g*
Le manuscrit no. 2202 du fonds français de la Bibliothèque Nationale.   *h*
Le manuscrit no. 2205 du fonds français de la Bibliothèque Nationale.
Bibliographie, I, p. 90.   *i*
Le manuscrit no. 2206 du fonds français de la Bibliothèque Nationale.
Bibliographie, I, p. 90.   *j*
Le manuscrit no. 2335 du fonds français de la Bibliothèque Nationale.
Bibliographie, I, p. 90.   *k*
Le manuscrit no. 2369 du fonds français de la Bibliothèque Nationale.   *l*
Le manuscrit no. 4967 du fonds français de la Bibliothèque Nationale.
Bibliographie, I, pp. 63-5.   *m*
Le manuscrit no. 7162 du fonds français de la Bibliothèque Nationale.   *n*
Le manuscrit no. 12489 du fonds français de la Bibliothèque Nationale.   *o*
Le manuscrit no. 12795 du fonds français de la Bibliothèque Nationale.
Bibliographie, I, p. 87.   *p*
Le manuscrit no. 15220 du fonds français de la Bibliothèque Nationale.   *q*
Le manuscrit no. 17527 du fonds français de la Bibliothèque Nationale.   *r*
Le manuscrit no. 19183 du fonds français de la Bibliothèque Nationale.   *s*
Le manuscrit no. 23289 du fonds français de la Bibliothèque Nationale.   *t*
Le manuscrit no. 24029 du fonds français de la Bibliothèque Nationale.   *u*
Le manuscrit no. 477 des Nouvelles acquisitions françaises de la Bibliothèque Nationale.   *v*
Le manuscrit no. 10262 des Nouvelles acquisitions françaises de la Bibliothèque Nationale.   *w*

SIGLES

Le manuscrit no. 200 de la Bibliothèque municipale de Soissons.
Bibliographie, II, Addendum 3. x^1
Le manuscrit no. 202 de la Bibliothèque municipale de Soissons.
Bibliographie, I, p. 66. x^2
Le manuscrit no. 203 de la Bibliothèque municipale de Soissons.
Bibliographie, I, p. 67. x^3
Le manuscrit no. 2553 du fonds Sloane du British Museum. y
Le manuscrit no. 558 de la Bibliothèque municipale de Saint-Omer. z

BIBLIOGRAPHIE

PLAN DE LA BIBLIOGRAPHIE[1]

I. Ouvrages sur Marot.
II. Auteurs anciens et prédécesseurs de Marot.
III. Contemporains de Marot, auteurs du XVIe siècle.
IV. Autres ouvrages consultés.

I. OUVRAGES SUR MAROT

Mayer, C. A. et Bentley-Cranch, D., *Clément Marot, poète pétrarquiste*, BHR, XXVIII, 1966, pp. 32-51.
Mayer, C. A., *Marot et « celle qui fut s'Amye »*, BHR, XXVIII, 1966, pp. 324-31.
Mayer, C. A., *Un manuscrit important pour le texte de Marot*, BHR, XXVIII, 1966, pp. 366-73.

II. AUTEURS ANCIENS ET PRÉDÉCESSEURS DE MAROT

Beroaldus, Ph., *Carmen lugubre de dominice passionis die*, éd. J. Badius, Paris, 1509.
Coquillart, Guillaume, *Œuvres*, éd. Ch. d'Héricault, Paris, Jannet, 1857.
Gerold, Th., *Chansons populaires des XVe et XVIe siècles avec leurs mélodies*, Strasbourg, 1913.
Gerold, Th., *Le manuscrit de Bayeux*, Publications de la faculté de lettres de l'Université de Strasbourg, Strasbourg, 1921.
Langlois, E., *Recueil d'Arts de Seconde Rhétorique*, Collection Documents Inédits sur l'Histoire de France, Paris, 1902.
Marot, J., *Recueil des œuvres de Jehan Marot*, Lyon, F. Juste, 1537.
Montaiglon, A. de et Rothschild, J., *Recueil de poésies françaises du XVe et XVIe siècles*, Paris, 1855-78.
Paris, Paulin, *Manuscrits de la Bibliothèque du roi*, 1842.
Pétrone, *Le Satiricon*, éd. A. Ernout, Paris, Les Belles Lettres, 1958.
Raynaud, G., *Rondeaux et autres poésies du XVe siècle*, Paris, SATF, 1889.

[1] Je ne cite pas les travaux mentionnés dans les Bibliographies d'un des tomes précédents de cette édition.

III. CONTEMPORAINS DE MAROT, AUTEURS DU XVIe SIÈCLE

Bembo, P., *Prose e Rime di Pietro Bembo*, a cura di Carlo Dionisotti, Turin, 1960.
Chariteo, B. Gareth (Il Chariteo), *Le Rime*, Naples, 1892, 2 vol.
Dolet, E., *Second Enfer*, Troyes, 1544.
Harsy, Olivier de, *Joyeuses aventures*, Paris, 1552.
Macquériau, Robert, *Chronique*, p.p. Téchener, 1841.
Sainte-Marthe, Charles de, *Poésie françoise*, 1540.
Saint-Gelais, Mellin de, *Œuvres*, 1547.
Sannazaro, I., *Opere Volgari*, a cura A. Mauro, Bari, 1961.
Sassoferrato, Olimpo di, *Strambotti d'amore*, Pérouse, 1518, et *Gloria d'Amore*, s.d.
Serafino Aquilano, *Opere*, Venise, 1508.
Tebaldeo, *Opere*, Venise, 1508, et *Opere d'Amore*, Vineggia, 1550.
Vaissière, P. de, *Journal de Jean Barrillon, secrétaire du chancelier Duprat, 1515–1521*, Soc. de l'hist. de France, Paris, Renouard, 1897–9, 2 tom.
Vulteius, Jo., *Hendecasyllaborum Libri IV*, Paris, 1538.

IV. AUTRES OUVRAGES CONSULTÉS

Blunt, A., *Art and Architecture in France 1500–1700*, Londres, 1957.
Bouchot, H., *Le Portrait peint en France au XVIe siècle*, Gazette des Beaux-Arts, 1887, pp. 108–24.
Chenu, J., *Privilèges octroyez aux maires et eschevins . . . de Bourges*, Paris, 1603.
Condé, L. de, *Mémoires de Condé, ou Recueil pour servir à l'histoire de France*, Londres, 1740, 6 vol.
du Radier, Dreux, *Mémoires historiques, critiques et anecdotes des reines et régentes de France*, Amsterdam, 1776.
Elwert, W. T., *Französische Metrik*, Munich, 1961.
Françon, M., *La date d'un sonnet de Saint-Gelais*, BHR, t. XV, 1953, pp. 213–14.
Françon, M., *Notes sur l'histoire du sonnet en France*, Italica, XXIX, 1952, pp. 121–8.
Jourda, P., *Un humaniste italien en France, Theocrenus (1480–1536)*, RSS, 1929, pp. 40–58.
Kastner, L. E., *A History of French Versification*, Oxford, 1903.
Le Glay, A. J. G., *Négociations diplomatiques entre la France et l'Autriche durant les trente premières années du XVIe siècle*, 1845, 2 vol.
Lesure, F., *Clément Janequin*, Musica disciplina, Rome, 1951, p. 164.
Mayer, C. A., *Le Sermon du bon pasteur: un problème d'attribution*, BHR, t. XXVII, 1965, pp. 286–303.

Mayer, C. A. et Bentley-Cranch, D., *Le premier pétrarquiste français, Jean Marot*, BHR, t. XXVII, 1965, pp. 183–5.
Mouthé, A., *Notice sur Maintenon*, 1850.
Plattard, J., *L'humaniste Theocrenus en Espagne (1526–1530)*, RSS, 1929, pp. 68–77.
Rutson, E., *The life and works of Jean Marot*, thèse déposée dans la Bibliothèque Bodléienne de l'Université d'Oxford.
Saulnier, V. L., article dans Bull. de la Soc. historique de Lyon, t. XVIII, 1952, pp. 79–100.
Simone, F., *Il Rinascimento francese, Studi e ricerche*, Turin, 1961.
Suchier, W., *Französische Verslehre auf historischer Grundlage*, Halle, 1952.
Vianey, J., *Le Pétrarquisme en France au XVIe siècle*, Montpellier, 1909.
Weiss, R., *The spread of Italian Humanism*, Hutchinson University Library, London, 1964.

LISTE DES ABRÉVIATIONS

BdB	*Bulletin du Bibliophile et du Bibliothécaire.*
BHR	*Bibliothèque d'Humanisme et Renaissance.*
Bibliographie	C. A. Mayer, *Bibliographie des Œuvres de Clément Marot*, 2 vol.
BSHPF	*Bulletin de la Société de l'histoire de protestantisme français.*
Cat. des Actes	P. Marichal, *Catalogue des Actes de François Ier*, 10 vol.
CFMA	*Classiques français du Moyen Age.*
RHLF	*Revue d'histoire littéraire de la France.*
RSS	*Revue du Seizième Siècle.*
SATF	*Société des anciens textes français.*
STFM	*Société des textes français modernes.*

ŒUVRES DIVERSES

Rondeaux, Ballades, Chants-Royaux,
Epitaphes, Etrennes, Sonnets

RONDEAUX

I

Rondeau I

Rondeau responsif à ung aultre qui se commenceoit:
Maistre Clement, mon bon Amy[1]

En ung Rondeau, sur le commencement,
Ung vocatif comme maistre Clement
Ne peult faillir rentrer par Huys ou Porte
Aux plus sçavans Poetes m'en rapporte
Qui d'en user se gardent sagement.   5

Bien inventer vous fault premierement;
L'invention deschiffrer proprement,
Si que Raison & Ryme ne soit morte
    En ung Rondeau.
Usez de motz receuz communement;   10
Rien superflu n'y soit aulcunement,
Et de la fin quelque bon propos sorte.
Clouez tout court; rentrez de bonne sorte!
Maistre passé serez certainement
    En ung Rondeau.   15

Composé avant 1527. Publié pour la première fois dans *LADOLESCENCE CLEMENTINE*, Paris, P. Roffet, 12 août 1532 (*Bibliographie*, II, no. 9). Texte de Q. Variantes de *G H I J*.

4 *G H I* Aux Orateurs savans ie men raporte
  J Aux Poetes savans ie m'en raporte
7 *H I J* de chiffrer

[1] Ce rondeau n'a pas été retrouvé.

II

Rondeau II

A ung Creancier

Un bien petit de pres me venez prendre
Pour vous payer, & si debvez entendre
Que je n'euz onc Angloys[1] de vostre taille,
Car à tous coups vous criez baille, baille,[2]
Et n'ay dequoy contre vous me deffendre.   5

Sur moy ne fault telle rigueur estendre
Car de pecune ung peu ma bourse est tendre;
Et toutesfois j'en ay, vaille que vaille,
    Ung bien petit.
Mais à vous veoir (ou l'on me puisse pendre),   10
Il semble advis qu'on ne vous vueille rendre
Ce qu'on vous doibt; beau Sire, ne vous chaille,
Quand je seray plus garny de cliquaille,
Vous en aurez; mais il vous fault attendre
    Ung bien petit.   15

COMPOSÉ avant 1527. PUBLIÉ pour la première fois dans *LADOLESCENCE CLEMENTINE*, Paris, P. Roffet, 12 août 1532 (*Bibliographie*, II, no. 9). TEXTE de Q, à l'exception d'une coquille au v. 13 où nous avons substitué la leçon de $G\ H\ I\ J$. VARIANTES de $G\ H\ I\ J\ g\ w\ x^2\ x^3$.

Titre *g manque*
    w Rondeau par C. maroth
2 $g\ w\ x$ payer mais vous devez
3 $g\ w\ x$ Que ne viz onc
5 $g\ w\ x$ Et si ne puis contre
6 x^2 Je vous supplie que vous plaise d'attendre
8 x^2 Mais si en ay ie au fort vaille
10 x^2 Advis vous est ou lon me puisse prendre
11 x^2 Que nullement on ne vous veulle rendre
13 cliquaille $G\ H\ I\ J$]   cinquaille Q
    g w Mais que je soye mieulx garny de quinquaille
    x^7 Mais que ie soye myeulx fourny de quinquaille

[1] L'expression *Anglois* désignait un créancier. Cf. Cotgrave: « a creditor, that pretends he hath much money owing, which is never like to be payed him. »

[2] Jeu de mots sur l'expression anglaise: « Bye, Bye ».

III

Rondeau III

*Du Disciple soustenant son Maistre
contre les Detracteurs*[1]

Du premier coup entendez ma response,
Folz Detracteurs; mon Maistre vous annonce,
Par moy qui suis l'un de ses Clercs nouveaulx,
Que pour rimer ne vous craint deux Naveaulx,
Et eussiez vous de sens encor une once.   5

Si l'espargnez, tous deux je vous renonce.
Picquez le donc mieulx que d'Espine ou Ronce,
Luy envoyant des meilleurs & plus beaulx
    Du premier coup.
Et tenez bon ensuyvant ma semonce,   10
Car si ung coup ses deux Sourcilz il fronce,
Et eussiez vous de Rimes & Rondeaulx
Plein trois Barrilz, voire quatre Tonneaulx,
Je veulx mourir s'il ne les vous deffonce
    Du premier coup.   15

COMPOSÉ avant 1527. PUBLIÉ pour la première fois dans *LADOLESCENCE CLEMENTINE*, Paris, P. Roffet, 12 août 1532 (*Bibliographie*, II, no. 9). TEXTE de Q. VARIANTE de *G H I J*.

11 *G H I J* se une fois

[1] On ignore tout du disciple, comme du maître et de ses détracteurs.

IV

Rondeau IV

*De celluy qui incite une jeune
Dame à faire Amy*

A mon plaisir vous faictes feu et basme;
Parquoy souvent je m'estonne, ma Dame,
Que vous n'avez quelcque Amy par amours.
Au Diable l'ung qui fera ses clamours
Pour vous prier quand serez vieille lame. 5

Or, en effect, je vous jure mon ame
Que si j'estois jeune & gaillarde femme,
J'en auroys un devant qu'il fust trois jours,
    A mon plaisir.
Et pourquoy non? ce seroit grand diffame 10
Si vous perdiez jeunesse, bruyt & fame,
Sans esbranler Drap, Satin & Velours.
Pardonnez moy si mes motz sont trop lourdz;
Je ne vous veulx qu'aprendre vostre game
    A mon plaisir. 15

COMPOSÉ avant 1527. PUBLIÉ pour la première fois dans *LADOLESCENCE CLEMENTINE*, Paris, P. Roffet, 12 août 1532 (*Bibliographie*, II, no. 9). TEXTE de Q, à l'exception d'une faute au v. 3 où nous avons substitué la leçon de *G H I J* (en dehors de ce vers Q est conforme à *G H I J*).

3 amours *G H I J*] amour Q

V

Rondeau V

De l'Amoureux ardant[1]

Au feu qui mon cueur a choisy,
Jectez y, ma seule Deesse,
De l'eau de grace & de lyesse!
Car il est consommé quasi.   4

Amours l'a de si pres saisy
Que force est qu'il crie sans cesse:
    Au feu!
Si par vous en est dessaisy,   8
Amours luy doint plus grand destresse
Si jamais sert aultre maistresse.
Doncques ma Dame courez y,
    Au feu!   12

COMPOSÉ avant 1527. PUBLIÉ pour la première fois dans *LADOLESCENCE CLEMENTINE*, Paris, P. Roffet, 12 août 1532 (*Bibliographie*, II, no. 9). TEXTE de Q (conforme à G). VARIANTES de *H I J*.

2 *I J* Iecte   5 *H I J* Amour
9 *H I J* Amour

[1] Ce rondeau est imité d'un strambotto de Serafino Aquilano:

> De picola favilla è nato un foco
> Dentro al mio cor che'l mio consuma e struge,
> Tal che non trova pace in alcun loco
> E qual fiero leon per doglia ruge.
> Et io mi sforzo invano a poco a poco
> De retenir la mia vita che fuge:
> Però madonna, extingue il foco acceso
> Del cor che m'hai sí gravemente offeso.

(*Opere*, Venise, 1508.)

VI

Rondeau VI

A une mesdisante

On le m'a dit, Dague à rouelle,[1]
Que de moy en mal vous parlez.
Le vin que si bien avallez
Vous le mect il en la cervelle ?   4

Vous estes rapporte nouvelle;
D'aultre chose ne vous meslez
    On le m'a dit.
Mais si plus vous advient, Meselle,   8
Voz Reins en seront bien gallez.
Allez de par le Diable, allez!
Vous n'estes qu'une Maquerelle.
    On le m'a dit.   12

COMPOSÉ avant 1527. PUBLIÉ pour la première fois dans *LADOLESCENCE CLEMENTINE*, Paris, P. Roffet, 12 août 1532 (*Bibliographie*, II, no. 9). TEXTE de Q. VARIANTE de *G H I J*.

Titre *G H I J* Rondeau satyrique

[1] La dague à rouelle était une dague au pommeau rond. Cf. Cotgrave, *Dague à roëlles*, « A Scottish dagger, or Dudgeon haft dagger. » L'expression a ici le sens de femme médisante. Cf. Jean Marot, Rondeau XXIV: « Retirez-vous, vieille dague à rouelle ».

VII

Rondeau VII

A ung Poete ignorant[1]

Qu'on meine aux champs ce Coquardeau,
Lequel gaste (quand il compose)
Raison, Mesure, Texte & Glose,
Soit en Ballade ou en Rondeau.   4

Il n'a cervelle ne cerveau;
C'est pourquoy si hault crier j'ose:
Qu'on meine aux champs ce Coquardeau.

S'il veult rien faire de nouveau,   8
Qu'il œuvre hardiment en Prose
(J'entends s'il en sçait quelcque chose),
Car en Rime ce n'est qu'ung veau.
    Qu'on meine aux champs!   12

COMPOSÉ avant 1527. PUBLIÉ pour la première fois dans *LADOLESCENCE CLEMENTINE*, Paris, P. Roffet, 12 août 1532 (*Bibliographie*, II, no. 9). TEXTE de Q, à l'exception d'une coquille au v. 12 où nous avons substitué la leçon de G H I J P q r. (En dehors de ce vers Q est conforme à G H I J). VARIANTES de P q r.

Titre P Rondeau de Clement Marot faict dudit ieune poete Champestre
    r Myton de Nantes
      r ajoute
           Myton pource que tu tamuses
           A composer en tesbatant
           Voycy ung motet que les muses
           A ta louenge vont chantant.
    q Rondeau
3 P Raison, mesure, & texte, & glose
5 q cervelle ny
  r Il a ung peu plus de cerveau
6 P crier ose
  r Que une beste (bien dire lose)
7 r Quon mene aux champs
10 P sil y scayt   12 aux G H I J P q r] au Q

[1] Je n'ai pu identifier ce poète. La variante du titre donnée par le ms 17527 (notre r) nous assure qu'il s'appelait Myton et venait de Nantes, mais je n'ai pu trouver aucun personnage de ce nom.

VIII

Rondeau VIII

*De la jeune Dame qui a
vieil Mary*

En languissant & en griefve tristesse
Vit mon las cueur, jadis plein de liesse,
Puis que l'on m'a donné Mary vieillard.
Helas pourquoy? riens ne sçait du vieil art
Qu'aprend Venus, l'amoureuse Deesse. 5

Par ung desir de monstrer ma prouesse
Souvent l'assaulx; mais il demande où est ce?
Ou dort (peult estre), & mon cueur veille à part
   En languissant.
Puis, quand je veulx luy jouer de finesse, 10
Honte me dict: cesse, ma Fille, cesse!
Garde t'en bien, à honneur prends esgard!
Lors je responds: Honte, allez à l'escart!
Je ne veulx pas perdre ainsi ma jeunesse
   En languissant. 15

COMPOSÉ avant 1527. PUBLIÉ pour la première fois dans *LADOLESCENCE
CLEMENTINE*, Paris, P. Roffet, 12 août 1532 (*Bibliographie*, II, no. 9).
TEXTE de Q, conforme à *G H I J*.

IX

Rondeau IX

Du mal content d'Amours

D'estre amoureux n'ay plus intention;
C'est maintenant ma moindre affection,

COMPOSÉ avant 1527. PUBLIÉ pour la première fois dans *LADOLESCENCE
CLEMENTINE*, Paris, P. Roffet, 12 août 1532 (*Bibliographie*, II, no. 9).
TEXTE de Q. VARIANTES de *G H I J g w y*.

Titre *g y manque*

Car celle là de qui je cuydoye estre
Le bien aymé m'a bien faict apparoistre
Qu'au faict d'amour n'y a que fiction.

Je la pensoys sans imperfection,
Mais d'aultre Amy a prins possession,
Et pource plus ne me veulx entremettre
   D'estre amoureux.
Au temps present, par toute nation,
Les Dames sont comme ung petit Syon
Qui tousjours ploye à dextre & à senestre.
Brief, les plus fins ne s'i sçavent congnoistre;
Parquoy concludz que c'est abusion
   D'estre amoureux.

4 *G H I J* ma donne a congnoistre
  g y Le mieulx
5 *G H I J* damours
8 *G H I J y* ne men
14 *g w y* Car ce nest plus que toute abusion

X

Rondeau X

De l'absent de s'Amye

Tout au rebours (dont convient que languisse)
Vient mon vouloir, car de bon cueur vous veisse,
Et je ne puis par devers vous aller.

Composé avant 1527. Publié pour la première fois dans *LADOLESCENCE CLEMENTINE*, Paris, P. Roffet, 12 août 1532 (*Bibliographie*, II, no. 9). Texte de Q, conforme à *G H I J*. Variantes de *v w*.

Titre *v manque*
    w Rondeau
1 *v* dont fault que ie languisse
2 *v* car voullentiers vous
  w car voulentiers je veisse
3 *v w* Mais ie ne puis point ne le veulx celer

Chante qui veult, balle qui veult baller
Ce seul plaisir seulement je voulsisse. 5

Et s'on me dit qu'il fault que je choisisse
De par deça Dame qui m'esjouisse,
Je ne sçaurois me tenir de parler
  Tout au rebours.
Si respons franc: j'ay Dame sans nul vice; 10
Aultre n'aura en Amours mon service.
Je la desire, & soubhaitte voller
Pour l'aller veoir & pour nous consoller;
Mais mes soubhaitz vont comme l'Escrevice,
  Tout au rebours. 15

4 *v w* Que pleust a dieu que vers vous peusse aller
5 *v w* Aussy souvent comme bien ie voulsisse
6 *v w* Quant on me dit
7 *v* Dame pour moy qui soit belle et propice
 w Dame pour moy qui soit gente et propice
8 *v w* den parler
10 *v* Et lors respondz iay
 w Aincois responds jay
11 *v w* Parquoy ne fault qua dautre iobeisse
12 *v* Je suys a elle et   13 *v w* et mon cœur consoller

XI

Rondeau XI

De l'Amant doloreux

Avant mes jours mort me fault encourir
Par ung regard dont m'as voulu ferir,

COMPOSÉ avant 1527. PUBLIÉ pour la première fois dans *Rondeaux en Nombre troys cens cinquante, Singuliers et a tous propos*, Paris, J. Saint-Denys, s.d. (avant 1527) (*Bibliographie*, II, no. 235). TEXTE de Q. VARIANTES de *D G H I J b g k o y*.

Titre *D g k y manque*
  b Rondeau
  o Autre rondeau
1 *o* iours me fault mort encourir
2 *k* ma
 y regrect

RONDEAU XI

Et ne te chault de ma griefve tristesse;
Mais n'est ce pas à toy grande rudesse,
Veu que tu peulx si bien me secourir?   5

Aupres de l'eau me fault de soif perir;[1]
Je me voy jeune & en aage fleurir,
Et si me monstre estre plein de vieillesse
    Avant mes jours.
Or si je meurs je veulx Dieu requerir   10
Prendre mon Ame, &, sans plus enquerir,
Je donne aux vers mon Corps plein de foiblesse;
Quant est du Cueur du tout je le te laisse,
Ce nonobstant que me fasses mourir
    Avant mes jours.[2]   15

3 *D o* griefve destresse
  g k y ma dure detresse
4 *y* Las nes tu pas plaine de grant rudesse
5 *D b g k o y* tu as dequoy me
6 *D b g k o y* leau de soif me fault perir
7 *D b k* On me
  g o y Lon me
8 *k* si monstre
  y monstre plain
10 *D G H I J b g k o y* si ien meurs
12 *D b g k o y* de tristesse
  G H au vers
13 *D b o* Et quant a toy pardonne a ta simplesse
  k ie te le
  y Cueur de tout je te le laisse
14 *o* men face

[1] Ce vers est inspiré du célèbre concours poétique du XVe siècle sur le thème « Je meurs de soif auprès de la fontaine ».
[2] La dernière strophe de ce rondeau est peut-être imitée en partie du *Capitolo di testamento che fa l'amante partendosi dalla sua diva* d'Olimpo di Sassoferrato:

    Il cuor ti lasso, donna di valore:
    Di lui fa quel che voi, quel che ti piace,
    Ch'obedir deve il servo il suo signore.
    Gli ossi alla terra lasso, doue iace
    Ogni fidele amante. Pien di fede
    Arsi d'un'amorosa e dolce face.

(vv. 13–18, *Gloria d'amore*, s.d.)

XII

Rondeau XII

*A monsieur de Pothon pour le
prier de parler au Roy*[1]

Là où sçavez sans vous ne puis venir,
Vous estes cil qui povez subvenir
Facilement à mon cas et affaire,
Et des heureux de ce Monde me faire,
Sans qu'aulcun mal vous en puisse advenir.   5

Quand je regarde et pense à l'advenir,
J'ay bon vouloir de sage devenir;
Mais sans support je ne me puis retraire
    Là où sçavez.
Male Fortune a voulu maintenir,   10
Et a juré de tousjours me tenir.
Mais (Monseigneur), pour l'occire & deffaire,
Envers le Roy vueillez mon cas parfaire,
Si que par vous je puisse parvenir
    Là où sçavez.   15

Composé en 1519 (cf. n. 1). Publié pour la première fois dans *LADOLESCENCE CLEMENTINE*, Paris, P. Roffet, 12 août 1532 (*Bibliographie*, II, no. 9). Texte de Q, conforme à *G H I J*.

[1] Antoine Raffin, dit Pothon ou Poton, sieur de Puycalvary, semble avoir appuyé auprès du roi et de Marguerite d'Angoulême la demande de Marot d'entrer au service royal en 1519. Voir *Epîtres*, p. 98, n. 2.

XIII

Rondeau XIII

De la mort de Monsieur
de Chissay[1]

D'ung coup d'estoc Chissay, noble homme & fort,
L'an dix et sept, soubz malheureux effort,

COMPOSÉ vers 1518 (voir n. 1 et v. 2). PUBLIÉ pour la première fois dans *LADOLESCENCE CLEMENTINE*, Paris, P. Roffet, 12 août 1532 (*Bibliographie*, II, no. 9). TEXTE de Q, conforme à *G H I J*. VARIANTES de *b*.

Titre *b* Rondeau
2 *b* Lan mil cinq cens dix et sept sans confort

[1] Jacques Bérard, seigneur de Chissay, fut tué au début du mois de janvier 1518 n.s. (*Cat. des Actes*, V, 419, 16820). Il était au service de Marguerite d'Angoulême en 1517 (*Comptes de Louise de Savoie et de Marguerite d'Angoulême*, p.p. A. Lefranc et J. Boulenger, p. 42). Nous possédons trois récits assez circonstanciés de cet événement. Philippe Chabot, dans une lettre écrite à Amboise le 11 janvier 1518, mande la nouvelle à son frère, Monsieur de Jarnac :
« ...nous avons esté fort troublez pour une ennuyeuse adventure qui est advenue par deça ; car Monsieur de Chissé & ung gentilhomme de la maison Monsieur le Connestable eurent quelques parolles ensemble en hault au chasteau et tout soudain descendirent en bas en la rue & se batirent tellement que ledict Chisé fust tué & mourut sur la place sans avoir eu loysir de parler à personne, dont c'est dommage & en suis fort marry & aussi devez vous estre, car il estoit vostre amy & le myen. »
(B. N. Clérambault, ms 313 fo. 21 r°.)
Jean Barrillon, secrétaire du chancelier Duprat donne des détails supplémentaires :
« Audict lieu d'Amboise, peu de temps après la feste des Roys, le seigneur de Chissey, gentilhomme de la chambre du Roy, nouvellement retourné de la guerre d'Urbin avec le sire de Lescun, fut tué à la porte du chasteau par le seigneur de Pomperant, gentilhomme de la maison de monsieur le Connestable, et ledict Pomperant, en se enfuyant en franchise aux Cordeliers d'Amboyse, fut griefvement navré par les seigneurs de Lorges et Boucal. Toutesfois, il gaigna la franchise, et pour ceste cause, messire Jehan d'Oillac, prévost de l'hostel, fut desapoincté de son office. »
(*Journal de Jean Barrillon, secrétaire du chancelier Duprat, 1515–1521*, p.p. P. de Vaissière, Soc. de l'hist. de France, Paris, Renouard, 1897–9, 2 t., t. I, pp. 326–7.)
Enfin Brantôme, dans sa notice sur le connétable de Bourbon, donne un récit analogue sur la mort de Chissay (*Œuvres*, éd. Lalanne, I, p. 256). G. Du Bellay mentionne également cette affaire (*Mémoires*, p.p. V. L. Bourrilly et F. Vindry, Paris, 1908–19, I, p. 87).

RONDEAU XIII

Tomba occis au Moys qu'on seme l'Orge
Par Pomperan,[1] qui de Boucal[2] et Lorge[3]
Fut fort blessé, quoy qu'il resistat fort.

Chissay, beau, jeune, en credit & support,
Feit son debvoir au combat & abord,
Mais par hazart fut frappé en la Gorge
    D'un coup d'estoc.
Dont ung chascun de dueil ses levres mord,
Disant: helas, l'honneste homme est il mort?
Pleust or à Dieu & Monseigneur Sainct George
Que tout baston eust esté en la Forge,
Alors qu'il fut ainsi navré à mort
    D'ung coup d'estoc.

3 *b* Las fut occis au moys que lon seme lorge
4 *b* pomperant duquel boucal
5 *b* Furent vengez
6 *b* Cestuy Chissay de noblesse vray port
7 *b* A pomperant se batit sans support
8 *b* par malheur
10 *b* Dont toutes gens en ont dueil & remort
11 *b* Et vont disant en mauldissant la mort
12 *b* Pleust il a dieu et a monsieur sainct george
13 *b* le baston

[1] M. de Pomperant était un des principaux amis du Connétable de Bourbon. Il fut son compagnon lors de sa fuite (voir G. Du Bellay, *Mémoires, éd. cit.*, I, pp. 270-4). C'est lui qui fit prisonnier François Ier à la bataille de Pavie (*ibid.*, I, p. 356).
[2] Charles du Reffuge, dit l'écuyer Boucal. Voir plus haut, p. 79, n. 1. Cf. *Epîtres*, p. 108, n. 1.
[3] Jacques de Montgommery, seigneur de Lorges, capitaine de la garde écossaise. Voir plus haut, p. 79, n. 1. Cf. *Epîtres*, p. 108, n. 2.

XIV

Rondeau XIV

A ung Poete Françoys[1]

Mieulx resonnant qu'à bien louer facile
Est ton renom volant du domicile
Palladial vers la Terrestre gent,
Puis vers les Cieulx, dont as le tiltre gent
D'Aigle moderne à suyvre difficile. 5

Je dy moderne, antique en façon mille,
Ce qui pres toy me rend bas & humile
D'autant que Plomb est plus sourd que l'Argent
    Mieulx resonnant.
Ainsi ma plume, en qui bourbe distille, 10
Veult esclarcir l'onde claire et utile
Dont le gravier est assez refulgent
Pour troubler l'Œil de l'esprit indigent,
Qui en tel cas a besoing d'aultre stile
    Mieulx resonnant. 15

Composé avant 1527. Publié pour la première fois dans *LADOLESCENCE CLEMENTINE*, Paris, 12 août 1532 (*Bibliographie*, II, no. 9). Texte de Q. Variante de *G H I J*.

6 *G H I J* facons

[1] On ne sait de qui il s'agit.

XV

Rondeau XV

*Au seigneur Theocrenus lisant
à ses Disciples*[1]

    Plus proffitable est de t'escouter lire
Que d'Apollo ouyr toucher la Lyre,
Où ne se prend plaisir que pour l'Oreille;
Mais en ta Langue ornée & nompareille,
Chascun y peult plaisir et fruict eslire.   5

    Ainsi d'autant qu'un Dieu doibt faire & dire
Mieulx qu'un Mortel, chose où n'ayt que redire,
D'aultant il fault estimer ta merveille
      Plus proffitable.
    Brief, si dormir plus que veiller peult nuyre,   10
Tu doibs en loz par sus Mercure bruyre,
Car il endort l'Œil de celluy qui veille,
Et ton parler les endormis esveille,
Pour quelcque jour à repos les conduyre
      Plus proffitable.   15

Composé probablement entre juillet 1524 et printemps 1526. Publié pour la première fois dans *LADOLESCENCE CLEMENTINE*, Paris, P. Roffet, 12 août 1532 (*Bibliographie*, II, no. 9). Texte de Q, à l'exception d'une coquille au v. 4 où nous avons substitué la leçon de *G H I J g w* (en dehors de ce vers Q est conforme à *G H I J*). Variantes de *g w*.

Titre *g* Dudict Marot au seigneur Theocrene
    w Rondeau par clement marot Au Seigneur theocrenus
3 *g* prent que plaisir pour
4 ornée *G H I J g w*] outée Q
    w ornee non pareille
6 *w* faire ou dire   11 *g* loz dessus Mercure
13 *g w* Mais ton parler jeunes espritz esveille   14 *g w* Pour en vieillesse a

---

[1] Benedetto Tagliacarne, dit Theocrenus, avait été secrétaire du Doge de Gênes. Après l'occupation espagnole de cette ville, il se réfugia en France où il devint, en juillet 1524, précepteur des enfants de François Ier. Voir P. Jourda, *Un humaniste italien en France, Theocrenus (1480–1536)*, R33, 1929, pp. 40–58. Il accompagna les deux princes lors de leur captivité en Espagne. Voir J. Plattard, *L'humaniste Theocrenus en Espagne (1526–1530)*, *ibid.*, pp. 68–77. Comme ce rondeau ne contient aucune allusion à la captivité en Espagne, il faut admettre qu'il fut composé avant cet événement.

XVI

Rondeau XVI

A Estienne du Temple[1]

Tant est subtil et de grande efficace
Le tien esprit qu'il n'est homme qui face
Chose qui plus honneur et loz conserve;
Et ce qu'as faict, Roy, Seigneur, Serf ne Serve
Ne le feit onc; je metz Raison en face. 5

Qui veult descendre en la vallée basse
Monté doibt estre avant en haulte place;
Mais ton esprit tout le contraire observe,
    Tant est subtil.
Descendu es des Temples quant à race,[2] 10
Et puis monté au Temple quant à grace;
Je dy au Temple excellent de Minerve.
Brief ton descendre est d'antique reserve,
Et ton monter le Ciel cristallin passe,
    Tant est subtil. 15

Composé avant 1527. Publié pour la première fois dans *LADOLESCENCE CLEMENTINE*, Paris, P. Roffet, 12 août 1532 (*Bibliographie*, II, no. 9). Texte de Q. Variantes de *G H I J*.

Titre *G H I J* A Estienne du Temple, docte en lettres Latines
9 *G* Tout

[1] Estienne Templier d'Orléans est l'auteur d'un poème latin sur l'entente entre la France et l'Angleterre composé à l'occasion des fiançailles, en 1518, du dauphin, qui venait de naître, avec Marie, fille d'Henri VIII d'Angleterre, alors âgée de deux ans. Cf. Du Verdier (*Les Bibliothèques françoises de La Croix du Maine et Du Verdier*), t. III, p. 535 : « Estienne Templier d'Orléans a écrit en vers Latins, & iceux en après translatés en rimes Françoises, la Concorde de la France & de l'Angleterre heureusement conciliée entre les deux Rois desdits Royaumes, dédiée à Nicolas Berald, homme très docte & bien versé en la langue Grecque, imprimée à Paris in 8° sans date. »
[2] Sous le règne de Saint-Louis, un Estienne Templier, originaire d'Orléans, était évêque de Paris.

XVII

Rondeau XVII

Responce dudict Marot au dict Clavier[1]

Pour bien louer & pour estre loué
De tous espritz tu dis estre alloué,
Fors que du mien, car tu me plus que loues.
Mais en louant plus haultz termes alloues
Que la sainct Jehan ou Pasques ou Noué. 5

Qui noue mieulx, responds, ou C ou E?
J'ay jusque icy en eaue basse noué
Mais dedans l'eaue Cabaline tu noues
   Pour bien louer.

Composé avant 1527. Publié pour la première fois dans *LADOLESCENCE CLEMENTINE*, Paris, P. Roffet, 12 août 1532 (*Bibliographie*, II, no. 9). Texte de Q. Variantes de *G H I J*.

2 *G H I* tu doys   7 *G H I J* Brief iay tousiours en

[1] Je reproduis ici le rondeau d'Etienne Clavier adressé à Marot:

Estienne Clavier à Clement Marot

Pour bien louer une chose tant digne
Comme ton sens il fault sçavoir condigne;
Mais moy, pauvret d'esprit & de sçavoir,
Ne puis attaindre à si hault concepvoir,
Dont de despit souvent me pais et disne. 5
Car je congnois que le fons & racine
De tes escriptz ont prins leur origine
Si tresprofond que je n'y puis rien veoir
   Pour bien louer.
Donc, Orateurs, chascun de vous consigne 10
Termes dorez puisez en la Piscine
Palladiane, et faictes le debvoir
Du filz Marot en telle estime avoir
Qu'il n'a second en Poesie insigne
   Pour bien louer. 15

Etienne Clavier était secrétaire du roi et de la reine de Navarre. Voir *La Religion de Marot*, ouvr. cit., p. 16.

C, c'est Clement, contre chagrin cloué,
E est Estienne, esveillé, enjoué.
C'est toy qui maintz de loz tresample doues,
Mais endroit moy tu fais Cignes les Oues,
Quoy que de loz doives estre doué
    Pour bien louer.

12 *G H I J* tresapte

XVIII

Rondeau XVIII

*A ma Dame Jehanne Gaillarde de Lyon,
Femme de bon sçavoir*[1]

D'avoir le pris en science & doctrine
Bien merita de Pisan la Christine
Durant ses jours; mais ta Plume dorée[2]
D'elle seroit à present adorée
S'elle vivoit par volunté divine.

Car, tout ainsi que le Feu l'Or affine,
Le Temps a faict nostre langue plus fine,
De qui tu as l'eloquence asseurée
    D'avoir le pris.
Doncques, ma Main, rends toy humble & benigne,
En donnant lieu à la Main feminine!

Composé avant 1527. Publié pour la première fois dans *LADOLESCENCE CLEMENTINE*, Paris, P. Roffet, 12 août 1532 (*Bibliographie*, II, no. 9). Texte de Q. Variantes de *G H I J k*.

Titre *G H I J* grant savoir
    k   C M a J G
5 *k* vivoit en sa forme pristine

[1] Jeanne Gaillarde était célèbre dans la société lyonnaise de l'époque. On trouve de nombreuses mentions d'elle dans les Mémoires et Histoires lyonnaises. Voir V. L. Saulnier, dans *Bull. de la Soc. historique de Lyon*, t. XVIII, 1952, pp. 79-100.
[2] En dehors du rondeau formant la réponse de Jeanne Gaillarde au présent poème (voir p. 86, n. 1), nous ne connaissons aucun ouvrage d'elle.

N'escriptz plus rien en Ryme mesurée,
Fors que tu es une Main bien heurée
D'avoir touché celle qui est tant digne
D'avoir le pris.¹ 15

13 *k* que ta bouche est sur tout bien
14 *k* Davoir baise

XIX

Rondeau XIX

*A celluy dont les lettres Capitales
du Rondeau portent le nom*²

Veu ton esprit qui les aultres surpasse,
Je m'esbahis comment je prens audace
Composer vers. Est ce pour te valoir
Touchant cest art? c'est plus tost Bon vouloir,
Ou franc Desir, qui mon cueur induict à ce. 5

COMPOSÉ avant 1527. PUBLIÉ pour la première fois dans *LADOLESCENCE CLEMENTINE*, Paris, P. Roffet, 12 août 1532 (*Bibliographie*, II, no. 9). TEXTE de Q. VARIANTES de *G H I J*.

¹ Je reproduis ici la réponse de Jeanne Gaillarde qui suit le rondeau de Marot dans toutes les éditions parues du vivant du poète:

*Responce au precedent Rondeau par
la dicte Jehanne Gaillarde*

De m'acquiter je me trouve surprise
D'ung foible esprit, car à toy n'ay sçavoir
Correspondant, tu le peulx bien sçavoir,
Veu qu'en cest art plus qu'aultre l'on te prise. 4

Si fusse autant eloquente et apprise
Comme tu dys, je feroys mon debvoir
De m'acquiter.
Si veulx prier la grace en toy comprise 8
Et les vertus qui tant te font valoir
De prendre en gré l'affectueux vouloir
Dont ignorance a rompu l'entreprinse
De m'acquiter. 12

² Le nom donné en acrostiche est celui de Victor Brodeau. Sur ce poète qui, en 1529, deviendra secrétaire de Marguerite d'Angoulême, voir l'article de P. Jourda dans la *Rev. d'Hist. litt. de la France*, 1921, pp. 30–59 et pp. 208–28.

Rien n'est mon faict, le tien est don de grace.
Brief, ta façon en peu de Ryme embrasse
Raison fort grande, et sans grand peine avoir,
 Veu ton esprit.

Or desormais je vueil suyvre la trasse   10
De ton hault sens, duquel la veine passe
Entre les Rocz du profond concepvoir.
A tant me tais, mais si en tel sçavoir
Veulx t'adonner, tu seras l'outrepasse,
 Veu ton esprit.   15

6 *G H I J* Rien est 12 *G H I J* de profond

XX

Rondeau XX

*A la louange de ma Dame
la Duchesse d'Alençon,
Sœur unique du Roy*[1]

Sans riens blasmer, je sers une maistresse
Qui toute femme ayant noble haultesse
Passe en Vertus, et qui porte le nom
D'une fleur belle, et en Royal surnom
Demonstre bien son antique noblesse.[2]   5

En Chasteté elle excede Lucresse;
De vif Esprit, de Constance & Sagesse,
Ce en est l'Enseigne & le droit Gouffanon,
 Sans riens blasmer.

Composé entre 1519 et 1526. Publié pour la première fois dans *LADOLES-CENCE CLEMENTINE*, Paris, P. Roffet, 12 août 1532 (*Bibliographie*, II, n⁰. 9). Texte de Q, à l'exception d'une coquille au v. 8 où nous avons substitué la leçon de *G H I J*. Variante de *G H I J*.

8 Ce en *G H I J*] S'en Q

[1] Marguerite d'Angoulême, épouse de Charles, duc d'Alençon. Marot entra au service de cette princesse en 1519 (voir *Epîtres*, II) et y resta jusqu'à ce qu'il devînt, vers la fin de l'année 1526 probablement, valet de chambre du roi (voir *Epîtres*, XII, XIII, XIV et XV).
[2] Marguerite était de la famille des Valois.

On pourroit dire: il l'estime sans cesse 10
Pource que c'est sa Dame et sa Princesse;
Mais on sçait bien si je dy vray ou non.
Brief, il ne fut, en louable renom,
Depuis mille ans une telle Duchesse,
 Sans rien blasmer. 15

15 *G H I J* riens

XXI

Rondeau XXI

*A ses Amys ausquelz on rapporta
qu'il estoit prisonnier*[1]

Il n'en est rien de ce qu'on vous revelle;
Ceulx qui l'ont dit ont faulte de cervelle,
Car en mon cas il n'y a mesprison,
Et par dedans ne vy jamais prison.
Doncques, Amys, l'ennuy qu'avez, ostez le! 5

Et vous, Causeurs pleins d'envie immortelle,
Qui vouldriez bien que la chose fust telle,
Crevez de dueil, de despit ou poison!
 Il n'en est rien.
Je rys, je chante en joye solennelle, 10
Je sers ma Dame, & me consolle en elle,
Je rime en Prose (& peult estre en raison)
Je sors dehors, je rentre en la maison.
Ne croyez pas doncques l'aultre nouvelle!
 Il n'en est rien. 15

COMPOSÉ avant 1526 (voir n. 1). PUBLIÉ pour la première fois dans *LADO-LESCENCE CLEMENTINE*, Paris, P. Roffet, 12 août 1532 (*Bibliographie*, II, no. 9). TEXTE de *Q*. VARIANTE de *G H I J*.

Titre *G H I J* Marot a ses amys ausquelz

[1] En vue du v. 4, il est évident que ce poème fut composé avant le mois de mars 1526, date du premier emprisonnement de Marot. On ignore absolument la nature du bruit auquel Marot fait allusion.

XXII

Rondeau XXII

*D'ung qui se plainct de Mort
& d'Envie*

   Depuis quatre ans faulx Rapport vitieux
Et de la Mort le dard pernicieux
Ont faict sur moy tomber maint grand orage,
Mais l'ung des deux m'a navré en courage
Trop plus que l'autre & en bien plus de lieux. 5

Touchant Rapport, en despit de ses jeux,
Je vy tousjours riche, sain & joyeux,
Combien qu'à tort il m'ayt faict grand dommage
   Depuis quatre ans.
Mais quand de Mort le remors furieux 10
S'en vient par fois passer devant mes yeux,
Lors suis contrainct de blasmer son oultraige,
Car luy tout seul m'a plus donné de rage
Que n'a Envie & tous les Envieulx
   Depuis quatre ans. 15

COMPOSÉ avant 1527. PUBLIÉ pour la première fois dans *LADOLESCENCE CLEMENTINE*, Paris, P. Roffet, 12 août 1532 (*Bibliographie*, II, no. 9). TEXTE de Q, conforme à *G H I J*.

XXIII

Rondeau XXIII

*D'ung se complaignant
de Fortune*

Faulse Fortune, o que je te vy belle!
Las, qu'à present tu m'es rude & rebelle!
O que jadis feiz bien à mon desir,
Et maintenant me fais le desplaisir
Que je craignoys plus que chose mortelle!   5

Enfans nourriz de sa gauche mammelle,
Composons luy (je vous prie) ung Libelle
Qui picque dru, & qui morde à loisir
   Faulse Fortune !
Par sa rigueur (helas) elle m'expelle   10
Du bien que j'ay, disant: puis qu'il vient d'elle,
Qu'elle peult bien du tout m'en dessaisir.
Mais en fin Mort mort me fera gesir
Pour me venger de sa seur, la cruelle
   Faulse Fortune.   15

COMPOSÉ avant 1527. PUBLIÉ pour la première fois dans *LADOLESCENCE CLEMENTINE*, Paris, P. Roffet, 12 août 1532 (*Bibliographie*, II, no. 9). TEXTE de Q. VARIANTE de *G H I J*.

Titre *G H I J* Du soy complaignant de fortune

XXIV

Rondeau XXIV

A madame de Bazauges[1]

De Fortune trop aspre & dure
Peult trop souffrir ung povre corps
Si par parolle ne met hors
La cause pourquoy il endure.   4

Mais soubz constante couverture
On peult bien declairer les sors
  De Fortune.
D'en dessirer robe & ceinture,   8
Crier & faire telz efforts,
Tout cela ne sert de riens fors
A plus indigner la nature
  De Fortune.   12

COMPOSÉ avant 1527. PUBLIÉ pour la première fois dans *LADOLESCENCE CLEMENTINE*, Paris, P. Roffet, 12 août 1532 (*Bibliographie*, II, no. 9). TEXTE de Q, à l'exception d'une coquille au v. 2 où nous avons substitué la leçon de G H I J. VARIANTES de G H I J.

Titre G   De compter sa fortune
     H I J A Madame de Bazauges estant prisonniere
2 corps *G H I J*] cops Q
6 *G H I J* Peut on

[1] On n'a pu identifier cette dame. Il est intéressant de noter que dans l'édition princeps Marot ne la nomme pas, alors que dans les trois éditions suivantes il dédie le poème à Mme de Bazauges en ajoutant qu'elle est prisonnière. Peut-être était-elle l'épouse d'Antoine du Fay, sieur de Bazauges, l'un des cent gentilhommes de l'hôtel (*Cat. des Actes*, III, 315, no. 897). On pourrait encore l'identifier avec l'épouse de Baudoin de Champagne, chevalier et seigneur de Bazoges (B.N. série généalogique, Pièces originales 1913). Cf. *Epîtres*, XLIX.

XXV

Rondeau XXV

Du confict en douleur

Si j'ay du mal, maulgré moy je le porte,
Et s'ainsi est qu'aulcun me reconforte,
Son reconfort ma douleur point n'appaise.
Voyla comment je languis en mal aise
Sans nul espoir de liesse plus forte. 5

Et fault qu'ennuy jamais de moy ne sorte
Car mon estat fut faict de telle sorte
Des que fuz né. Pourtant ne vous desplaise
    Si j'ay du mal.
Quand je mourray, ma douleur sera morte; 10
Mais ce pendant mon povre cueur supporte
Mes tristes jours en Fortune maulvaise,
Dont force m'est que mon ennuy me plaise,[1]
Et ne fault plus que je me desconforte
    Si j'ay du mal. 15

Composé avant 1527. Publié pour la première fois dans *LADOLESCENCE CLEMENTINE*, Paris, P. Roffet, 12 août 1532 (*Bibliographie*, II, no. 9).
Texte de Q. Variantes de *G H I J g w*.

Titre *w* Rondeau par maistre clement marot
3 *g w* reconfort en riens mon dueil nappaise
5 *G H I J* sans quelque
8 *I* portant
  g w Quant je fuz
10 *g w* Quant seray mort ma
12 *g w* jours et
13 *g w* que ma douleur me

[1] L'idée que l'amoureux malheureux aime sa douleur est fréquente dans la poésie pétrarquiste. Cf. Tebaldeo, « Si dolce e la passion che mi tormenta » (*Opere*, Venise, 1508).

XXVI

Rondeau XXVI

Rondeau par contradictions

En esperant, espoir me desespere[1]
Tant que la mort m'est vie tres prospere;

Composé avant 1527. Publié pour la première fois dans *LADOLESCENCE CLEMENTINE*, Paris, P. Roffet, 12 août 1532 (*Bibliographie*, II, no. 9). Texte de Q (conforme à *G H I J*).

---

[1] Comme le titre l'indique, ce rondeau est construit sur une série d'antithèses. Dans ce procédé inspiré par la poésie pétrarquiste, Marot imite un nombre de *concetti* du poète italien. Cf. Pétrarque:

> Pace non trovo e non ho da far guerra;
>   E temo e spero, et ardo e sono un ghiaccio;
>   E volo sopra 'l cielo, e giaccio in terra;
>   E nulla stringo, e tutto 'l mondo abbraccio.   4
> Tal m'ha in pregion, che non m'apre né serra,
>   Né per suo mi riten né scioglie il laccio;
>   E non m'ancide Amor e non mi sferra,
>   Né mi vuol vivo né mi trae d'impaccio.   8
> Veggio senz'occhi e non ho lingua e grido;
>   E bramo di perir e cheggio aita;
>   Et ho in odio me stesso et amo altrui.   11
> Pascomi di dolor, piangendo rido;
>   Egualmente mi spiace morte e vita:
>   In questo stato son, donna, per vui.   14

(*Le Rime*, Florence, 1899, CXXXIV.)

et

> Mie venture al venir son tarde e pigre,
>   La speme incerta, e 'l desir monta e cresce,
>   Onde il lassare e l'aspettar m'incresce;
>   E poi al partir son piu levi che tigre.   4
> Lasso! le nevi fien tepide e nigre,
>   E 'l mar senz'onda, e per l'alpe ogni pesce,
>   E corcherassi 'l sol là oltre ond'esce
>   D'un medesimo fonte Eufrate e Tigre;   8
> Prima ch'i' trovi in ciò pace né triegua
>   O Amor o madonna altr' uso impari,
>   Che m'hanno congiurato a torto incontra.   11
> E s'i' ho alcun dolce, è dopo tanti amari,
>   Che per disdegno il gusto si dilegua:
>   Altro mai di lor grazie non m'incontra.   14

(*Ibid.*, LVII.)

RONDEAU XXVI

Me tourmentant de ce qui me contente,
Me contentant de ce qui me tourmente
Pour la douleur du soulas que j'espere. 5

Amour hayneuse en aigreur me tempere;
Puis temperance aspre comme Vipere[1]

Il semblerait cependant que Marot n'ait imité Pétrarque qu'indirectement, puisque le rondeau est largement inspiré de deux sonnets de Chariteo :

>Poi che saper volete in quale stato
>　Madonna, Amor servendo, io mi ritrovo,
>　Odite il mal meraviglioso e novo,
>　Che sempre mi procura il duro fato. 4
>Per l'aero vo volando, e son portato
>　Da tempestosi venti, e non mi movo :
>　E caldo e freddo ogn'hora inseme provo,
>　E spero da speranza abbandonato. 8
>D'un monte chiaro e pien di bianca neve
>　Esce la fiamma ardente che mi strugge,
>　E tremo ove m'accende il gran desio. 11
>Veggio Amor che si mostra or grave, or lieve
>　Or mi segue correndo, e or mi fugge :
>　Quest'è 'l morire, & questo è 'l viver mio. 14

(*Le Rime*, Naples, 1892, *Sonetto* XVIII.)

et

>Io seguo chi mi fugge e si nasconde
>　E fuggo da chi vuol farmi contento,
>　Lascio il terren per seminar nel vento,
>　Dispregio il frutto, e pasco amare fronde. 4
>Misero sitibondo fuggo l'onde,
>　Possendo aver piacer, cheggio tormento,
>　Ad ognior son chiamato et io no' 'l sento,
>　E chiamo chi giamai non mi risponde. 8
>Ne le fiamme divento un pigro gelo,
>　E 'n mezzo de la neve un foco ardente.
>　Lascio il riposo e vo dietro al dolore.
>Mia colpa no, ma crudeltà di cielo
>　Repugnare al voler non mi consente :
>　Cosi sempre mi segue e fugge Amore. 14

(*Ibid.*, Sonetto XIII.)

[1] Cf. Olimpo di Sassoferrato, *Gloria d'Amore*, s.d. :
　Chi non te fosse a tutte l'or fidele
　Dimonstra un tigre, un serpe aspro e mordace.

Me refroidist soubz chaleur vehemente[1]
  En esperant.
L'enfant aussi, qui surmonte le pere,   10
Bande ses yeulx pour veoir mon improperc;
De moy s'enfuyt & jamais ne s'absente,
Mais, sans bouger, va en obscure sente
Cacher mon dueil affin que mieulx appere
  En esperant.   15

XXVII

Rondeau XXVII

*Aux amys & seurs de feu Claude
Perreal, Lyonnoys*[2]

En grand regret, si pitié vous remord
Pleurez l'amy Perreal qui est mort.
Vous ses amys, chascun prenne sa plume!

COMPOSÉ avant 1527. PUBLIÉ pour la première fois dans *LADOLESCENCE CLEMENTINE*, Paris, P. Roffet, 12 août 1532 (*Bibliographie*, II, no. 9). TEXTE de Q, à l'exception d'une coquille au v. 10 où nous avons substitué la leçon de *G H I J* (en dehors de ce vers Q est conforme à *G*). VARIANTE de *H I J*.

[1] L'antithèse de la chaleur et de la froideur, un des *concetti* pétrarquistes les plus communs. Cf. Pétrarque:

    S'arder da lunge et agghiacciar da presso

(*éd. cit.*, CCXXIV, v. 12)
et
    Ite, caldi sospiri al freddo core

(*éd. cit.*, CLIII, v. 1)

[2] Probablement Claude Perréal, peintre, valet de chambre de Louis XI en 1474, et père du peintre Jean Perréal, nommé Jean de Paris. On ignore la date de la mort de Claude Perréal. Son fils Jean était valet de chambre de Charles VIII, Louis XII et François Ier; il jouit d'une très grande réputation à son époque et fut l'ami du poète Jean Lemaire de Belges. On lui attribue les miniatures qui décorent le manuscrit relatant les obsèques d'Anne de Bretagne. Louis XII l'envoya en Angleterre en 1514 pour choisir les robes de Marie, sœur d'Henry VIII, qui allait devenir reine de France. Sur ce personnage intéressant, voir A. Blunt, *Art and Architecture in France 1500–1700*, Londres, 1957, p. 18, et H. Bouchot, *Le Portrait peint en France au XVIe siècle*, Gazette des Beaux-Arts, 1887, pp. 108–24.

La mienne est preste, & bon desir l'alume
A deplorer (de sa part) telle mort.

Et vous, ses seurs,[1] dont maint beau tableau sort,
Paindre vous fault pleurantes son grief sort
Pres de la tombe en laquelle on l'inhume
   En grand regret.
Regret m'en blesse, & si sçay bien au fort
Qu'il fault mourir, & que le desconfort
(Soit court ou long) n'y sert que d'amertume;
Mais vraye amour est de telle coustume
Qu'elle contrainct les amys plaindre fort
   En grand regret.

6 *H I J* maint tableau
10 m'en *G H I J*] me'n *Q*

[1] On ignore tout de ces sœurs.

XXVIII

Rondeau XXVIII

Du Vendredy sainct[1]

  Dueil ou plaisir me fault avoir sans cesse,
Dueil quant je voy (ce jour plein de rudesse)
Mon Redempteur pour moy en la croix pendre;
Ou tout plaisir, quand, pour son sang espendre,
Je me voy hors de l'infernale presse.　　　　　　　　　5

Je riray donc, non, je prendray tristesse.
Tristesse? ouy dis je, toute liesse;
Brief, je ne sçay bonnement lequel prendre,
  Dueil ou plaisir.
Tous deux sont bons selon que Dieu nous dresse;　　10

Composé avant 1527. Publié pour la première fois dans *LADOLESCENCE CLEMENTINE*, Paris, P. Roffet, 12 août 1532 (*Bibliographie*, II, no. 9). Texte de Q, conforme à *G H I J*. Variantes de *b g o r v w*.

Titre *b o* Rondeau du vendredi sainct
    g manque
    r Rondeau a propos du vendredi sainct
    v Du jour du vendredi sainct
    w Rondeau par clement marot
3 *b g o r v w* Mon roy mon dieu pour
4 *b* Et tout
5 *r* de ferialle presse
6 *o* Riray je donc
  r non mais jauray tristesse
8 *w* Brief si
10 *b g o r v w* bons en temps et heure expresse

---

[1] Ce rondeau est imité d'un commentaire de Josse Bade sur le *Carmen lugubre* de Béroalde:
« Jod. Badii ennaratio in Ph. Beroaldi Carm. lug. de domin. pass. die ad vers. 11: Haec est atra dies:—Docet diem passionis dominicae aliis altram, aliis laetam...Si ad causam mortis Christi, quae peccata nostra sunt...aut ad genus mortis...aut ad crucifixores...aut summopere ad Crucifixum... inspexerimus: erit omnibus justissima moerendi, lugendi plangendique ratio. Sin ad passionis quod ex ea consequatur beneficium erit piae et mentabis laetitia summum argumentum. » dans Ph. Beroaldus, *Carmen lugubre de dominice passionis die*, Ed. J. Badius, Paris, J. Marchand pour J. Petit, 1509.

Ainsi la mort, qui le saulveur oppresse,
Faict sur nos cueurs dueil & plaisir descendre.
Mais nostre mort, qui en fin nous fait cendre,
Tant seulement l'ung ou l'autre nous laisse,
   Dueil ou plaisir.   15

12 *g w* Dueil et plaisir fait sur nous condescendre
  r plaisir ensemble
13 *g* Mais une mort   15 *r manque*

XXIX

Rondeau XXIX

*De la Conception
nostre Dame*[1]

Comme Nature est en peché ancrée
Par art d'enfer, grace qui nous recrée
Par art du ciel Marie en garentit;
Car aultrement cil qui se y consentit
Ne l'eust jamais à son Filz consacrée.   5

Mais il peult tout, & veult, & luy aggrée
Qu'un filz sacré aye mere sacrée,
Ce qu'elle fut, & vice ne sentit
   Comme Nature.

Composé probablement avant 1525. Publié pour la première fois dans *LADOLESCENCE CLEMENTINE*, Paris, P. Roffet, 12 août 1532 (*Bibliographie*, II, no. 9). Texte de *Q*, à l'exception d'une coquille au v. 5, où nous avons substitué la leçon de *G H I J h*. Variantes de *G H I J h*.

Titre *h* Rondeau   3 *h* marie nous en
5 l'eust *G H I J h*] l'ust *Q*   7 *h* ait sa mere
8 *h* Ce quelle ne fust, car vice ne sentist

[1] Ce rondeau figure dans le ms 2202 du fonds français de la Bibliothèque Nationale (notre *h*). Ce manuscrit porte le titre: *Recueil de chants royaux, ballades et rondeaux, composés au puy de Rouen*. Les pièces n'y sont malheureusement pas datées. Cependant tout dans ce rondeau donne l'impression qu'il fut composé dans la première jeunesse de l'auteur.

Nature trop de fol desir oultrée
Est en peché originel entrée,
Et sans Baptesme onc homme n'en partit.
Mesmes jamais la Vierge n'en sortit;
Aussi jamais elle n'y fit entrée
    Comme Nature.

10 *h* Laquel trop de grant desir
13 *h* Mesmes la vierge onc pour vray nen
14 *h* ny eust

XXX

Rondeau XXX

*De la veue des Roys de France
& d'Angleterre entre
Ardres & Guynes*[1]

De deux grands Roys la noblesse & puissance
Veue en ce lieu nous donne congnoissance
Que amytié prend courage de Lyon
Pour ruer jus vieille rebellion
Et mettre sus de Paix l'esjoyssance.

Soit en beaulté, sçavoir & contenance,
Les anciens n'ont point de souvenance
D'avoir onc veu si grand perfection
    De deux grands Roys.
Et le festin, la pompe & l'assistance

Composé en 1520. Publié pour la première fois dans *LADOLESCENCE CLEMENTINE*, Paris, P. Roffet, 12 août 1532 (*Bibliographie*, II, no. 9). Texte de Q, à l'exception d'une coquille au v. 4 où nous avons substitué la leçon de *G H I J* (en dehors de ce vers, Q est conforme à *G H*). Variantes de *I J*.

4 jus *G H I J*] us *Q*
5 *I* leiouyssance
  J l'a iouyssance

[1] Sur la rencontre entre François Ier et Henri VIII au Camp du Drap d'Or, voir plus bas, p. 150, n. 1.

Surpasse en bien le triumphe & prestance
Qui fut jadis sur le mont Pelyon;
Car de là vint la guerre d'Ylion;¹
Mais de cecy vient Paix & alliance
   De deux grands Roys. 15

XXXI

Rondeau XXXI

*De ceulx qui alloient sur Mulle
au Camp d'Attigny*²

Aux champs, aux champs, Braves, qu'on ne vous trousse!
Prenez harnoys, l'arc, la fleche & la trousse
Pour vous deffendre en Haynault ou Milan³
Et gardez bien d'y empoigner mal an,
Car le drap d'or⁴ bien peu sert quand on poulse. 5

Raison pourquoy? on se y bat & courrousse
Plus qu'à chasser à quelque beste rousse,
Ou à voller la Pye ou le Millan
   Aux champs.
En cestuy camp, où la guerre est si doulce, 10
Allez sur mule avecques une Housse,
Aussi tousez qu'un moine ou capellan!
Mais vous vouldriez estre en Hierusalem
Quand ce viendra à donner la secousse
   Aux champs. 15

COMPOSÉ dans l'été de 1521. PUBLIÉ pour la première fois dans *LADOLESCENCE CLEMENTINE*, Paris, P. Roffet, 12 août 1532 (*Bibliographie*, II, no. 9). TEXTE de Q, conforme à *G H I J*.

¹ C'est au mont Pélion qu'eut lieu la fête du mariage de Pélée avec Thétis, au cours de laquelle Eris, déesse de la discorde, jeta au milieu des invités la pomme d'or, causant ainsi le jugement de Paris et la guerre de Troie.
² Sur la campagne en Hainaut dans l'été de 1521, et le camp d'Attigny, voir plus bas, p. 152, n. 1, et *Epitres*, III et Appendice I.
³ Le Milanais était avec le Hainaut et l'Artois un des principaux théâtres de la guerre contre l'Empire.
⁴ Allusion au Camp du Drap d'Or. Cf. plus haut, p. 99.

XXXII

Rondeau XXXII

*Au Roy pour avoir argent au
desloger de Reins*[1]

Au departir de la ville de Reins
Faulte d'argent[2] me rend foible de reins,
Roy des Françoys, voire de telle sorte
Que ne sçay pas comment d'icy je sorte,
Car mon cheval tient mieulx que par les creins. 5

Puis l'hoste est rude & plein de gros refrains;
Je y laisseray mors, bossetes & frains,
Ce m'a il dit, ou le Diable l'emporte
    Au departir.
Si vous supply, Prince que j'ayme & crains, 10
Faictes miracle avecques aulcuns grains!
Resuscitez ceste personne morte,
Ou aultrement demourray à la porte
Avec plusieurs qui sont à ce contrainctz
    Au departir. 15

Composé probablement le 19 ou 20 septembre 1521 (cf. n. 1). Publié pour la première fois dans *LADOLESCENCE CLEMENTINE*, Paris, P. Roffet, 12 août 1532 (*Bibliographie*, II, no. 9). Texte de Q, à l'exception d'une faute au v. 1 où nous avons substitué la leçon de *G H I*. Variantes de *G H I J*.

1 Au departir de la *G H I*] Au departir la *J Q*
7 *G H I J* Brief ie y lairray
8 *J* Ce mal il dit ou
11 *I* grans

[1] Le 19 septembre 1521 François Ier et la Cour, venant de Troyes, s'arrêtèrent à Reims en route pour Saint-Thierry, où ils arrivèrent le 21 septembre (*Cat. des Actes*, VIII, 435). On ne connaît pas d'autre occasion avant 1532 où le roi a passé par Reims.
[2] Expression proverbiale. Cf. Rabelais, *Pantagruel*, XVI.

XXXIII

Rondeau XXXIII

*De celle qui pour Estreines envoie à
son Amy une de ses couleurs*[1]

Soubz esperance & attente d'avoir
Responce faicte en plus profond savoir
Les miens espritz ung lourd Rondeau t'escrivent,
Et devers toy peu d'estreines arrivent
Pour force amour entre nous concepvoir. 5

Gris, Blanc & Bleu sont mes couleurs (pour veoir)
Mais du seul Gris je t'ay voulu pourveoir
Dont sont vestuz plusieurs humains qui vivent
    Soubz Esperance.
Reçoy le donc & vueilles percevoir 10
Que les tendans à leurs desirs se veoir
S'arment de Gris, & Desespoir ne suivent,
Car par luy seul souvent de bien se privent
Ceulx qui pourroient mieulx que bien recepvoir
    Soubz Esperance. 15

COMPOSÉ avant 1527. PUBLIÉ pour la première fois dans *LADOLESCENCE CLEMENTINE*, Paris, P. Roffet, 12 août 1532 (*Bibliographie*, II, no. 9). TEXTE de Q, à l'exception de deux coquilles au v. 3 où nous avons substitué la leçon de *G H I J* (en dehors de ce vers, Q est conforme à *G H I J*).

3 ung *G H I J*] una Q

[1] Sur le symbolisme des couleurs, cf. *Epîtres*, VII. Cf. aussi le *Blason des couleurs*:

    Pour fermeté doibt estre le noir pris,
    Le gris travail, et vert denotte espoir;
    Le blanc est foy ainsi que j'ay apris,
    Et le tenné monstre le desespoir;
    Le rouge veult pour luy vengeance ainsi,
    Mays l'incarnal tous jours est en douleur;
    Contentement porte jaune couleur;
    S'il est paille, par louenge est changé,
    Et le violet d'amour est la chaleur
    Puis sur le bleu jalozie se renge.

(B.N. ms fr. 4967, fo. 235 r°.)

XXXIV

Rondeau XXXIV

D'ung lieu de plaisance

   Plus beau que fort ce lieu je puis juger,
Parquoy le veulx non pas comparager
A Ilyon, non à Troye la grande,
Mais bien au val tapissé de Lavande
Où s'endormit Paris, jeune berger. 5

En ce beau lieu Dyane vient loger;
Ne vueillez donc sur luy faulte songer,
Car il est tel comme elle le demande,
   Plus beau que fort.
Maintz ennemis le viennent assieger, 10
Dont le plus rude est le Serin legier,
L'autre le Geay, la Passe & la Calande.
Ainsi la Dame (à qui me recommande)
S'esbat à veoir la guerre en son Verger
   Plus beau que fort. 15

Composé avant 1527. Publié pour la première fois dans *LADOLESCENCE CLEMENTINE*, Paris, P. Roffet, 12 août 1532 (*Bibliographie*, II, no. 9). Texte de Q conforme à *H I J*. Variantes de *G v*.

3 *v* ne a
8 *G* elle demande

XXXV

Rondeau XXXV

*Des Nonnes qui sortirent du
Couvent pour aller se
recreer*

 Hors du Couvent, l'aultrehyer, soubz la Couldrette
Je rencontray mainte Nonne proprette
Suyvant l'Abbesse en grand devotion.
Si cours apres, & par affection
Vins aborder la plus jeune & tendrette.   5

Je l'arraisonne; elle plainct & regrette;
Dont je congnus (certes) que la povrette
Eust bien voulu aultre vacation,
 Hors du Couvent.
Toutes avoient soubz vesture secrette   10
Ung tainct vermeil, une mine saffrette,
Sans point avoir d'amour fruition.

Composé avant 1527. Publié pour la première fois dans *LADOLESCENCE
CLEMENTINE*, Paris, P. Roffet, 12 août 1532 (*Bibliographie*, II, no. 9).
Texte de Q. Variantes de *G H I J b r*.

Titre *G H I J* pour se aller recreer
   b   Rondeau
   r   Rondeau dune rencontre de nonnains
1 *b* je veiz soubz
 r lautre iour
2 *b* Lautre matin mainte
 r le veis de loing mainte
3 *b* en leur   5 *b* jeune tendrette
6 *b* La raisonnant et se plaint
7 *G H I J* congneu
 b congneuz assez
 r congneuz assez que la nonnecte
8 *b* vouldroit avoir autre devocion
 r vouldroit avoir autre vacation
10 *b r* Brief toutes ont soubz la robbe secrete
11 *b r* Le tainct vermeil et la myne
12 *G H I J r* damours

Ha (dis je lors) quelle perdition
Se fait icy de ce dont j'ay souffrette
    Hors du Couvent. 15

14 *b* icy dont iay grant souffrette

XXXVI

Rondeau XXXVI

D'alliance de Pensée

Ung mardy gras que tristesse est chassée
M'advint par heur d'amitié pourchassée
Une Pensée excellente & loyalle,
Quand je dirois digne d'estre royalle
Par moy seroit à bon droict exaulcée. 5

Car de rimer ma plume dispensée
(Sans me louer) peult louer la Pensée
Qui me survint dansant en une Salle,
    Ung mardy gras.
C'est celle qu'ay d'alliance pressée 10
Par ces attraictz, laquelle à voix baissée
M'a dit je suis ta Pensée fealle,
Et toy la mienne à mon gré cordialle;
Nostre alliance ainsi fut commencée,
    Ung mardy gras. 15

Composé avant 1527. Publié pour la première fois dans *LADOLESCENCE CLEMENTINE*, Paris, P. Roffet, 12 août 1532 (*Bibliographie*, II, no. 9). Texte de Q. Variante de *G H I J*.

11 *G H I J* ses

XXXVII

Rondeau XXXVII

De sa grand Amye

Dedans Paris, Ville jolye,
Ung jour, passant melancolie,
Je prins alliance nouvelle
A la plus gaye Damoyselle
Qui soit d'icy en Italie. 5

D'honnesteté elle est saisie,
Et croy (selon ma fantasie)
Qu'il n'en est gueres de plus belle
  Dedans Paris.
Je ne la vous nommeray mye, 10
Si non que c'est ma grand Amye;
Car l'alliance se feit telle
Par ung doulx baiser que j'eus d'elle,
Sans penser aulcune infamie,
  Dedans Paris. 15

COMPOSÉ avant 1527. PUBLIÉ pour la première fois dans *LADOLESCENCE CLEMENTINE*, Paris, P. Roffet, 12 août 1532 (*Bibliographie*, II, no. 9). TEXTE de Q. VARIANTES de *G H I J*.

Titre *G H I J* Dalliance de grand amye
4 *G H I J* plus gente

XXXVIII

Rondeau XXXVIII

De trois Alliances

Tant & plus mon cueur se contente
D'alliances; car aultre attente

COMPOSÉ avant 1527. PUBLIÉ pour la première fois dans *LADOLESCENCE CLEMENTINE*, Paris, P. Roffet, 12 août 1532 (*Bibliographie*, II, no. 9). TEXTE de Q, conforme à *G H J*. VARIANTE de *I*.

2 *I* Dalliance

Ne me sçauroit mieulx assouvir,
Veu que j'ay (pour honneur suivir)
Pensée, Grand Amye & Tante.

La Pensée est noble & prudente,
La Grand Amye belle & gente,
La Tante en bonté veulx pleuvir
    Tant & plus.
Et ce Rondeau je luy presente;
Mais pour conclusion decente
La premiere je veulx servir,
De l'aultre l'amour desservir,
Croire la tierce est mon entente,
    Tant et plus.

XXXIX

Rondeau XXXIX

Aux Damoyselles paresseuses
d'escrire à leurs
Amys

Bon jour, & puis, quelles nouvelles?
N'en sçauroit on de vous avoir?
S'en brief ne m'en faictes sçavoir,
J'en feray de toute nouvelles.

Puis que vous estes si rebelles:
Bon Vespre, bonne Nuict, bon Soir,
    Bon jour!
Mais si vous cueillez des Groiselles,

Composé avant 1527. Publié pour la première fois dans *LADOLESCENCE CLEMENTINE*, Paris, P. Roffet, 12 août 1532 (*Bibliographie*, II, no. 9). Texte de Q. Variantes de *G H I J*.

3 *G H I J* Si brief
4 *G H I J* toutes

Envoyez m'en;[1] car, pour tout voir,
Je suis gros, mais c'est de vous veoir
Quelcque matin, mes Damoyselles.
  Bon jour!

XL

Rondeau XL

De celluy qui nouvellement a receu
Lettres de s'Amye

A mon desir d'un fort singulier estre
Nouveaulx escriptz on m'a faict apparoistre
Qui m'ont ravy tant qu'il fault que par eulx
Aye Lyesse ou Ennuy langoreux;
Pour l'ung ou l'autre Amour si m'a faict naistre.

C'est par ung cueur que du mien j'ay faict maistre,
Voyant en luy toutes vertus accroistre;
Et ne crains fors qu'il soit trop rigoreux
  A mon desir.
C'est une Dame en faictz et dictz adextre;
C'est une Dame ayant la sorte d'estre
Fort bien traictant ung loyal Amoureux.
Pleust or à Dieu que feusse assez heureux
Pour quelcque jour l'esprouver et congnoistre
  A mon desir.

Composé avant 1527. Publié pour la première fois dans *LADOLESCENCE CLEMENTINE*, Paris, P. Roffet, 12 août 1532 (*Bibliographie*, II, no. 9). Texte de Q (conforme à *G H*). Variante de *I J*.

3 *I J* tant que fault

[1] S'il existe un sens caché, il nous échappe. Villon emploie le mot de groseille dans le sens de fruit amer:
  De moy, povre, je vueil parler:
  J'en fus batu comme a ru telles,
  Tout nu, ja ne le quier celer.
  Qui me feist maschier ces groselles,
  Fors Katherine de Vausselles?
(*Testament*, vv. 657-61.)
  Marot ne semble pas ici prendre le mot dans ce sens. Peut-être s'agit-il simplement d'un jeu de mots: groiselle—gros (v. 10).

XLI

Rondeau XLI

*Des trois couleurs, Gris,
Tanné et Noir*[1]

Gris, Tanné, Noir porte la fleur des fleurs[2]
Pour sa livrée avec regretz et pleurs.
Pleurs et regretz en son cueur elle enferme,
Mais les couleurs dont ses vestemens ferme
(Sans dire mot) exposent ses douleurs.　　　　　　　5

Car le Noir dit la fermeté des Cueurs,
Gris le travail et Tanné les langueurs.
Par ainsi c'est Langueur en Travail ferme:
　　Gris, Tanné, Noir.
J'ay ce fort mal par elle et ses valeurs,　　　　　　　10
Et en souffrant ne crains aulcuns malheurs,
Car sa bonté de mieulx avoir m'afferme.
Ce nonobstant, en attendant le terme,
Me fault porter ces trois tristes couleurs:
　　Gris, Tanné, Noir.　　　　　　　　　　　　　15

Composé avant 1527. Publié pour la première fois dans *LADOLESCENCE CLEMENTINE*, Paris, P. Roffet, 12 août 1532 (*Bibliographie*, II, no. 9). Texte de Q, conforme à *G H I J*.

[1] Sur le symbolisme des couleurs, voir plus haut, p. 102, et *Epîtres*, p. 120, n. 2.
[2] Probablement Marguerite d'Angoulême.

XLII

Rondeau XLII

*D'ung soy deffiant de sa
Dame*

   Plus qu'en aultre lieu de la ronde
Mon cueur volle comme l'Aronde
Vers toy en prieres et dictz;
Mais si asprement l'escondis
Que noyer le fais en claire unde.   5

   Dont ne puis croire (ou l'on me tonde)
Que ton cueur à m'aymer se fonde
Quand tous biens me y sont interdictz
   Plus qu'en aultre lieu.
Car il n'y a Princesse au Monde   10
Qui m'aymast d'amour si profonde
Comme celle que tu me dys,
Qui ne m'ouvrist le Paradis
De jouyssance où grace abonde
   Plus qu'en aultre lieu.   15

COMPOSÉ avant 1527. PUBLIÉ pour la première fois dans *LADOLESCENCE CLEMENTINE*, Paris, P. Roffet, 12 août 1532 (*Bibliographie*, II, no. 9). TEXTE de Q à l'exception d'une coquille au v. 12 où nous avons substitué la leçon de *G H I J*. VARIANTES de *G H I J*.

Titre *G H I J* Du soy deffiant de lamour de samye
1 *I J* Plus que en
12 dys *G H I J*] die *Q*

XLIII

Rondeau XLIII

De celluy qui ne pense
qu'en s'Amye

 Toutes les nuyctz je ne pense qu'en celle
Qui a le Corps plus gent qu'une pucelle
De quatorze ans sur le poinct d'enrager,
Et au dedans ung cueur (pour abreger)
Autant joyeux qu'eut oncque Damoyselle. 5

Elle a beau tainct, ung parler de bon zelle
Et le Tetin rond comme une Grozelle.
N'ay je donc pas bien cause de songer
 Toutes les nuictz?
Touchant son cueur, je l'ay en ma cordelle, 10
Et son Mary n'a sinon le Corps d'elle.
Mais toutesfois, quand il vouldra changer,
Prenne le Cueur, et, pour le soulager,
J'auray pour moy le gent Corps de la belle
 Toutes les nuictz. 15

COMPOSÉ avant 1527. PUBLIÉ pour la première fois dans *LADOLESCENCE CLEMENTINE*, Paris, P. Roffet, 12 août 1532 (*Bibliographie*, II, no. 9). TEXTE de Q. VARIANTES de *G H I J g k v w*.

Titre *g k manque*
 w Rondeau par ledit marot
1 *I* quen elle
4 *k* dedans le cueur le moins legier
5 *G H I J* Autant ioly queut oncques
 g v w Aussi gentil
 k Qui oncques fust pour une damoiselle
6 *g w* le parler
8 *G H I J g k v w* dy

XLIV

Rondeau XLIV

*De celluy qui entra de Nuict
chez s'Amye*

De nuict & jour fault estre adventureux
Qui d'amours veult avoir biens plantureux.
Quant est de moy, je n'euz onc crainte d'ame,
Fors seulement, en entrant chez ma Dame,
D'estre aperceu des Langars dangereux.   5

Ung soir, bien tard, me feirent si paoureux
Qu'advis m'estoit qu'il estoit jour pour eulx;
Mais si entray je, & n'en vint jamais blasme,
    De nuict & jour.
La nuict je prins d'elle ung fruict savoureux;   10
Au poinct du jour vy son corps amoureux
Entre deux draps plus odorans que Basme.
Mon Œil adonc, qui de plaisir se pasme,
Dict à mes Bras: vous estes bien heureux
    De nuict & jour.   15

COMPOSÉ avant 1527. PUBLIÉ pour la première fois dans *LADOLESCENCE CLEMENTINE*, Paris, P. Roffet, 12 août 1532 (*Bibliographie*, II, no. 9). TEXTE de Q, à l'exception d'une coquille au v. 6 où nous avons substitué la leçon de *G H I J g k v w*. VARIANTES de *G H I J g k v w*.

Titre *G H I J v* De celluy qui de nuyct entra ches samye
    g k   manque
    w   Rondeau par maistre clement marot
2 *v* Qui veult damours avoir bien plantureux
3 *I J* Quant est a moy
5 *v* des parlans
6 *k* Ung jour
    paoureux *G H I J g k v w*] paureux *Q*
7 *g* me fut
    w Advis me fût
10 *k* nuict receuz delle
12 *v* deux bras
13 *k* Alors mon œil

XLV

Rondeau XLV

Du content en Amours

Là me tiendray où à present me tien;
Car ma Maistresse au plaisant entretien
M'ayme d'un cueur tant bon et desirable
Qu'on me debvroit appeller miserable
Si mon vouloir estoit aultre que sien.   5

Et fusse Helaine au gratieux maintien
Qui me vint dire: Amy faiz mon cueur tien;
Je respondroys: point ne seray muable;
    Là me tiendray.
Qu'un chascun donc voise chercher son bien.   10
Quant est à moy je me trouve tresbien;
J'ay Dame belle, exquise et honnorable;
Parquoy, fussé je unze mil ans durable,
Au Dieu d'Amours ne demanderay rien;
    Là me tiendray.   15

Composé avant 1527. Publié pour la première fois dans *LADOLESCENCE CLEMENTINE*, Paris, P. Roffet, 12 août 1532 (*Bibliographie*, II, no. 9). Texte de Q, conforme à *G H I*. Variantes de *J w y*.

Titre *w* Rondeau
   y manque
2 *y* en plaisant
3 *w y* Ma faict ung tour qui tant mest agreable
4 *w y* Que jauroys peur destre dit
6 *J w* Et fust ce
   y Et si helaine
7 *w y* Me venoit dire amy tu seras myen
8 *y* Je luy diroys point
10 *y* Que chascun
11 *w* est de moy
12 *w y* Jay belle dame honneste et amyable
13 *y* Couche qui veult je diray a la table
14 *y* Tout autre gaing au pris delle nest rien

XLVI

Rondeau XLVI

De celluy qui est demeuré et s'Amye
s'en est allée

Tout à part soy est melancolieux
Le tien Servant, qui s'esloigne des lieux[1]
Là où l'on veult chanter, dancer et rire.
Seul en sa chambre, il va ses pleurs escrire,
Et n'est possible à luy de faire mieulx.   5

Car, quand il pleut, et le Soleil des Cieulx
Ne reluist point, tout homme est soucieux,
Et toute Beste en son creux se retire
   Tout à part soy.
Or maintenant pleut larmes de mes yeux,   10
Et toy qui es mon Soleil gracieux[2]
M'as delaissé en l'ombre de martyre.
Pour ces raisons loing des aultres me tire,
Que mon ennuy ne leur soit ennuyeux,
   Tout à part soy.   15

Composé avant 1527. Publié pour la première fois dans *LADOLESCENCE CLEMENTINE*, Paris, P. Roffet, 12 août 1532 (*Bibliographie*, II, no. 9). Texte de Q, à l'exception d'une coquille au refrain (vv. 9 et 15) où nous avons substitué la leçon de *G H I J k v* (en dehors de ces vers Q est conforme à *H v*). Variantes de *G I J k*.

Titre *k manque*
3 *k* danser chanter
5 *I J* a moy
  k den
6 *J* quant il peult   9 part *G H I J k v*] par *Q*
12 *G* Mais   15 part *G H I J k v*] par *Q*

[1] Ces vers sont peut-être inspirés d'un vers du sonnet XXXV de Pétrarque :
   Solo e pensoso i piu deserti campi
   Vo mesurando a passi tardi e lenti

[2] Cf. Pétrarque, « Mirando 'l sol de'begli occhi sereno » (CLXXIII, *Le Rime*, Florence, 1899), et l'expression « mio sole » que Pétrarque emploie fréquemment pour désigner Laure.

XLVII

Rondeau XLVII

*De celluy de qui l'Amye a
faict nouvel Amy*

Jusque à la mort, Dame, t'eusse clamée,
Mais ung nouveau t'a si bien reclamée
Que tu ne veulx qu'à son Leurre venir.
Si ne peulx tu contre moy soustenir
Pourquoy l'amour deust estre consommée. 5

Car en tous lieux tousjours t'ay estimée
Et si on dict que je t'ay deprimée,
Je dy que non, et le veulx maintenir
    Jusque à la mort.
Dieu doint que pis tu n'en soys renommée; 10
Car s'il est sceu, tu en seras nommée
Femme sans cueur qui ne se peult tenir
D'aller au change et à grand tort bannir
Celluy qui t'eust parfaictement aymée
    Jusque à la mort. 15

COMPOSÉ avant 1527. PUBLIÉ pour la première fois dans *LADOLESCENCE CLEMENTINE*, Paris, P. Roffet, 12 août 1532 (*Bibliographie*, II, no. 9). TEXTE de Q. VARIANTES de *G H I J y*.

Titre *y manque*
1 *y* Jusqua la mort je vous eusse estimee   2 *y* vous a tant embasmee
3 *y* Que notre amour nest plus en souvenir
4 *G H I J* tu chose en moy
  y Et si nay faict bien le veulx soustenir
5 *y* Chose pourquoy doive estre consommee
6 *y* Tousiours vous ay servie dame reclamee
7 *y* Et saucun dit que je vous aye blasmee
10 *I* que pis nen soys
  y Or regardez la pouvre renommee
11 *y* Que vous aurez quant vous serez nommee
12 *G H I J* sest peu
  y qui ne cest sceu tenir
13 *y* Dun autre aymer et a tort forbannir
14 *G H I J* leust
  y Celluy qui leust en tout honneur aymee

XLVIII

Rondeau XLVIII

*De l'Amant marry contre
sa Dame*

Du tout me veulx desheriter
De ton amour; car proffiter
Je n'y pourrois pas longue espace,
Veu qu'un aultre reçoit ta grace,
Sans mieulx que moy la meriter. 5

Puis qu'à toy se veult presenter,
De moy se debvra contenter;
Car je luy quitteray la place
   Du tout.
Tes graces sont fort à noter; 10
On n'y sçauroit mettre ne oster;
Tu as beau corps et belle face,
Mais ton cueur est plein de fallace;
Voyla qui m'en faict deporter
   Du tout. 15

COMPOSÉ avant 1527. PUBLIÉ pour la première fois dans *LADOLESCENCE CLEMENTINE*, Paris, P. Roffet, 12 août 1532 (*Bibliographie*, II, no. 9). TEXTE de Q, conforme à G H. VARIANTES de *I J g w*.

Titre *g manque*
   w Rondeau par maistre clement marot
4 *g* a receu
  w a receu la grace
6 *g w* Si son cueur te veult
7 *w* se doibt bien contenter
8 *w* Puisque je luy quicte la place
10 *I* sont a noter
   J g w sont bien a noter
13 *g w* le cueur
14 *g w* Et pource men veulx deporter

XLIX

Rondeau XLIX

D'alliance de Sœur

    Par alliance ay acquis une Sœur
Qui en beaulté, en grace & en doulceur
Entre ung milier ne trouve sa pareille.
Aussi mon cueur à l'aymer s'appareille;
Mais d'estre aymé ne se tient pas bien seur. 5

Las, elle m'a navré de grand vigueur,
Non d'ung cousteau, ne par haine ou rigueur,
Mais d'ung baiser de sa bouche vermeille,[1]
    Par alliance.
Cil qui la voit jouyt d'ung treshault heur; 10
Plus heureux est qui parle à sa haulteur,
Et plus heureux à qui preste l'oreille.
Bien heureux donc debvroit estre à merveille
Qui en amours seroit son serviteur
    Par alliance. 15

Composé avant 1527. Publié pour la première fois dans *LADOLESCENCE CLEMENTINE*, Paris, P. Roffet, 12 août 1532 (*Bibliographie*, II, no. 9). Texte de Q à l'exception d'une faute au v. 7 où nous avons substitué la leçon de *G H I J r v*. Variantes de *G H I J r v*.

Titre *G H I J* Rondeau daliance
    r   Rondeau dune alliance
    v   De lalyance
1 *v* acquise
3 *J* Entre ung meillier
  r Na pour certain en paris sa
5 *r* ayme ie nen suis pas
7 *G H I J r v* non par hayne   rigueur *G H I J r v*] rigueur *Q*

[1] Sur le thème du baiser, cf. Rondeau LV, « En la baisant m'a dit Amy sans blasme ».

L

Rondeau L

*D'une Dame aiant beaulté &
bonne grace*

Grande vertu & beaulté naturelle
Ne sont souvent en forme corporelle;
Mais ta forme est en beaulté l'outrepasse
D'aultant que l'Or tous les Metaulx surpasse,
Et si voit on mainte vertu en elle.   5

Aussi par tout en volle la nouvelle;
Et ce qui plus ton renom renouvelle,
C'est que tu as (toy seulle) double grace,
    Grande vertu,
Grace en maintien & en parolle belle,   10
Grace en apres que mercy on appelle.
L'une contrainct que t'amour on pourchasse;
L'aultre de toy la jouyssance brasse.
Je te supplie, use envers moy d'icelle
    Grande vertu.   15

COMPOSÉ avant 1527. PUBLIÉ pour la première fois dans *LADOLESCENCE CLEMENTINE*, Paris, P. Roffet, 12 août 1532 (*Bibliographie*, II, no. 9). TEXTE de Q (conforme à *G H*). VARIANTES de *I J v*.

Titre *v* A celle qui a beaulté &
7 *v* ton nom en
10 *I J* Grace & maintien
14 *v* user vers moy

LI

Rondeau LI

*A la jeune Dame melancolique
et solitaire*

   Par seulle amour qui a tout surmonté,
On trouve grace en divine bonté,
Et ne la fault par aultre chemin querre.
Mais tu la veulx par cruaulté conquerre,
Qui est contraire à bonne voulunté.   5

Certes, c'est bien à toy grand cruaulté
De user en dueil la jeunesse & beaulté
Que t'a donné Nature sur la terre
     Par seulle amour.
En sa verdeur se resjouist l'Esté,   10
Et sur l'Yver laisse joyeuseté;
En ta verdeur plaisir doncques asserre;[1]
Puis, tu diras (si vieillesse te serre):
A Dieu le temps qui si bon a esté
     Par seulle Amour.   15

COMPOSÉ avant 1527. PUBLIÉ pour la première fois dans *LADOLESCENCE CLEMENTINE*, Paris, P. Roffet, 12 août 1532 (*Bibliographie*, II, no. 9). TEXTE de Q. VARIANTE de *G H I J*.

14 *G H I J* bon ma este

[1] Sur le thème de la fuite du temps, cf. Tebaldeo, « Non serano i capei sempre dor fino » (*Opere*, Venise, 1508); « Gia de la vita mia breve e mortale » (*Opere d'Amore*, Vineggia, 1550). Cf. aussi Serafino Aquilano, « Risguarda donna come el tempo vola » (*Opere*, Venise, 1508) et Chariteo, « Voi, che mi state sempre in mezo al core » (Strambotto XXI, p. 450, *Le Rime*, ed. Percopo, Naples, 1892).

LII

Rondeau LII

*A une Dame pour luy offrir cueur
& service*[1]

Tant seullement ton Amour je demande,
Te suppliant que ta beaulté commande
Au cueur de moy comme à ton serviteur,
Quoy que jamais il ne desservit heur
Qui procedast d'une grace si grande. 5

Croy que ce cueur de te congnoistre amande,
Et vouluntiers se rendroit de ta bande
S'il te plaisoit luy faire cest honneur
    Tant seullement.
Si tu le veulx, metz le soubz ta commande! 10
Si tu le prendz, las, je te recommande
Le triste Corps! ne le laisse sans Cueur !
Mais loges y le tien, qui est vainqueur[2]
De l'humble Serf qui son vouloir te mande
    Tant seullement. 15

COMPOSÉ avant 1527. PUBLIÉ pour la première fois dans *L ADOLESCENCE
CLEMENTINE*, Paris, P. Roffet, 12 août 1532 (*Bibliographie*, II, no. 9).
TEXTE de Q. VARIANTES de *G H I J v*.

3 *G H I J v* a son   12 *G H I* ne laisse
15 *v manque*

[1] Ce rondeau est inspiré en partie d'un strambotto de Serafino Aquilano, bien
que le sentiment qu'exprime Serafino soit le contraire de celui de Marot.

    El cor te dedi, non chel tormentasti,
    Ma che fusse da te ben conservato;
    Servo ti fui, non che me abandonasti,
    Ma che fusse da te remeritato;
    Contento fui che schiavo m'acatasti,
    Ma non de tal moneta esser pagato;
    Or poi che regna in te poca pietade
    Non ti spiacia s'io torni in libertade.

(*Opere*, Venise, 1508.)

[2] Cf. *Prose e Rime di Pietro Bembo*, a cura di Carlo Dionisotti, Turin, 1960, *Gli
Asolani*, Secondo libro, pp. 397-8.

LIII

Rondeau LIII

A une Dame pour la louer[1]

    Trop plus qu'en aultre en moy s'est arresté
Fascheux ennuy, car Yver & Esté
N'ay veu que fraulde, hayne, vice & oppresse
    Avec chagrin, & durant ceste presse
Plus mort que vif au Monde j'ay esté.   5

    Mais le mien cueur (lors de vie absenté)
Commence à vivre & revient à santé,
Et tout plaisir vers moy prend son adresse
    Trop plus qu'en aultre.
Car maintenant j'apperçoy loyaulté;   10
Je voy à l'œil Amour & feaulté,
Je voy vertu, je voy pleine lyesse.
Tout cela voy, voire, mais en qui est ce?
C'est en vous seule où gist toute beaulté
    Trop plus qu'en aultre.   15

COMPOSÉ avant 1527. PUBLIÉ pour la première fois dans *L'ADOLESCENCE CLEMENTINE*, Paris, P. Roffet, 12 août 1532 (*Bibliographie*, II, no. 9). TEXTE de Q, à l'exception d'une faute au v. 1 où nous avons substitué la leçon de *G H I J*. VARIANTES de *G H I J g w*.

Titre *g manque*
    w Rondeau
1 s'est *G H I J*] cest Q
4 *I J* durant ceste oppresse
8 *g w* en moy
11 *J* amour de feaulté
13 *G H I J g w* Brief ie les voy, voire

[1] Ce rondeau est précédé dans toutes les éditions par le quatrain suivant:

    Rondeau où toute aigreur abonde,
    Va veoir la doulceur de ce Monde!
    Telle doulceur t'adoulcira,
    Et ton aigreur ne l'aigrira.   4

LIV

Rondeau LIV

*A la fille d'ung Painctre d'Orleans
belle entre les autres*[1]

Au temps passé, Apelles, Painctre sage,
Feit seullement de Venus le visage
Par fiction, mais (pour plus hault attaindre)
Ton Pere a faict de Venus (sans rien faindre)
Entierement la face & le corsage.   5

Car il est Painctre & tu es son ouvrage,
Mieulx resemblant Venus de forme & d'aage
Que le Tableau qu'Apelles voulut paindre
    Au temps passé.
Vray est qu'il feit si belle son ymage   10
Qu'elle eschauffoit en Amour maint courage;
Mais celle là que ton Pere a sceu taindre

COMPOSÉ avant 1527. PUBLIÉ pour la première fois dans *Rondeaux en Nombre troys cens cinquante*, Paris, Simon du Bois pour Galliot du Pré, 1527 (*Bibliographie*, II, no. 235). TEXTE de Q, conforme à *G H I J*. VARIANTES de *E b f g k v w*.

Titre *E g k* manque
    b   Autre Rondeau
    f   Rondeau
    w   Rondeau par ledit Marot pour la belle paintresse dorleans
2 *v* Faict
  w Feit de Venus seulement
3 *f* attendre
6 *f* es bon
7 *E* Mieux il semble Venus
  b a Venus
  f resemblant de Venus
10 *k* son ouvrage
11 *E v* amours
  f quelle se hausoit en
12 *E b* a peu

[1] Je n'ai pu identifier les personnages en question.

I mect le feu & a dequoy l'estaindre.
L'aultre n'eut pas ung si gros advantage
Au temps passé.

13 *E* Y   14 *b* si grant
 k Il mect   *f* Lautre na

LV

Rondeau LV

Du baiser de s'Amye[1]

En la baisant m'a dit: Amy sans blasme,
Ce seul baiser qui deux bouches embasme

COMPOSÉ avant 1527. PUBLIÉ pour la première fois dans *LADOLESCENCE CLEMENTINE*, Paris, P. Roffet, 12 août 1532 (*Bibliographie*, II, no. 9). TEXTE de Q, à l'exception d'une coquille au titre où nous avons substitué la leçon de *G H I J v* (en dehors du titre, Q est conforme à *H I J*). VARIANTES de *G g k v w*.

Titre de *G H I J v*] du Q
 g k manque
 w Rondeau par maistre clement marot

[1] Ce rondeau est imité librement d'un strambotto de Serafino Aquilano:
 Incolpa, donna, amor se troppo io volsi
 Aggiungendo alla tua la bocca mia:
 Se pur punir mi voi di quel ch'io tolsi,
 Fa che concesso replicar mi sia,
 Che tal dolceza in quelli labri accolsi,
 Che'l spirto mio fu per fugirsi via,
 Sì che al secondo tocco uscirà fora:
 Bastar ti dé, che per tal fallo io mora.

Cf. aussi Olimpo di Sassoferrato:
 E poi con la mia bocca li donava
 Un bacio tanto dolze e saporito
 Che per dolceza l'alma milassava
 Ascese el spirto per infino al sito
 Della mia bocca per quel bacio ameno
 Che dal cuor per dolceza era partito
 Ma se spirava nel suo bianco seno
 Lo spirto viveria lieto e contento
 Che così stando sempre io ardo e peno
 Perché e svoi sguardi m'hanno a morte spento.

(vv. 16–25, *Capitulo 7 nel quale lautore monstra haver fruita la sua amorosa laudando quella molto*, Strambotti d'amore, 1518.)

Les arres sont du bien tant esperé.
Ce mot elle a doulcement proferé,
Pensant du tout appaiser ma grand flamme.

Mais le mien cueur adonc plus elle enflamme,
Car son alaine odorant plus que basme[1]
Souffloit le feu qu'Amour m'a preparé
   En la baisant.
Brief mon esprit, sans congnoissance d'ame,
Vivoit alors sur la bouche à ma Dame;
Dont se mouroit le corps enamouré;[2]
Et si sa Levre eust gueres demouré
Contre la mienne, elle m'eust sucé l'ame
   En la baisant.

8 *G* Souffloir
  G quamours
10 *g w* sans avoir craincte dame
11 *g w* en la bouche madame
  k v en la
12 *k v* mon corps

LVI

Rondeau LVI

Pour ung qui est allé loing de s'Amye

Loing de tes yeux t'amour me vient poursuivre
Aultant ou plus qu'elle me souloit suivre

COMPOSÉ avant 1527. PUBLIÉ pour la première fois dans *LADOLESCENCE CLEMENTINE*, Paris, P. Roffet, 12 août 1532 (*Bibliographie*, II, no. 9). TEXTE de Q (conforme à *H*). VARIANTES de *G I J v*.

Titre *v* De celuy qui
2 *I J* scauroit suyvre

[1] L'haleine odorante de la dame est un lieu-commun de la poésie pétrarquiste.
[2] Par l'usage de cet italianisme Marot semble avouer son imitation de la poésie d'amour italienne.

Aupres de toy; car tu as (pour tout seur)
Si bien gravé dedans moy ta doulceur
Que mieulx graver ne se pourroit en cuivre.

Le corps est loing; plus à toy ne se livre.
Touchant le cueur, ta beaulté m'en delivre.
Ainsi je suis (long temps a) sans mon cueur[1]
  Loing de tes yeux.
Or l'homme est mort qui n'a son cueur delivre;
Mais endroit moy ne s'en peult mort ensuyvre,
Car, si tu as le mien plein de langueur,
J'ay avec moy le tien plein de vigueur,
Lequel aultant que le mien me faict vivre
  Loing de tes yeux.

7 *v* Quant est du cueur
11 *G* ne se peut
  v Mais quant a moy je nen puys mort

[1] Le *concetto* de l'échange des cœurs est un des plus fréquents de la poésie pétrarquiste. Cf. Rondeau LII « Tant seulement ton Amour je demande », imité d'un strambotto de Serafino Aquilano. Marot a pu trouver l'idée qu'il exprime ici dans le *Capitolo di partenza ala sua signora* d'Olimpo di Sassoferrato :

  Mi parto con sospir, come tu vede,
  E nel partir ti lasso il cuore in pegno
  Per farte universal mia erede.

(vv. 16–18, in *Gloria d'Amore*, s.d.)

LVII

Rondeau LVII

*De la Paix traictée à Cambray
par trois Princesses*[1]

    Dessus la Terre on voyt les trois Deesses,
Non pas les trois qui apres grans liesses
Misrent au Monde aspre guerre & discord;
Ces trois icy avec paix & accord
Rompent de Mars les cruelles rudesses.   5

    Par ces trois là, entre tourbes & presses,
La Pomme d'or causa grandes oppresses;
Par ces trois cy l'Olive croist & sort
    Dessus la Terre.
S'elle fleurist, sont divines largesses;   10
S'elle flestrist, sont humaines sagesses,
Et en viendra (si l'Arbre est bon et fort)
Gloire à Dieu seul, aux Humains reconfort,
Amour de Peuple aux trois grandes Princesses
    Dessus la Terre.   15

COMPOSÉ en 1529. PUBLIÉ pour la première fois dans *LA SUITE de l'adolescence Clementine*, Paris, veuve P. Roffet, s.d. (*Bibliographie*, II, no. 15). FIGURE dans *Le Menu* dans *LA SUITE de l'adolescence Clementine*. TEXTE de Q, à l'exception d'une faute au v. 2 où nous avons substitué la leçon de *L v*. VARIANTES de *L v*.

Titre *L* Rondeau de la paix traictee a Cambray par les troys princesses, Madame
      mere du Roy, la Royne de Navarre, & Madame Marguerite de Flandres.
    v Rondeau envoye a cambray a madame marguerite & madame & a la
      royne de navarre
2 grans *L v*] grand *Q*
12 *v* Et nen viendra
13 *v* Gloyre qua dieu aux
14 *L v* troys nobles
15 *v manque*

[1] Le traité de Cambrai, dit « La Paix des Dames », négocié par Louise de Savoie, Marguerite de Navarre et Marguerite d'Autriche, mit fin aux hostilités entre la France et l'Empire et fut signé le 5 août 1529.

LVIII

Rondeau LVIII

A Monsieur de Belleville[1]

En attendant que plus grand Œuvre face
Pour presenter devant la clere face
De Diana,[2] Seigneur tant estimé,
Prens cest escript mal poly et limé,
Et si lourd suis, mes offenses efface.   5

Si respondray je à ton envoy qu'Orace
N'amenderoit. Voyre, mais quand sera ce ?
Tu le sçauras par ce Rondeau rimé
　En attendant.
Ce sera lors que ma Muse trop basse   10
Se haulsera pour louer l'outrepasse
En Bruyt et Los qui par tout est semé.
Loyal Amant, tresdigne d'estre aymé,[3]
Vueilles moy mettre & tenir en sa grace
　En attendant.   15

Composé vers mai-juin 1532. Publié pour la première fois dans *LA SUITE de l'adolescence Clementine*, Paris, veuve P. Roffet, s.d. (*Bibliographie*, II, no. 15). Figure dans *Le Menu* dans *LA SUITE de l'adolescence Clementine*. Texte de Q. Variantes de *L*.

Titre *L* Rondeau de Marot a Monsieur de Belleville, qui luy transmit une
　Epistre parlant de Madame de Chasteaubryant
5 *L* si long
12 *L* bruyt de Foy[4]

[1] Jean de Belleville, chevalier, chambellan ordinaire du roi (*Cat. des Actes*, I, 640, 3354; II, 38, 4031; 55, 4112; 429, 5889).
[2] Il doit s'agir de la maîtresse de François Ier, Françoise de Foix, dame de Châteaubriant. Cf. la variante du titre. La cour séjourna à Châteaubriant du 14 mai au 22 juin 1532. Marot, à peine rétabli de sa maladie, ne pouvait accompagner la cour. Voir *Epîtres*, XXXI.
[3] Il y a ici une espèce de transposition. Ce n'est pas le chambellan du roi, mais le roi lui-même qui est l'amant de Mme de Châteaubriant.
[4] Allusion claire à Françoise de Foix.

LIX

Rondeau LIX

Sur la devise de Madame de Lorraine:
Amour et Foy[1]

Amour & Foy sont bien appariez,
Voire trop mieulz ensemble mariez
Que les Humains qu'en ce Monde on marie;
Car jamais Foy de l'Amour ne varie,
Et vous Humains bien souvent variez.   5

Dames de cueur, icy estudiez!
Ces deux beaulx dons Dieu vous a dediez;
Et sont seans en haulte seigneurie
    Amour & Foy.
Tant sont uniz, tant sont bien alliez   10
Qu'oubliant l'ung, l'autre vous oubliez.
Si l'Amour fault, la Foy n'est plus cherie;
Si Foy perit, l'Amour s'en va perie.
Pour ce les ay en devise lyez,
    Amour & Foy.   15

COMPOSÉ avant 1533. PUBLIÉ pour la première fois dans *Ladolescence clementine*, Lyon, F. Juste, 12 juillet 1533 (*Bibliographie*, II, no. 14 bis). FIGURE dans *Le Menu* dans *LA SUITE de l'adolescence Clementine*. TEXTE de Q. VARIANTES de *K L*.

Titre *K* Rondeau sus les couleurs de ma dame la duchesse de Lorraine, violet, et blanc, significans amour & foy
    L Rondeau sur
5 *K* Vous tous humains de foy ne variez
6 *K* Dames dhonneur cecy estudiez
14 *K* en mes couleurs liez

[1] Renée de Bourbon, épouse d'Antoine, duc de Lorraine. Cf. *Epitres*, XXIII.

LX
Rondeau LX
De l'Amour du Siecle Antique

   Au bon vieulx temps ung train d'Amours regnoit
Qui sans grand art & dons se demenoit,
Si qu'un boucquet donné d'Amour profonde
S'estoit donné toute la Terre ronde;
Car seulement au cueur on se prenoit.   5

Et si par cas à jouyr on venoit,
Sçavez vous bien comme on s'entretenoit?
Vingt ans, trente ans; cela duroit ung Monde
   Au bon vieulx temps.

Or est perdu ce qu'Amour ordonnoit;   10
Rien que pleurs fainctz, rien que changes on n'oyt.
Qui vouldra donc qu'à aymer je me fonde,
Il fault premier que l'Amour on refonde,
Et qu'on la meine ainsi qu'on la menoit
   Au bon vieulx temps.[1]   15

COMPOSÉ avant le milieu de 1538. PUBLIÉ pour la première fois dans *Les Œuvres de Clement Marot*, Lyon, E. Dolet, 1538 (*Bibliographie*, II, no. 70). TEXTE de Q.

[1] Je reproduis ici le rondeau de Victor Brodeau qui fait suite au présent poème dans toutes les éditions parues du vivant de Marot:

      Rondeau par Victor Brodeau
      responsif au precedant
   Au bon vieulx temps que l'amour par bouquetz
Se demenoit et par joieux caquetz,
La femme estoit trop sotte ou trop peu fine.
Le temps depuis qui tout fine & affine
Luy a monstré à faire ces acquetz.   5

Lors les Seigneurs estoient petis Nacquetz,
D'aux & Oignons se faisoient les banquetz,
Et n'estoit bruict de ruer en cuisine
   Au bon vieulx temps.
Dames aux huis n'avoient clefz ne loquetz,   10
Leur garde robe estoit petis pacquetz
De Canevas ou de grosse Estamine.
Or, Diamans on laissoit en leur Mine,
Et les couleurs porter aux Perroquetz
   Au bon vieulx temps.   15

LXI

Rondeau LXI

D'une Dame à ung Importun

Tant seullement ton repos je desire,
T'advertissant (puis qu'il fault le te dire)
Que je ne suis disposée à t'aymer.
Si pour cueillir tu veulx doncques semer,
Trouve aultre champ, & du mien te retire. 5

Brief, si ton cueur plus à ce chemin tire,
Il ne fera que augmenter son martyre;
Car je ne veulx serviteur te nommer
    Tant seullement.
Tu peulx donc bien aultre maistresse eslire. 10
Que pleust à Dieu qu'en mon cueur peusses lire,
Là où Amour ne t'a sceu imprimer!
Et m'esbahis (sans rien desestimer)
Comment j'ay prins la peine de t'escrire
    Tant seullement. 15

Composé avant mars 1538. Publié pour la première fois dans *Les Œuvres de Clement Marot*, Lyon, E. Dolet, 1538 (*Bibliographie*, II, no. 70). Texte de Q. Variante de *a*.

Titre *a* Rondeau dune

LXII

Rondeau LXII

*De la mal mariée[1] qui ne
veult faire Amy*

Contre raison, Fortune, l'esvollée,
Trop lourdement devers moy est vollée
Quand, pour loyer de ma grand loyaulté,
Du mien Espoux je n'ay que cruaulté
En lieu d'en estre en mes maulx consollée.   5

Or d'aultre Amy ne seray je acollée,
Et aimeroys mieulx estre descollée
Que desloiaille à sa desloiaulté
    Contre raison.
La fleur des champs n'est seichée & foulée   10
Qu'en temps d'Yver, mais moy, pauvre affollée,
Perds en tout temps la fleur de ma beaulté.
Helas, ma Mere, en qui j'ay privaulté,
Reconfortez la pauvre desollée
    Contre raison.   15

COMPOSÉ avant juillet 1538. PUBLIÉ pour la première fois dans *Les Œuvres de Clement Marot*, Lyon, E. Dolet, 1538 (*Bibliographie*, II, no. 70). TEXTE de Q.

15 *manque dans* Q.

[1] Sur le thème médiéval de la mal-mariée, cf. *Œuvres lyriques*, LXXI.

LXIII

Rondeau LXIII

De l'inconstance de Ysabeau[1]

Comme inconstante & de cueur faulse & lasche
Elle me laisse. Or puis qu'ainsi me lasche,
A vostre advis ne la doibs je lascher ?
Certes ouy, & aultrement fascher
Je ne la veulx, combien qu'elle me fasche. 5

Il luy fauldroit (au train qu'à mener tasche)
Des Serviteurs à journée & à tasche;
En trop de lieux veult son cueur attacher
  Comme inconstante.

Or, pour couvrir son grand vice & sa tache, 10
Souvent ma plume à la louer s'attache;
Mais à cela je ne veulx plus tascher,
Car je ne puis son maulvais bruyt cacher
Si seurement qu'elle ne se descache
  Comme inconstante. 15

COMPOSÉ en 1526. PUBLIÉ pour la première fois dans *Le Premier Livre de la Metamorphose D'Ovide*, Paris, E. Roffet, 1534 (*Bibliographie*, II, no. 21).
TEXTE de Q. VARIANTES de *M p*.

Titre M Le Rondeau qui fut la cause de sa prise
   p Rondeau qui fut cause de la prise de Clement Marot
3 *M* advis la doy ie
   p En vostre advis la doy je point lascher
4 *M p* ouy mais aultrement   6 *p* que mener   14 *M p* ne le

[1] Dans l'édition princeps cette pièce est précédée du titre: *Certaines œuvres qu'il feit en la prison*. Elle est suivie de la ballade « Ung jour j'escrivy à m'amye » (LXXX), de l'épître au docteur Bouchard (*Epîtres*, IX), du *Rondeau parfaict composé apres sa delivrance* (LXIV) et de l'épître *A son amy Lyon* (*Epîtres*, X). Selon le poète, ce fut donc cette pièce qui causa la dénonciation par la maîtresse infidèle, et eut pour suite son emprisonnement en 1526. (Cf. *Œuvres satiriques*, I, vv. 21-3, et p. 51, n. 2). L'identité de cette femme n'a jamais été établie. Il est fort probable qu'elle n'a jamais existé, mais a été inventée par le poète par analogie avec la maîtresse infidèle à laquelle Villon attribue tous ses malheurs. Il faut noter que ce n'est qu'en 1538 que Marot appelle cette femme Ysabeau (cf. variante du titre). Sur cette question, voir C. A. Mayer, *Marot et « celle qui fut s'amye »*, BHR, 1966, pp. 324-31.

LXIV

Rondeau LXIV

Rondeau parfaict
A ses Amys apres sa delivrance[1]

En liberté maintenant me pourmaine,
Mais en prison pour tant je fuz cloué.
Voyla comment Fortune me demaine!
C'est bien & mal. Dieu soit de tout loué. 4

Les Envieux ont dit que de Noé
N'en sortirois; que la Mort les emmaine!
Maulgré leurs dentz, le neud est desnoué.
En liberté maintenant me pourmaine. 8

Pourtant, si j'ay fasché la Court Rommaine,
Entre meschans ne fuz oncq alloué.
Des bien famez j'ay hanté le dommaine;
Mais en prison pourtant je fuz cloué. 12

Car aussi tost que fuz desadvoué
De celle là qui me fut tant humaine,[2]
Bien tost apres à sainct Pris[3] fut voué.
Voyla comment Fortune me demaine. 16

J'eus à Paris prison fort inhumaine;
A Chartres fuz doulcement encloué.[4]

Composé au printemps 1526. Publié pour la première fois dans *Le Premier Livre de la Metamorphose D'Ovide*, Paris, E. Roffet, 1534 (*Bibliographie*, II, no. 21). Texte de Q. Variantes de M.

Titre *M* Rondeau parfaict composé apres sa delivrance & envoyé a ses amys

[1] Cf. plus haut, p. 132, n. 1. Ce rondeau est une des pièces se rapportant au premier emprisonnement du poète.
[2] C'est-à-dire qui m'avait accordé ses faveurs.
[3] Synonyme de prison, par analogie avec St. Priest. Cf. *Epîtres*, XI, v. 5.
[4] Marot fut emprisonné au Châtelet de Paris. Après son transfert à Chartres, il semble avoir été gardé à vue dans une auberge. Voir *Œuvres satiriques*, p. 53, n. 1 et n. 2 et p. 54, n. 1. Voir aussi *La Religion de Marot*, ouvr. cit., pp. 11–23.

Maintenant voys où mon plaisir me maine;
C'est bien & mal. Dieu soit de tout loué.   20

Au fort, Amys, c'est à vous bien joué
Quand vostre main hors du parc[1] me ramaine.
Escript & faict d'ung cueur bien enjoué
Le premier jour de la verte Sepmaine.[2]   24

20 *M* Dieu soit loué
22 *M* du per
après 24 *M ajoute* En liberté

LXV

Rondeau LXV

Rondeau[3]

En sa jeunesse ung prince de valeur,
Pour eviter ennuy plain de malheur,
Le noble estat des armes doibt comprendre
Et le beau train d'amourettes apprendre,
Sans trop aymer venerique chaleur.   5

Armes le font hardy, preux & vainqueur;
Amours aussi font d'ung prince le cueur
Plus liberal que ne fut Alexandre
    En sa jeunesse.

COMPOSÉ vers 1515. PUBLIÉ pour la première fois dans *Le Temple de Cupido fait & composé par Maistre Clement Marot facteur de la Royne*, s.l.n.d. (probablement à Paris par J. Saint-Denis) (*Bibliographie*, II, no. 1). TEXTE de *A*. VARIANTE de *l*.

[1] Autre synonyme de prison.
[2] Dans *L'Enfer de Clement Marot*, Lyon, E. Dolet, 1542 (*Bibliographie*, II, no. 102) ce rondeau est reproduit avec le titre suivant: *Rondeau parfaict, envoyé à ses Amys apres sa delivrance, le premier iour de May*.
L'expression « verte Sepmaine » doit donc signifier la première semaine du moi de mai.
[3] Ce rondeau figure dans l'épître en prose adressée au roi qui forme la préface de l'édition princeps du *Temple de Cupido* (voir *Œuvres lyriques*, p. 87, n. 1). Le poème est clairement une louange à l'égard de François Ier qui venait de remporter la victoire de Marignan et d'épouser Claude de France.

S'il est hardy, preux & entrepreneur, 10
Il sera dit plein de loz & bon heur;
S'en sa largesse il veult sa main estendre,
Aymé sera tant du grant que du mendre.
Par amour donc ung prince acquiert honneur
 En sa jeunesse. 15

12 *l* Et sen largesse

LXVI

Rondeau LXVI

*Rondeau duquel les letres Capitales
portent le nom de l'Autheur*[1]

Comme Dido qui moult se courrouça
Lors qu'Eneas seule la delaissa
En son Pais; tout ainsi Maguelonne
Mena son dueil; comme tressaincte & bonne
En l'Hospital toute sa fleur passa. 5

Nulle Fortune oncques ne la blessa;
Toute constance en son cueur amassa,
Mieulx esperant; et ne fut point felonne
 Comme Dido.
Aussi celluy qui toute puissance a 10
Renvoya cil qui au boys la laisssa,
Où elle estoit; mais quoy qu'on en blasonne,
Tant eut de dueil que le Monde s'estonne
Que d'un cousteau son cueur ne transpersa
 Comme Dido. 15

COMPOSÉ probablement avant 1519. PUBLIÉ pour la première fois dans
Epistre de maguelonne a son amy pierre de prouvance elle estant a lhospital, s.l.n.d.
(*Bibliographie*, II, no. 2). TEXTE de Q. VARIANTES de *B G H I J*.

4 *B G H I J* Et comme saincte et bonne
à la fin B ajoute De bouche et cueur

[1] Ce rondeau fait suite, dans toutes les éditions parues du vivant de Marot,
à l'*Epistre de Maguelonne* (*Œuvres lyriques*, II).

BALLADES

LXVII

Ballade I

Des enfans sans soucy[1]

   Qui sont ceulx là qui ont si grant envie
Dedans leur cueur & triste marrisson;
Dont ce pendant que nous sommes en vie
De maistre Ennuy n'escoutons la leçon?   4
Ilz ont grand tort, veu qu'en bonne façon
Nous consommons nostre florissant aage.
Saulter, dancer, chanter à l'advantage,
Faulx Envieulx, esse chose qui blesse?   8
Nenny (pour vray), mais toute gentillesse
Et gay vouloir qui nous tient en ses las.
Ne blasmez point doncques nostre jeunesse,
Car noble cueur ne cherche que soulas.   12

   Nous sommes druz, chagrin ne nous suit mye;
De froit soucy ne sentons le frisson.
Mais de quoy sert une teste endormie?
Autant qu'un Bœuf dormant pres du Buysson.   16
Languars picquans plus fort qu'un Herisson
Et plus reclus qu'un viel Corbeau en cage
Jamais d'aultruy ne tiennent bon langage,
Tousjours s'en vont songeans quelcque finesse;   20
Mais entre nous, nous vivons sans tristesse,
Sans mal penser plus aises que Prelatz
D'en dire mal c'est doncques grand simplesse,
Car noble cueur ne cherche que soulas.   24

Composé avant 1527, probablement avant 1521. Publiée pour la première fois dans *LADOLESCENCE CLEMENTINE*, Paris, P. Roffet, 12 août 1532 (*Bibliographie*, II, no. 9). Texte de Q. Variantes de *G H I J*.

Titre *G H I J* Et premierement, celle des Enfans sans soucy
16 *G H I J* pres dun

---

[1] « Les Enfants sans souci », nom d'une association de clercs du Palais.

Bon cueur, bon corps, bonne phizionomie;
Boire matin, fuyr noise & tanson;
Dessus le soir, pour l'amour de s'amye,
Devant son huys la petite chanson;   28
Trancher du Brave & du mauvais Garson,
Aller de nuict, sans faire aulcun oultrage
Se retirer, voila le tripotage;
Le lendemain recommancer la presse.   32
Conclusion: nous demandons liesse;
De la tenir jamais ne fusmes las;
Et maintenons que cela est noblesse,
Car noble cueur ne cherche que soulas.   36

   Prince d'Amours à qui debvons hommage,
Certainement c'est ung fort grand dommage
Que nous n'avons en ce monde largesse
Des grands tresors de Juno, la Deesse,   40
Pour Venus suyvre, & que Dame Pallas
Nous vint apres resjouyr en viellesse,
Car noble cueur ne cherche que soulas.

35 *H I J* cela cest

LXVIII

Ballade II

*Le cry du jeu de l'Empire
d'Orleans*[1]

   Laissez à part voz vineuses Tavernes,
Museaulx ardans, de rouge enluminez;
Renjeunissez, saillez de voz Cavernes,

COMPOSÉE avant 1527. PUBLIÉE pour la première fois dans *LADOLES-
CENCE CLEMENTINE*, Paris, P. Roffet, 12 août 1532 (*Bibliographie*, II,
no. 9). TEXTE de Q. VARIANTE de *G H I J*.

[1] L'Empire d'Orléans ne nous est pas connu. Il devait sans doute s'agir d'une
association de jeunes clercs ou étudiants.

Vieulx accropiz, par aage examinez.
Voicy les jours qui sont determinez
A blasonner, à desgorger & dire!
Voicy le temps que Suppostz de l'Empire
Doibvent par droit leurs coustumes tenir!
Si voulez donc passer le temps & rire,
N'y envoyez, mais pensez de venir!

 Harnoys, Chevaulx, Fiffres, Tabours & Trompes,
Riches habitz & grands bragues avoir,
Ce ne sont pas de l'Empire les pompes;
Leurs motz, leur jeu, c'est cela qui fault veoir.
Qui vouldra donc des nouvelles sçavoir,
Qui ne sçaura des folies cent mille,
Qui ne sçaura mainte abusion vile,
Sans trop picquer, l'en ferons souvenir.
Pourtant, Seigneurs de ceste noble Ville,
N'y envoyez, mais pensez de venir!

 N'ayez pas peur, Dames gentes, mignonnes,
Qu'en noz papiers on vous vueille coucher.
Chascun sçait bien qu'estes belles & bonnes;
On ne sçauroit à voz honneurs toucher.
Qui est morveulx, si se voise moucher!
Venez, venez, Sotz, Sages, Folz & Folles,
Vous, Musequins qui tenez les escolles
De caqueter, faire & entretenir;
Pour bien juger que c'est de noz parolles,
N'y envoyez, mais pensez de venir!

 Prince, le temps & le terme s'approche
Qu'Empiriens par dessus la Bazoche
Triumpheront pour honneur maintenir.
Toutes & tous, si trop fort on ne cloche,
N'y envoyez, mais pensez de venir!

14 *G H I J* cela quil fault veoir

LXIX

Ballade III

D'ung qu'on appelloit Frere Lubin[1]

Pour courir en poste à la Ville
Vingt fois, cent fois, ne sçay combien,
Pour faire quelcque chose vile:
Frere Lubin le fera bien.   4
Mais d'avoir honneste entretien,
Ou mener vie salutaire,
C'est à faire à ung bon Chrestien:
Frere Lubin ne le peult faire.   8

Pour mettre (comme ung homme habile)
Le bien d'aultruy avec le sien
Et vous laisser sans croix ne pile:[2]
Frere Lubin le fera bien.   12
On a beau dire: je le tien,
Et le presser de satisfaire;
Jamais ne vous en rendra rien:
Frere Lubin ne le peult faire.   16

COMPOSÉE avant 1527. PUBLIÉE pour la première fois dans *LADOLESCENCE CLEMENTINE*, Paris, P. Roffet, 12 août 1532 (*Bibliographie*, II, no. 9). TEXTE de Q. VARIANTES de *G H I J q*.

Titre *G H* Ballade dun quon appelloit Frere Lubin
    q manque
7 *H I J* Cest affaire.

[1] Nom générique du moine ivrogne, gourmand et paillard. Cf. Cotgrave, « A nickname for a Monke or Frier; whence Frere Lubin: the true name of a certaine Monke who loved a neighbors house better than his owne Covent. » Cf. aussi Rabelais, *Pantagruel*, VII (Librairie St. Victor) *Reverendi Patris Fratris Lubini, Provincialis Bavardie, De croquendis lardonibus libri tres.*

[2] Plusieurs pièces de monnaie de l'époque ayant une croix sur l'un des côtés, cette expression équivaut à « pile ou face » dans la langue moderne. N'avoir croix ni pile veut dire être sans le sou. Cf. Cotgrave, Pile: « the pile-side of a peece of money, th'opposite whereof is a crosse (whence Je n'ay croix ny pile). »

BALLADE IV

Pour desbaucher par ung doulx stile
Quelcque fille de bon maintien,
Point ne fault de Vieille subtile:
Frere Lubin le fera bien.   20
Il presche en Theologien;
Mais pour boire de belle eau claire,
Faictes la boire à vostre Chien:
Frere Lubin ne le peult faire.   24

Envoy

Pour faire plus tost mal que bien;
Frere Lubin le fera bien;
Et si c'est quelcque bon affaire:
Frere Lubin ne le peult faire.   28

23 *G H I J* a nostre
27 *q* Mais si cest quelque bone afaire

LXX

Ballade IV

*De soy mesme du temps qu'il apprenoit
à escrire au Palais à Paris*[1]

Musiciens à la voix argentine,
Doresnavant comme ung homme esperdu
Je chanteray, plus hault qu'une bucine:
Helas, si j'ay mon joly temps perdu.[2]   4

COMPOSÉE entre 1515 et 1519. PUBLIÉE pour la première fois dans *LADOLESCENCE CLEMENTINE*, Paris, P. Roffet, 12 août 1532 (*Bibliographie*, II, no. 9). TEXTE de Q. VARIANTES de *G H I J*.

Titre *G H* Ballade de Marot du temps
3 *G* que bucine

[1] Nous n'avons pas de documents sur le stage de Marot au Palais. Toujours est-il que dans l'épître au chancelier Duprat (XIII), il affirme, comme ici, d'avoir été clerc (vv. 51-3).
[2] Chanson anonyme citée par Rabelais, *Cinquiesme Livre*, XXXIII bis.

BALLADE IV

Puis que je n'ay ce que j'ay pretendu,
C'est ma chanson; pour moy elle est bien deue.
Or je voys voir si la guerre est perdue
Ou s'elle picque ainsi qu'ung Herisson. 8
Adieu vous dy, mon Maistre Jehan Grisson!
Adieu Palais & la Porte Barbette
Où j'ay chanté mainte belle chanson
Pour le plaisir d'une jeune fillette! 12

Celle qui c'est en jeunesse est bien fine,
Ou j'ay esté assez mal entendu,
Mais si pour elle encores je chemine,
Parmy les piedz je puisse estre pendu. 16
C'est trop chanté, sifflé & attendu
Devant sa porte en passant par la rue;
Et mieulx vauldroit tirer à la charrue
Qu'avoir tel peine, ou servir ung masson.[1] 20
Brief, si jamais j'en tremble de frisson,
Je suis content qu'on m'appelle Caillette.[2]
C'est trop souffert de peine & marrisson
Pour le plaisir d'une jeune fillette. 24

Je quitte tout, je donne, je resigne
Le don d'aymer qui est si cher vendu.
Je ne dy pas que je me determine
De vaincre Amour; cela m'est deffendu; 28
Car nul ne peult contre son Arc tendu,
Mais de souffrir chose si mal congrue,
Par mon serment, je ne suis plus si Grue.
On m'a aprins tout par cueur ma leçon. 32
Je crains le Guet, c'est ung maulvais Garson;
Et puis de nuict trouver une charrette,
Vous vous cassez le nez comme ung glaçon
Pour le plaisir d'une jeune Fillette. 36

34 G H I J trouvez

[1] Cf. Villon, *Testament*, vv. 253-4:
Pas ne ressemblent les maçons
Que servir fault à si grant peine
[2] Nom d'un fou de Louis XII.

BALLADE V

 Prince d'amour regnant dessoubz la nue,
Livre la moy en ung lict toute nue
Pour me paier de mes maulx la façon;
Ou la m'envoye à l'ombre d'ung buisson,[1]   40
Car s'elle estoit avecques moy seullete,
Tu ne veiz onc mieulx planter le cresson
Pour le plaisir d'une jeune Fillette.

LXXI

Ballade V

*A ma Dame la Duchesse d'Alençon laquelle
il supplie d'estre couché en son estat*[2]

 Princesse au cueur noble & rassis,
La fortune que j'ay suivie

COMPOSÉE en 1528 (cf. n. 2). PUBLIÉE pour la première fois dans *Les Opuscules
et petitz Traictez de C. Marot*, Lyon, O. Arnoullet, s.d. (*Bibliographie*, II, no. 6).
TEXTE de Q. VARIANTES de *F G H I J b*.

Titre *F* Au conte destampes
   G Ballade par laquelle Marot la supplie destre
   H I J Ballade a ma Dame la Duchesse Dalencon par laquelle Marot la
      supplie destre
   b Au conte destampes par ledit marot
1 *F b* Conte prudent saige et rassis
2 *F b* Fortune que jay tant suyvie

[1] *A l'ombre d'un buisson*, incipit d'une chanson anonyme. Cf. *Chansons
populaires des XV*e *et XVI*e *siècles*, p.p. T. Gerold, p. 43.
[2] Les variantes de l'édition princeps confirmées par celles du ms Gueffier
(notre *b*) montrent que cette ballade fut adressée à l'origine, non à Marguerite
d'Alençon, mais à Jean de la Barre, comte d'Etampes, prévôt de Paris, et
maître de la Garde-robe du roi. (Cf. *Epîtres*, p. 145). Ce n'est qu'en 1532 que la
ballade se trouve adressée à Marguerite d'Alençon, le poète essayant de la faire
passer pour une pièce écrite en 1519 dans le but d'entrer au service de la
duchesse. En réalité le poème se place dans la campagne menée par le poète
pour être inscrit à l'état de la maison du roi pour l'année 1528. (Voir *Epîtres*,
XII, XIII, XIV et XV.)

Par force m'a souvent assis
Au froit Giron de triste vie. 4
De m'y seoir encor me convie;
Mais je respondz (comme fasché)
D'estre assis je n'ay plus d'envie;
Il n'est que d'estre bien couché.[1] 8

   Je ne suis point des excessifz
Importuns, car j'ay la pepie;
Dont suis au vent comme ung Chassis
Et debout ainsi q'une Espie. 12
Mais s'une fois en la Copie
De vostre estat je suis marché,[2]
Je criray plus hault q'une Pie:
Il n'est que d'estre bien couché. 16

   L'ung soustient contre cinq ou six
Qu'estre accoulé c'est musardie;
L'autre qu'il n'est que d'estre assis

3 *F b* ma ung temps
4 *F b* de paouvre vie
5 *F* De my asseoir encore
  b Me y asseoir
6 *F* comme lasse
7 *b* De y estre assis nay
9 *F b* Des grandz importuns excessifz
10 *F* Je ne suis point j'ay trop la pepie
  b Ne suys point jay trop la pepie
11 *b* Fectes pour moy je vous en prie
12 *b* Ce dont le roy vous a touche
13 *F* Mais si par vous en la coppie
  H I J Mais se une fois
  b Affin que a bon tiltre je crye
14 *F* De lestat du Roy suis marché
  b Il nest que destre bien couche
15–28 *b manquent*
15 *G H I J* crieray
17–24 *F manquent*

[1] Jeu de mots sur l'expression *coucher*, c'est-à-dire inscrire, sur l'état de la maison du Roi.
[2] Probablement calembour, le mot *marché* ayant le sens *marqué* de même que le sens moderne.

BALLADE VI

Pour bien tenir chere hardie;
L'autre dit que c'est melodie
D'ung homme debout bien fiché.
Mais, quelcque chose que l'on die,
Il n'est que d'estre bien couché.

    Princesse de Vertu remplie,
Dire puis (comme j'ay touché):[1]
Si promesse m'est accomplie,
Il n'est que d'estre bien couché.[2]

25 *F* Faictes pour moy ie vous en prie
26 *F* Ce dont le Roy vous a touche[3]
27 *F* Affin qua bon tiltre ie crie

LXXII

Ballade VI

D'ung Amant ferme en son amour
quelcque rigueur que sa
Dame luy fasse

Pres de toy m'a faict arrester
Amour qui tousjours me remord;
Mais d'en partir fault m'apprester

Composée avant 1527. Publiée pour la première fois dans *LADOLESCENCE CLEMENTINE*, Paris, P. Roffet, 12 août 1532 (*Bibliographie*, II, no. 9). Texte de Q, à l'exception de deux fautes (vv. 4 et 10) où nous avons substitué la leçon de *G H I J*. Variante de *G H I J*.

Titre *G H I J* Ballade dun

[1] Jeu de mots entre *toucher* au sens de *faire allusion* et *toucher* au sens de *recevoir*. Marot venait en effet de toucher ses gages pour l'année 1527.
[2] Bien que cette ballade ne fût pas adressée à elle, Marguerite d'Alençon écrivit au Grand-Maître Anne de Montmorency, le 28 mars 1528, demandant que Marot fût inscrit à l'état de la maison du Roi (B.N. ms fr. 3026, fo. 18 et *Lettres de Marguerite d'Angoulême*, éd. Génin, Paris, 1841, p. 238).
[3] Cette variante montre que Marot avait effectivement reçu une promesse du roi.

Sans plus y poursuyvre ma mort.
Bel Acueil, qui m'a rys, me mord
Et tourne ma joye en destresse
Pour avoir quys en trop hault port
Premiere et derniere maistresse.

Ha, mon cueur que veoy regretter,
Tu cherches trop heureux confort!
Foible suis pour te conquester
Ung Chasteau de si grant effort.
Si vivras tu loyal et fort;
Et combien que rigueur t'oppresse,
Je veulx que la tiennes (au fort)
Premiere & derniere maistresse.

Premiere, car d'aultre accointer
Ne me vint oncques en record;
Et derniere, car la quitter
Jamais je ne seray d'accord.
Premiere me serre & entord;
Derniere peult m'oster de presse.
Brief, elle m'est (soit droit ou tort)
Premiere & derniere maistresse.

Envoy

A Dieu donc, cueur de noble apport,
Taché d'ingratitude expresse!
A Dieu du Servant sans support,
Premiere & derniere maistresse!

4 Sans plus y *G H I J*] Sans y *Q*
10 cherches *G H I J*] cherche *Q*

LXXIII

Ballade VII

*De la naissance de Monseigneur
le Daulphin*[1]

Quand Neptunus, puissant Dieu de la Mer,
Cessa d'armer Carraques & Gallées,
Les Gallicans bien le deurent aymer
Et reclamer ses grands undes sallées,
Car il voulut en ces basses vallées 5
Rendre la Mer de la Gaule haultaine
Calme & paisible ainsi qu'une fontaine;
Et, pour oster Mathelotz de souffrance,
Faire nager en ceste eaue claire & saine
Le beau Daulphin tant desiré en France. 10

Nymphes des boys, pour son nom sublimer
Et estimer, sur la Mer sont allées.
Si furent lors, comme on peult presumer,
Sans escumer les vagues ravallées;
Car les fortz Ventz eurent gorges hallées 15
Et ne souffloient si non à doulce alaine,
Dont Mariniers vogoient en la Mer plaine
Sans craindre en riens des oraiges l'oultrance;
Bien prevoyans la Paix que leur ameine
Le Beau Daulphin tant desiré en France. 20

Composée en 1517. Publiée pour la première fois dans *LADOLESCENCE CLEMENTINE*, Paris, P. Roffet, 12 août 1532 (*Bibliographie*, II, no. 9).
Texte de Q. Variantes de *G H I J*.

Titre *G H I J* Ballade de
12 *H I* sont ses allees
17 *J* volgoient

[1] François, duc de Bretagne, fils de François Ier et de Claude de France, naquit le 28 février 1517.

Monstres Marins veit on lors assommer,
Et consommer tempestes devallées,
Si que les Nefz, sans crainte d'abismer,
Nageoient en Mer à voilles avallées.
Les grans poissons faisoient saulx & hullées, 25
Et les petis, d'une voix fort sereine,
Doulcettement avecques la Sereine
Chantoient au jour de sa noble naissance :
Bien soit venu en la Mer souveraine
Le beau Daulphin tant desiré en France ! 30

Envoy

Prince Marin fuiant œuvre villaine,
Je te supply garde que la Balaine
Au Celerin plus ne fasse nuisance,
Affin qu'on ayme en ceste Mer mondaine
Le beau Daulphin tant desiré en France. 35

23 *I* dabismee   31 *G H I J* hayant œuvre

LXXIV

Ballade VIII

*Du triumphe d'Ardres & Guignes
faict par les Roys de France
& d'Angleterre*[1]

Au camp des Roys les plus beaulx de ce Monde
Sont arrivez trois riches Estendars.
Amour tient l'ung de couleur blanche & munde ;
Triumphe l'autre avecques ses Souldars, 4
Vivement painct de couleur Celestine ;

Composée en 1520. Publiée pour la première fois dans *LADOLESCENCE CLEMENTINE*, Paris, P. Roffet, 12 août 1532 (*Bibliographie*, II, no. 9). Texte de *Q*. Variantes de *G H I J*.

Titre *G H I J* Ballade du

[1] Le célèbre Camp du Drap d'Or dans la plaine entre Guines et Ardres (Pas-de-Calais) où eut lieu, en 1520, la rencontre entre François Ier et Henri VIII.

BALLADE VIII

Beaulté apres en sa main noble & digne
Porte le tiers tainct de vermeille sorte.
Ainsi chascun richement se comporte;
Et en tel ordre & pompe primeraine
Sont venuz veoir la Royalle cohorte
Amour, Triumphe & Beaulté souveraine.

   En ces beaulx lieux, plus tost que vol d'Aronde,
Vient celle Amour des Celestines pars
Et en apporte une vive & claire unde,
Dont elle estainct les fureurs du dieu Mars;
Avecques France Angleterre enlumine,
Disant il fault qu'en ce Camp je domine.
Puis à son vueil faict bon guet à la porte
Pour empescher que Discorde n'apporte
La Pomme d'or dont vint guerre inhumaine;
Aussi affin que seulement en sorte
Amour, Triumphe & Beaulté souveraine.

   Pas ne convient que ma plume se fonde
A rediger du Triumphe les ars,
Car de si grands en haultesse profonde
N'en feirent onc les belliqueurs Cesars.
Que diray plus? richesse tant insigne
A tous humains bien demonstre & designe
Des deux partiz la puissance tresforte;
Brief il n'est cueur qui ne se reconforte
En ce pays, plus qu'en Mer la Seraine,
De veoir regner (apres rancune morte)
Amour, Triumphe & Beaulté souveraine.

Envoy

   De la beaulté des hommes me deporte,
Et quant à celle aux Dames, je rapporte
Qu'en ce monceau laide seroit Helaine.
Parquoy concludz que ceste Terre porte
Amour, Triumphe & Beaulté souveraine.

23 *G* plume qui se   25 *G H I J* belliqueux

LXXV

Ballade IX

*De l'arrivée de Monsieur
d'Alençon en Haynault*[1]

Devers Haynault, sur les fins de Champaigne,
Est arrivé le bon Duc d'Alençon
Avec honneur qui tousjours l'acompaigne
Comme le sien propre & vray escusson.   4
Là peult on veoir sur la grand plaine unie
De bons souldards son Enseigne munie,
Prestz d'emploier leur bras fulminatoire
A repoulser dedans leur territoire   8
Lourdz Haynuiers, gent rustique & brutale,
Voulant marcher, sans raison peremptoire,
Sur les Climatz de France Occidentale.

Prenez hault cueur doncques, France & Bretaigne,   12
Car si en Camp tenez fiere façon,
Fondre verrez devant vous Alemaigne
Comme au Soleil blanche neige & glaçon.
Fiffres, Tabours, sonnez en armonie!   16
Adventuriers, que la picque on manye
Pour les choquer & mettre en accessoire;
Car desja sont au Royal possessoire;

COMPOSÉE dans l'été de 1521. PUBLIÉE pour la première fois dans *LADO-LESCENCE CLEMENTINE*, Paris, P. Roffet, 12 août 1532 (*Bibliographie*, II, no. 9). TEXTE de Q. VARIANTES de *G H I J*.

Titre *G H I J* Ballade de larrivee de monseigneur Dalencon en Haynault
1 *I J* campaigne
7 *J* leurs
15 *G H I J* neige ou glacon
19 *I J* Car desja sont royal possessoire

[1] Le duc d'Alençon arriva à Attigny (Ardennes) vers le 15 juin 1521 pour prendre le commandement d'une armée française qui y fut concentrée dans le but d'envahir le Hainaut. Marot se trouva dans l'entourage du duc (B.N. fonds Clairambault, ms 318, fos. 5351, 5359). Cf. *Epitres*, III, et App. I.

BALLADE IX

Mais (comme croy) destinée fatale
Veult ruiner leur oultrageuse gloire
Sur les Climatz de France Occidentale.

   Doncques, Pietons marchans sur la campaigne,
Fouldroiez tout, sans rien prendre à rançon!
Preux Chevaliers, puis que honneur on y gaigne,
Voz ennemys poulsez hors de l'arson!
Faictes rougir du sang de Germanie
Les clers ruisseaux dont la Terre est garnie!
Si seront mis voz haultz noms en Histoire.
Frappez donc tant de main gladiatoire
Qu'apres leur mort & deffaicte totale
Vous rapportez la Palme de victoire
Sur les Climatz de France Occidentale.

Envoy

   Princes rempliz de hault loz meritoire,
Faisons les tous, si vous me voulez croire,
Aller humer leur Cervoise et Godale;
Car de noz Vins ont grand desir de boire
Sur les Climatz de France Occidentale.

24 *G H I J* riens
25 *G H I* puis quhonneur

LXXVI

Ballade X

De Paix & de Victoire[1]

Quel hault souhait, quel bien heuré desir
Feray je, las, pour mon dueil qui empire?
Souhaiteray je avoir Dame à plaisir?
Desireray je ung Regne ou ung Empire?
Nenny (pour vray), car celluy qui n'aspire   5
Qu'à son seul bien trop se peult desvoyer.
Pour chascun donc à soulas convoyer,
Souhaiter veulx chose plus meritoire,
C'est que Dieu vueille en brief nous envoyer
Heureuse Paix ou triumphant Victoire.   10

COMPOSÉE probablement en 1521 (cf. n. 1). PUBLIÉE pour la première fois dans *LADOLESCENCE CLEMENTINE*, Paris, P. Roffet, 12 août 1532 (*Bibliographie*, II, no. 9). TEXTE de Q, à l'exception d'une faute au vers 12 où nous avons substitué la leçon de G H I J. VARIANTES de G H I J j o r z.

Titre G H I J Ballade de
  j Ballade de la paix
  o Autre Ballade
  r Ballade composee par mᵉ clement marot
  z Ballade de Marot
1 *j* Quel hault souhaict quel bien quel heur desir
 o Quel beau souhait quel bien heureux
 z O quel souhait
3 *j* avoir bien
 o davoir
 r avoir vie
4 *o* Desireraye ung
7 *z* chascun loing a
8 G H I J vueil
9 *z* voeulle enfin
10 *z* paix triumphante

[1] Dans le ms 558 de la Bibliothèque de Saint Omer (notre *z*), cette ballade est suivie de la note que voici: « Memoire que l'an quinze cens et ocize le XXVIIᵉ jour d'aoust fust publiee la paix entre les deux rois à sçavoir d'espaigne et de france que fut faicte à Noyon. » Cependant l'allusion au roi d'Angleterre, au v. 33 de la ballade, rend improbable la date fournie par le ms de Saint Omer, puisque l'Angleterre ne prit aucune part aux négociations de Noyon. Il faut donc croire que cette ballade fut composée pendant la campagne du Hainaut en 1521.

BALLADE X

 Famine vient Labeur[1] aux champs saisir,
Le bras au Chief soubdaine Mort conspire,
Soubz Terre voy Gentilz hommes gesir,
Dont mainte Dame en regretant souspire.
Clameurs en faict ma Bouche qui respire;   15
Mon triste Cueur l'Œil en faict larmoyer;
Mon floible Sens ne peult plus rimoyer,
Fors en dolente et pitoyable Histoire.
Mais Bon Espoir me promect pour loyer
Heureuse Paix ou triumphant Victoire.   20

 Ma plume lors aura cause & loysir
Pour du loyer quelcque beau Lay[2] escrire;
Bon Temps adonc viendra France choisir;
Labeur alors changera pleurs en rire.
O que ces motz sont faciles à dire!   25
Ne sçay si Dieu les vouldra employer.
Cueurs endurciz (las), il vous fault ployer!

11 *o* Famine voy
 z Famine voyd
12 conspire *G H I J o r*] souspire *Q*   15 *z* nespire
16 *j r* Mon cueur despit
 z cœur qui lœul faict larmoier
17 *G H I J* foible
 o povre sens
 j r Mon sens trouble
18 *o* vollente
19 *o* mon espoir
 j r z mon espoir dit quaurons pour
20 *z* paix triumphante victoire
21 *j o r z* Lors mon sens foyble aura cause
22 *j o r* loyer a dieu graces escripre
 z Pour dieu loer et a luy graces escripre
23 *j r* Alors bon temps viendra
 z Bon temps alors viendra chrestiens choisir
24 *j r* Labeur adonc
 z Par tous climas tant hors que soubz lempire
25 *z* Les laboureurs seront hors de martire
26 *z* Sy dieu nous voeult ceste paix envoier
27 *j r* las y
 z De coeur contrit nous fault humillier

---

[1] Personnification. Cf. *Œuvres lyriques*, VI, v. 98.
[2] Ce mot est pris dans le sens général de *chant, poème*.

Amende toy, o Regne transitoire,
Car tes pechez pourroient bien fourvoyer
Heureuse Paix ou triumphant Victoire.   30

Envoy

Prince Françoys, faiz Discorde noyer!
Prince Espaignol, cesse de guerroyer!
Prince aux Angloys, garde ton territoire!
Prince du Ciel, vueille à France octroyer
Heureuse Paix ou triumphant Victoire!   35

28 *o* au regne
   z En esperant de dieu seul adiutoire
29 *r* Car telz
   z Car nos
30 *z* paix triumphante victoire
31 *z* Prince espaniol fais ton discord noier
32 *z* Prince franchois cesse de
33 *z* O prince anglois faicts oeuvre de memoire
34 *H* veille
   o en France envoyer
   z voeulle nous otroier
35 *G* triumphante
   z paix triumphante victoire

LXXVII

Ballade XI

Du Jour de Noel

Or est Noel venu son petit trac.
Sus donc, aux champs, Bergieres, de respec!
Prenons chascun Panetiere et Bissac,
Fluste, Flageol, Cornemeuse et Rebec! 4
Ores n'est pas temps de clorre le bec.
Chantons, saultons et dansons ric à ric,
Puis allons veoir l'Enfant au pauvre nic,
Tant exalté d'Helye, aussi d'Enoc, 8
Et adoré de maint grant Roy & Duc!
S'on nous dit nac, il fauldra dire noc.
Chantons Noel, tant au soir qu'au desjucq!

COMPOSÉE avant 1527. PUBLIÉE pour la première fois dans *LADOLESCENCE CLEMENTINE*, Paris, P. Roffet, 12 août 1532 (*Bibliographie*, II, no. 9). TEXTE de Q. VARIANTES de *G H I J*.

Titre *G H I J*   Noel en forme de Ballade sur le chant
                  Iay veu le temps que iestoye a bazac[1]

---

[1] Ce chant en forme de ballade se trouve dans un recueil manuscrit de chansons à Bayeux. L'auteur et le compositeur sont inconnus. Le texte de ce manuscrit, avec la musique, a été publié par T. Gerold, *Le manuscrit de Bayeux*, Publications de la faculté de Lettres de l'Université de Strasbourg, Strasbourg, 1921. Je reproduis ici la première strophe de cette ballade:

> Hé j'ai veu le temps que j'estoye à Bazac
> Et mis le siege tout droict devant Uzac
> Où qu'avec moy chevauchoit le Soudenc.
> Il y a trois milliers de hazenc
> En garnison et autant d'espelenc,
> Ung chascun d'eulx bon arbalestre au poing.
> De tirer fort ils prenoient fort grant soing.
> Quant est à moy, j'en eu mainct horion
> Dont jamais jour je ne serai vengé
> Regardez donc si l'on doibt dire ou non
> Le pain au fol est le premier mangé.

(T. Gerold, *ouvr. cit.*, chanson XVI, p. 19.)
Il est intéressant de noter que Marot destinait sa ballade à être chantée (cf. *Œuvres lyriques*, p. 15).

Colin, Georget et toy Margot du Clac,
Escoute ung peu et ne dors plus illec!
N'a pas long temps, sommeillant pres d'ung Lac,
Me fut advis qu'en ce grand chemin sec
Ung jeune Enfant se combatoit avec
Ung grand Serpent et dangereux Aspic.
Mais l'Enfanteau, en moins de dire pic,
D'une grant Croix luy donna si grant choc
Qu'il l'abbatit et luy cassa le sucq.
Garde n'avoit de dire en ce defroc:
Chantons Noel tant au soir qu'au desjucq!

Quand je l'ouy frapper et tic et tac,
Et luy donner si merveilleux eschec,
L'Ange me dist d'ung joyeulx estomach:
Chante Noel en Françoys ou en Grec,
Et de chagrin ne donne plus ung zec;
Car le Serpent a esté prins au bric.
Lors m'esveillay et comme fantastic
Tous mes trouppeaulx je laissay pres ung Roc;
Si m'en allay, plus fier q'un Archeduc,
En Bethleem. Robin, Gaultier et Roch,
Chantons Noel tant au soir qu'au desjucq!

Prince devot, souverain Catholiq,
Sa maison n'est de pierre ne de Bric,
Car tous les Ventz y soufflent à grant floc;
Et qu'ainsi soit demandez à Sainct Luc
Sus dont, avant, pendons soucy au croc!
Chantons Noel tant au soir qu'au desjucq!

21 *G H I J* desroc

LXXVIII

Ballade XII

De Caresme[1]

   Cessez, Acteurs, d'escrire en eloquence
D'armes, d'amours, de fables et sornettes!
Venez dicter soubz piteuse loquence
Livres plainctifz de tristes chansonnettes!
N'escripvez d'or, mais de couleurs brunettes,   5
A celle fin que tout dueil y abonde;
Car Jesuchrist, l'Aigneau tout pur & munde,
Pour nous tirer des Enfers detestables,
Endura mort horrible et furibunde
En ces sainctz jours piteux et lamentables.   10

   Romps tes Flageolz, Dieu Pan, par violence,
Et va gemir en champestres Logettes!
Laissez les Boys, vous, Nymphes d'excellence,
Et vous rendez en Cavernes subjectes!
Ne chantez plus, refrenez voz gorgettes,   15
Tous Oyselletz! trouble toy, la claire Unde,
Ciel, noyrci toy; et d'angoisse profonde,
Bestes des champs, par cris espouventables,
Faictes trembler toute la Terre ronde
En ces sainctz jours piteux et lamentables!   20

Composée avant 1526 (cf. n. 1). Publiée pour la première fois dans *LADO-LESCENCE CLEMENTINE*, Paris, P. Roffet, 12 août 1532 (*Bibliographie*, II, no. 9). Texte de Q, à l'exception d'une faute au v. 33 où nous avons substitué la leçon de *G H I J*. Variantes de *G H I J*.

Titre *G H I J* Ballade de
1 *I J* autheurs
8 *I* destables
15 *G H I J* refreignez

[1] Cette ballade date probablement de la jeunesse de Marot. Il est pour le moins improbable qu'après son emprisonnement en 1526 le poète eût écrit un poème à la louange du carême.

Riches habitz de noble preference
Vueillez changer, Dames & Pucellettes,
Aux ornemens de dolente apparence;
Et resserrez voz blanches mammellettes!
En temps d'Esté florissent violettes, 25
Et en Yver seichent par tout le Monde;
Donc, puis qu'en vous joye et soulas redonde
Durant les jours à rire convenables,
Pleurez au moins, autant noire que blonde,
En ces sainctz jours piteux & lamentables! 30

Envoy

Prince Chrestien, sans que nul te confonde,
Presche chascun qu'à jeusner il se fonde,
Non seulement de mectz bien delectables,
Mais de peché et vice trop immunde
En ces sainctz jours piteux et lamentables! 35

33 bien *G H I J*] biens *Q*

LXXIX

Ballade XIII

*De la Passion nostre Seigneur
Jesuchrist*

Le Pellican de la forest Celique,
Entre ses faictz tant beaulx & nouvelletz,
Apres les Cieulx et l'Ordre Archangelique,
Voulut creer ses petis Oyselletz.

COMPOSÉE avant 1527. PUBLIÉE pour la première fois dans *LADOLES-CENCE CLEMENTINE*, Paris, P. Roffet, 12 août 1532 (*Bibliographie*, II, no. 9). TEXTE de *Q*. VARIANTES de *G H I J j o r*.

Titre *G H I J* Ballade de
    j   Ballade sur la passion nostre seigneur
    o   Autre Ballade de vendredi sainct
    r   Ballade sur la passion de nostre saulveur Jhesucrist
3 *o* angelicque
4 *o* Voullut former les petiz

BALLADE XIII

Puis s'en volla, les laissa tous seuletz,
Et leur donna, pour mieulx sur la Terre estre,
La grand forest de Paradis Terrestre
D'arbres de vie amplement revestue,
Plantez par luy, qu'on peult dire en tout estre :
Le Pellican qui pour les siens se tue.

   Mais ce pendant qu'en ramage musique
Chantent au boys comme Rossignoletz,
Ung Oyselleur cauteleux et inique
Les a deceuz à Glus, Rhetz et Filletz,
Dont sont banniz des Jardins verdeletz ;
Car des haultz fruictz trop voulurent repaistre.
Parquoy en lieu sentant pouldre et Salpestre
Par plusieurs ans mainte souffrance ont eue,
En attendant hors du beau lieu Champestre
Le Pellican qui pour les siens se tue.

   Pour eulx mourut cest Oysel deificque ;
Car du hault boys plein de sainctz Angeletz
Volla ça bas par Charité pudique,
Où il trouva Corbeaux tresordz & laidz
Qui de son sang ont faictz maintz ruisseletz,
Le tourmentant à dextre et à senestre,
Si que sa Mort, comme l'on peult congnoistre,
A ses Petis a la vie rendue.
Ainsi leur feit sa bonté apparoistre
Le Pellican qui pour les siens se tue.

8 *o* Darbres divins peuplée et revestue
  j r Darbres divins richement revestue
12 *o* Chantoit aux champs comme
  j r Chantoient aux champs comme
13 *o* unique
14 *o* Tous les receut
  j r Tous les desceut
15 *o* Silz sont
16 *r* fruictz par trop voulloient
19 *r* de beau   21 *o* oyseau
24 *j r* corbeaulx villains et
25 *G H I J* faict   29 *o* Par ainsi feist

Envoy

Les Corbeaulx sont ces Juifz exillez
Qui ont à tort les membres mutillez
Du Pellican, c'est du seul Dieu et maistre.
Les Oyseletz sont Humains qu'il feit naistre,
Et l'Oyseleur la Serpente tortue 35
Qui les deceut, leur faisant mescongnoistre
Le Pellican qui pour les siens se tue.

36 *o* acongnoistre

LXXX

Ballade XIV

Contre celle qui fut
s'Amye[1]

Ung jour rescripviz à m'Amye
Son inconstance seulement;[2]
Mais elle ne fut endormie
A me le rendre chauldement. 4
Car des l'heure tint parlement
A je ne sçay quel Papelard

COMPOSÉE en 1526. PUBLIÉE pour la première fois dans *Le Premier Livre de la Metamorphose D'Ovide*, Paris, E. Roffet, 1534 (*Bibliographie*, II, no. 21). TEXTE de Q, à l'exception d'une coquille au v. 14, où nous avons substitué la leçon de *M p*. VARIANTES de *M p*.

Titre *M* La Ballade qu'il feit en prison
    p Balade quil feist en prison suivant le propos mesme
1 *M* i'escrivy
  p jescriviz

[1] Cette ballade se rattache au premier emprisonnement de Marot, au mois de mars 1526. Sur l'identité de l'amie de Marot, voir plus haut, p. 132, n. 1.

[2] C'est ici une allusion très claire au rondeau *De l'Inconstance d'Ysabeau* (LXIII). Notons que dans l'édition princeps le titre de ce rondeau est: *Le Rondeau qui fut la cause de sa prise*. Dans cette édition cinq pièces se rapportant au premier emprisonnement du poète sont groupées sous le titre: *Certaines œuvres qu'il feit en la prison*. Ce sont le Rondeau déjà mentionné, suivi de la présente ballade, de l'épître IX (*Marot à Monsieur Bouchart, Docteur en Theologie*), du Rondeau parfaict (LXIV) et de l'épître X (*Epistre à son amy Lyon*).

Et luy a dict tout bellement:
Prenez le, il a mangé le Lard!¹   8

Lors six Pendars ne faillent mye
A me surprendre finement;
Et de jour, pour plus d'infamie,
Feirent mon emprisonnement.   12
Ilz vindrent à mon logement;
Lors, ce va dire ung gros Paillart,
Par la Morbieu, voila Clement!
Prenez le, il a mangé le Lart!   16

Or est ma cruelle Ennemye
Vangée bien amerement.
Revange n'en veulx ne demye.
Mais, quand je pence voirement,   20
Ell'a de l'engin largement

13 *p* en mon   14 ce *M p*] se *Q*
21 *p* Elle a dengin

¹ On a toujours accepté que ce vers constitue un aveu de la part du poète d'avoir mangé de la viande en carême. (Cf. aussi *Epitres*, x, v. 19). Cependant, se basant sur Cotgrave, qui donne de l'expression « Il a mangé le Lard » la traduction : « He is most guiltie, or he onely is guiltie, of that theft », M. A. Screech, dans un article du reste très peu satisfaisant, prétend que Marot ne parle pas ici du carême (*Il a mangé le lard (What Marot said and what Marot meant)*, BHR, t. XXVI, 1964, pp. 363-4). Il est certain que les déclarations du poète concernant ses démêlées avec les autorités sont sujettes à caution (cf. *La Religion de Marot, ouvr. cit.*, pp. 11-13), mais que l'accusation portée contre lui fut la transgression du jeûne quadragésimal, cela ressort non pas des affirmations du poète, mais des Registres du Parlement de Paris, de même que de nombreux témoignages (voir *La Religion de Marot, ouvr. cit.*, pp. 15-19). Dans ces conditions il est impossible en toute conscience de ne pas voir dans l'expression proverbiale dont se sert Marot l'aveu très simple qu'on y a toujours reconnu.

Ajoutons qu'il est typique de Marot de prendre à la lettre un dicton ou proverbe. Ainsi, pour faire allusion à son abjuration à Lyon en 1536—rappelons qu'au cours de cette cérémonie le patient était frappé à coups de verges—il se sert du proverbe: « battre le chien devant le lion » dans ces vers:

Assez longtemps s'est esbatu
Le petit chien en ta caverne,
Que devant toy on a batu.

(*Œuvres lyriques*, LXXVII, vv. 42-4.)

D'inventer la science & l'art
De crier sur moy haultement:
Prenez le, il a mangé le Lart! 24

Envoy

Prince, qui n'eust dit plainement[1]
La trop grand chaleur dont elle art,
Jamais n'eust dit aucunement:
Prenez le, il a mangé le Lart! 28

23 *p* Pour crier
24 *M p le mot Envoy manque*
25 *p* qui neust pleinement

LXXXI

Ballade XV

Chant Pastoral en forme de Ballade à Monsieur le Cardinal de Lorraine[2] *qui ne pouvoit ouyr nouvelles de Michel Huet, Parisien, son Joueur de Flustes le plus souverain de son Temps*[3]

N'y pense plus, Prince, n'y pense mye,
Si de Michel n'es ores visité,
Car le Dieu Pan & Syringue, s'Amye,[4]

Composé avant 1533. Publié pour la première fois dans *LA SUITE de l'adolescence Clementine*, Paris, veuve P. Roffet, s.d. (*Bibliographie*, II, no. 15). Figure dans *Les Chants divers* dans *LA SUITE de l'adolescence Clementine* et dans *Les Œuvres* de 1538. Texte de Q, à l'exception d'une coquille au v. 6 où nous avons substitué la leçon de L. Variantes de L.

Titre *L* Monseigneur le Cardinal de Lorraine qui ne pouvoit ouyr nouvelles de Miche Huet

[1] Si quelqu'un n'eût dit. Autre allusion au rondeau.
[2] Jean de Lorraine, archevêque de Reims, evêque de Toul, de Narbonne et de Nancy, et abbé de Fécamp, de Marmoutiers et de Cluny. Cf. *Epîtres*, XV. On sait qu'il entretint un grand nombre de musiciens à son service. Voir F. Lesure, *Clément Janequin*, dans *Musica disciplina*, Rome, 1951, p. 164.
[3] On ne sait rien sur ce personnage. Cf. Lesure, *art. cit.*, p. 164.
[4] Cf. Ovide, *Metamorphoses*, I, v. 691.

BALLADE XV

    Ce moys d'Avril ont ung pris suscité,
Et ont donné sur ung des Montz d'Archade
Au mieulx disant de la Fluste une aulbade
La Fluste d'or neuf pertuis contenant.
Tytire y court, Mopsus s'i va trainant,
Et Corydon[1] a le chemin apris.
Chascun y va pour veoir qui maintenant
Du jeu de Fluste emportera le pris.

    Lors ton Michel n'a eu teste endormie,
Ains est couru veoir la solennité,
Et a sonné sa Fluste & Chalemye
Tout à ton loz, honneur & dignité.
Incontinent que toute la Brigade
Son Armonie ouyt soubz la Fueillade,
Pan se teut coy, merveilles se donnant;
Dont chascun va sa Fluste abandonnant
Et soubz la sienne à dancer se sont pris,
Disant entre eulx: ce Françoys resonnant
Du jeu de Fluste emportera le pris.

    Pan (en effect) eut la Face blesmie
Et sur Michel se monstra despité;
Si doubterois que de peur d'infamie
Du hault du Mont ne l'eust precipité,
Car ung hault Dieu de dueil trop est malade
Quand ung Mortel le surmonte & degrade;
Mais Pan, qui t'ayme, est assez souvenant
Qu'ung tel Ouvrier est propre & advenant
A toy qui es recueil des bons Espritz;
Dont reviendra, & en s'en revenant
Du jeu de Fluste emportera le pris.

6 aulbade L] aulbaude Q
19 L Brief, chascun
31 L de bons

[1] Tytire, Mopsus et Corydon: noms de bergers dans les *Bucoliques* de Virgile.

Prince Lorrain, par vertu consonnant
A bons subjectz, ton Michel bien sonnant,
Plus pour l'honneur qui est en toy compris   36
Que pour monstrer qu'il n'est point aprenant,
Du jeu de Fluste emportera le pris.

LXXXII

Ballade XVI

*Chant de joye composé la Nuict qu'on sceut
les nouvelles de la venue des Enfans de
France retournantz des Hespaignes*[1]

Ilz sont venuz, les Enfans desirez!
Loyaulx Françoys, il est temps qu'on s'appaise.
Pourquoy encor pleurez & souspirez?
Je l'entends bien, c'est de joye et grand ayse;   4
Car Prisonniers (comme eulx) estiez aussi.

COMPOSÉE le 1er juillet 1530 (cf. pourtant la variante du titre). PUBLIÉE pour la première fois dans *LA SUITE de l'adolescence Clementine*, Paris, veuve P. Roffet, s.d. (*Bibliographie*, II, no. 15). FIGURE dans *Les Chants divers* dans *LA SUITE de l'adolescence Clementine* et dans *Les Œuvres* de 1538. TEXTE de Q, à l'exception d'une faute au v. 13 où nous avons substitué la leçon de *L t w*. VARIANTES de *L t w*.

    Titre *L t* Chant de ioye, composé la nuyct qu'on sceut les nouvelles de la delivrance des Enfans de France prisonniers en Espaigne, & le lendemain presenté au Roy a son lever
        w   Balade dudict marot pour la venue et delivrance de messeigneurs le daulphin et duc dorleans faicte le deuxiesme jour de juillet lan 1530
4 *w* Ha jentends
5 *L* Car prisonnier
  t Car comme eulx prisonnier estiez

[1] C'est le soir du 1er juillet 1530 que les deux princes, le dauphin François et le duc d'Orléans, Henri, furent remis par le duc de Frias, connétable de Castille, à Anne de Montmorency, au milieu de la Bidassoa, en présence d'Eléonore d'Autriche et du cardinal de Tournon. Le lendemain, 2 juillet, la reine et les enfants firent leur entrée à Bayonne. François Ier attendait à Bordeaux depuis le début de juin. Tenu au courant des événements, il partit ce jour pour se porter au devant de sa nouvelle épouse et de ses enfants. Marot, se trouvant dans l'entourage royal, remit cette ballade à François Ier le matin du 2 juillet (cf. variante du titre). Cf. M. François, *Le Cardinal François de Tournon*, Paris, 1951, pp. 85–6.

BALLADE XVI

O Dieu tout bon, quel Miracle est cecy?
Le Roy voyons et le Peuple de France
En liberté, et tout par une Enfance   8
Qui Prisonniere estoit en fortes Mains.[1]
Or en est hors, c'est triple delivrance:
Gloire à Dieu seul, Paix en Terre aux Humains!

   Nouvelle Royne[2] (o que vous demourez)   12
Sentiez vous point de loing nostre mesaise?
Sus, Peuple, sus, voz Quantons decorez
De divers jeux![3] Est il temps qu'on se taise?
De voz Jardins arrachez le Soucy,   16
Et qu'il n'y ayt gros Canon racourcy
Qui ceste nuict ne bruie par oultrance,
Signifiant que Guerre avec Souffrance
Part et s'en va aux Enfers inhumains.   20

6 *w* Dieu eternel quel
11 *w* seul et paix seure aux
12 *w* Royne de france
13 Sentiez *L t w*] Sentez *Q*
  w point dabas nostre
15 *w* il est temps   20 *w* Sen part et va

---

[1] Les deux princes avaient été envoyés en Espagne, le 17 mars 1526, comme otages, pour permettre la libération de François Ier. Ils furent emprisonnés à Madrid, et traités avec beaucoup de dureté.

[2] Selon le traité de Cambrai, François Ier devait épouser Eléonore d'Autriche, la sœur de Charles-Quint. Bien que cette cérémonie ne dût avoir lieu que le 7 juillet à Beyries, près de Bordeaux, Marot pouvait appeler Eléonore « reine », puisque le 20 mars le mariage avait été célébré à Madrid, le vicomte de Turenne agissant pour François Ier par procuration.

[3] Allusion aux préparatifs pour l'entrée d'Eléonore à Paris, au cours de laquelle des représentations théâtrales eurent lieu. Cf. *Epistres*, XXI; et p. 163, n. 1. Cf. aussi *Cronique du roy François Ier*, *ouvr. cit.*, pp. 82–3:

« Le mardi V[e] juillet ondict an mil V[c]XXX, la poste arriva à Paris, environ deux heures après minuict, apportant lectres que nosseigneurs les enffans estoyent en France du vendredi premier jour dudict moys....Les feux et plusieurs esbatemens furent faictz de joye, et messieurs de la ville en firent bien leur devoir, car ilz tindrent court ouverte, et pour le menu populaire furent defoncez muidz de vin devant ledict hostel, et n'est point mémoire d'homme avoir veu demonstrer une plus grant joye au peuple et gens de Paris.... De ladicte délivrance furent faictz plusieurs rondeaux, ballades et chantz de joye, l'ung desquelz ay bien volu ycy mectre: »
(suit le présent poème; notre variante *t*.)

Et puis chantez en commune accordance:
Gloire à Dieu seul, Paix en Terre aux Humains!

Sotz Devineurs, voz Livres retirez!
Tousjours faisiez la nouvelle maulvaise; 24
Mais Dieu a bien voz propos revirez,
Tant que menti avez, ne vous desplaise.
Heureux Baron,[1] noble Montmorency,
Ce qu'en as faict (il le fault croyre ainsi) 28
Est du grand Maistre ouvrage sans doubtance.[2]
Consen, Françoys, quoy qu'en ceste alliance
N'eussent mieulx faict les tressages Rommains,
Ne dictes pas que c'est vostre puissance: 32
Gloire à Dieu seul, Paix en Terre aux Humains!

Prince Royal, ma terrestre esperance,
Si le plaisir de ceste delivrance
Voulez peser contre les travaulx maintz, 36
Droicte sera (ce croy je) la Balance:
Gloire à Dieu seul, Paix en Terre aux Humains!

22 *w* seul et paix seure aux
25 *t w* revisez
28 *w* fault dire
29 *w* ouvrage a suffisance
30 *L t w* Conseil Françoys:
31 *w* les antiques
33 *w* seul et paix seure aux
34 *t* terrestre puissance
35 *w* Qui le plaisir de la libre asseurance
36 *w* peser avec
37 *t* (ce croye)
    w seroit
38 *w* seul et paix seure aux

[1] Allusion à la devise de Montmorency: « Dieu aide au premier baron chrétien ».
[2] Montmorency avait été nommé Grand-Maître en 1526. Il était responsable des négociations aboutissant au traité de Cambrai et à la libération des princes. Ce fut lui qui reçut les deux princes à la frontière.

LXXXIII

Ballade XVII

*Ballade d'une dame et de sa beaulté
par le nouveau serviteur*[1]

   Amour me voyant sans tristesse
Et de le servir desgouté,
M'a dit que feisse une Maistresse
Et qu'il seroit de mon cousté.   4
Apres l'avoir bien escouté,
J'en ay faict une à ma plaisance,
Et ne me suis point mesconté:
C'est bien la plus belle de France.   8

   Elle a ung œil riant qui blesse
Mon cueur tout plein de loyaulté;
Et parmy sa haulte noblesse
Mesle une doulce privaulté.   12
Grand mal seroit si cruaulté
Faisoit en elle demourance,
Car, quand à parler de beaulté:
C'est bien la plus belle de France.   16

COMPOSÉE avant 1533. PUBLIÉE pour la première fois dans *LA SUITE de l'adolescence Clementine*, Paris, veuve P. Roffet, s.d. (*Bibliographie*, II, no. 15). FIGURE dans les *Elégies* dans *LA SUITE de l'adolescence Clementine* et dans les *Œuvres* de 1538. (Cf. plus haut, pp. 36–7.) TEXTE de Q, à l'exception du titre où nous avons substitué la leçon de *v*. VARIANTES de *L p v*.

Titre Ballade d'une dame et de sa beaulté par le nouveau serviteur *v*] La
    Dixiesme Elegie en forme de Ballade *QL*
    p manque
8 *p* Car cest la
 p première strophe seulement

[1] Sur mes raisons de ranger cette pièce parmi les ballades, voir plus haut, p. 37.

De fuyr s'amour qui m'oppresse,
Je n'ay pouvoir ne voulenté.
Arresté suis en ceste presse,
Comme l'Arbre en terre planté. 20
S'esbahyt on si j'ay planté
De Peine, Tourment & Souffrance?
Pour moins on est bien tourmenté:
C'est bien la plus belle de France. 24

Prince d'Amours, par ta bonté,
Si d'elle j'avois jouyssance,
Oncq homme ne fut mieulx monté:
C'est bien la plus belle de France.[1] 28

25 *v* Princesse du cueur mal traicte
26 *v* Tourne vers moy pour allegeance
27 *v* Ta doulce face en verite

LXXXIV

Ballade XVIII

Chant de May

En ce beau moys delicieux,
Arbres, fleurs & agriculture,
Qui durant l'Yver soucieux
Avez esté en sepulture, 4
Sortez pour servir de pasture
Aux trouppeaulx du plus grand Pasteur!
Chascun de vous, en sa nature,
Louez le nom du Createur! 8

Les servans d'Amour furieux
Parlent de l'amour vaine & dure,

COMPOSÉE entre 1533 et juillet 1538. PUBLIÉE pour la première fois dans *Les Œuvres de Clement Marot*, Lyon, E. Dolet, 1538 (*Bibliographie*, II, no. 70). FIGURE dans *Les Chants divers* dans *Les Œuvres* de 1538. TEXTE de Q.

[1] Cf. *Œuvres lyriques*, LXI.

Où vous, vrays amans curieux,
Parlez de l'amour sans laydure.
Allez aux Champs sur la verdure
Ouyr l'oyseau, parfaict chanteur;
Mais du plaisir, si peu qu'il dure,
Louez le nom du Createur!

  Quant vous verrez rire les cieulx
Et la terre en sa floriture,
Quant vous verrez devant voz yeux
Les eaux luy bailler nourriture,
Sur peine de grant forfaicture
Et d'estre larron & menteur,
N'en louez nulle creature:
Louez le nom du createur!

  Prince, pensez, veu la facture,
Combien puissant est le facteur!
Et vous aussi, mon escripture,
Louez le nom du Createur!

LXXXV

Ballade XIX

Chant de May & de Vertu

  Voulentiers en ce moys icy
La terre mue & renouvelle.
Maintz amoureux en font ainsi,
Subjectz à faire amour nouvelle
Par legiereté de Cervelle,
Ou pour estre ailleurs plus contentz.
Ma façon d'Aymer n'est pas telle;
Mes amours durent en tout temps.

COMPOSÉ entre 1533 et juillet 1538. PUBLIÉ pour la première fois dans *Les Œuvres de Clement Marot*, Lyon, E. Dolet, 1538 (*Bibliographie*, II, no. 70).
FIGURE dans *Les Chants divers* dans *Les Œuvres* de 1538. TEXTE de Q.

N'y a si belle dame aussi
De qui la beaulté ne chancelle
Par temps, maladie ou soucy.
Laydeur les tire en sa nasselle;
Mais rien ne peult enlaydir celle
Que servir sans fin je pretendz.
Et pource qu'elle est tousjours belle,
Mes Amours durent en tout temps.

   Celle dont je dy tout cecy,
C'est Vertu, la Nimphe eternelle,
Qui, au mont d'honneur esclercy,
Tous les vrays amoureux appelle.
Venez, amantz, venez (dit elle),
Venez à moy, je vous attendz!
Venez (ce dit la Jouvencelle),
Mes Amours durent en tout temps.

   Prince, fais amye immortelle,
Et à la bien aymer entens!
Lors pourras dire, sans cautelle;
Mes Amours durent en tous temps.

CHANTS-ROYAUX

LXXXVI
Chant-Royal I

*Chant Royal de la Conception nostre Dame
que Maistre Guillaume Cretin voulut
avoir de l'Autheur lequel luy envoya
avecques ce Huictain*[1]

Chant Royal de la Conception

Lors que le Roy par hault desir & cure
Delibera d'aller vaincre Ennemys,
Et retirer de leur prison obscure
Ceulx de son Ost à grands tourmens submis, 4

COMPOSÉ en 1521 (cf. n. 1). PUBLIÉ pour la première fois dans *Palinodz, Chantz-royaulx, Ballades, Rondeaulx et Epigrammes, a l'honneur de limmaculee conception de la toute belle mere de Dieu Marie (patronne des Normans) presentez au puy a Rouen; composez par scientifiques personnaiges...s.l.n.d.* (Bibliographie, II, no. 234). TEXTE de Q. VARIANTES de *C G H I J d h j*.

Titre *C G H I J h* Chant Royal
    d   titre manque
1 *C* & mer
  d h j grand desir
3 *C h* retyra

[1] Ce chant-royal fut présenté au Puy de la Conception de Rouen en 1521 selon les indications du ms fr. 1537 (notre *d*; voir plus haut, p. 55, n. 1). Sur le Puy de Rouen, voir E. de Robillard de Beaurepaire, *Les Puys de Palinod de Rouen et de Caen*, Caen, 1907. D'après le témoignage de Sagon (*Le rabais du caquet de Fripelippes*, vv. 399–473) ce chant-royal de Marot ne fut pas couronné.

Le huitain liminaire à Guillaume Crétin ne figure ni dans l'édition princeps ni dans un des trois manuscrits; il paraît pour la première fois dans l'*Adolescence clementine*. Nous le reproduisons ici:

    *A Monsieur Cretin, souverain Poete
               Françoys Salut*
L'homme sotart & non sçavant
Comme ung Rotisseur qui lave Oye
La faulte d'aulcun nonce avant
Qu'il la congnoisse ou la voye,
Mais vous de hault sçavoir la voye
Sçaurez par trop mieulx me excuser
D'ung gros erreur si faict l'avoye
Qu'ung amoureux de Muscq user.

Il envoya ses Fourriers en Judée
Prendre logis sur place bien fondée.¹
Puis commenda tendre en forme facile
Ung Pavillon pour exquis Domicile, 8
Dedans lequel dresser il proposa
Son Lict de camp nommé, en plein Concile,
La digne Couche où le Roy reposa.²

Au Pavillon fut la riche paincture 12
Monstrant par qui noz pechez sont remis;
C'estoit la nue, ayant en sa closture
Le Jardin clos, à tous humains promis,
La grand Cité des haulx Cieulx regardée, 16
Le Lys Royal, l'Olive collaudée,
Avec la Tour de David immobile.³
Parquoy l'Ouvrier sur tous le plus habile
En lieu si noble assist & apposa 20
(Mettant en fin le dict de la Sybille)⁴
La digne Couche où le Roy reposa.

5 C fourriez
6 j pour place
7 H I J commanda
h vv. 12–22 manquent
12 J fut riche paincture
14 C j lamye ayant
16 j des haultz dieux
20 C asseit
21 C G H I J d j à fin

¹ Cette campagne est évidemment imaginaire.
² La figure qui précède le poème dans le ms 1735 représente un lit qu'on fait à trois. Deux femmes tiennent les rideaux, une troisième arrange l'oreiller et les draps. L'intérieur du baldaquin est vert, le dehors est rouge, la couverture est blanche. On voit dans le lointain une armée sur pied qui semble garder cette couche royale.
³ Ces vers sont probablement inspirés du psaume XVIII.
⁴ Sur la supercherie de la prophétie chrétienne sybillique, voir A. Bouché Leclercq, *Histoire de la divination dans l'antiquité*, Paris, 1879–82, t. II, pp. 261–6; et E. Reuss, *Les Sibylles Chrétiennes*, *Nouvelle revue de Théologie*, 2ᵉ série, Paris, Strasbourg, 1861, pp. 196–9. Cette supercherie était très répandue en Europe au XV siècle. Marot a pu la trouver dans le *De Divinis Institutionibus* de Lactance, publié en 1465, et le *Tractatus de discordantiae inter Eusebium, Hieronymum et Augustinum* de Filippo Barbieri, publié en 1481.

CHANT-ROYAL I

D'antique ouvrage a composé Nature
Le boys du Lict où n'a ung poinct obmis;
Mais au Coissin plume tresblanche & pure
D'ung blanc Coulomb le grand Ouvrier a mis.
Puis Charité tant quise & demandée
Le Lict prepare avec Paix accordée;
Linge trespur Dame Innocence fille;
Divinité les trois Rideaulx enfile;
Puis à l'entour les tendit & posa
Pour preserver du vent froid & mobile
La digne Couche où le Roy reposa.

Aulcuns ont dit noire la Couverture,
Ce qui n'est pas; car du Ciel fut transmis
Son lustre blanc, sans aultre art de taincture.
Ung grand Pasteur l'avoit ainsi permis;
Lequel jadis, par grace concordée,
De ses Aigneaulx la toison bien gardée
Transmist au cloz de Nature subtile,
Qui une en feit, la plus blanche & utile
Qu'oncques sa main tissut ou composa,
Dont elle orna (oultre son commun stile)
La digne Couche où le Roy reposa.

Pas n'eut ung Ciel faict à frange & figure
De fins Damas, Sargettes ou Samis;
Car le hault Ciel que tout Rond on figure
Pour telle Couche illustrer fut commis;

27 *C d h j* Et charite
31 *h* tondit
32 *C h* de vent
   J immobile
35 *j* quil
42 *C d* tyssit
43 *C* oultre commun stille
45 *C* Pas neusse ung faict a frange & figure
   h franges
46 *J* ou Says
   h saigettes
47 *C d j* ciel de divine facture

D'ung tour estoit si precieux bordée
Qu'oncques ne fut de vermine abordée.
N'est ce donc pas d'humanité fertile
Œuvre bien faict? veu que l'Aspic hostille 52
Pour y dormir approcher n'en osa?
Certes, si est, & n'est à luy serville
La digne Couche où le Roy reposa.

Envoy

Prince, je prends en mon sens puerile 56
Le Pavillon pour saincte Anne sterile,
Le Roy pour Dieu qui aux Cieulx repos a,
Et Marie est (vray comme l'Evangile)
La digne Couche où le Roy reposa. 60

50 *C* Que oncques
   h Onc onques
après v. 55 *C* Renvoy
56 *C* perile
58 *H d h* reposa
59 *C* comme evangile
à la fin C ajoute Par Clement Marot

LXXXVII

Chant-Royal II

Chant Royal Chrestien[1]

 Qui ayme Dieu, son Regne & son Empire,
Rien desirer ne doibt qu'à son honneur,
Et toutesfoys l'Homme tousjours aspire
A son bien propre, à son aise et bon heur,   4
Sans adviser si point contemne ou blesse
(En ses desirs) la divine Noblesse.
 La plus grand Part appete grand avoir,
La moindre Part soubhaicte grand sçavoir;   8

COMPOSÉ avant 1531. PUBLIÉ pour la première fois dans *Les Opuscules et petitz Traictez de C. Marot*, Lyon, O. Arnoullet, s.d. (vers 1531) (*Bibliographie*, II, no. 6). FIGURE dans *Les Chants divers* dans *Les Œuvres* de 1538. TEXTE de Q, à l'exception de deux fautes aux vers 29 et 59 où nous avons substitué la leçon de *G H I J*. VARIANTES de *F G H I J g j o r v*.

Titre *F* Chant Royal de Marot
  g pas de titre
  j Chant Royal qui fut mys au may de la saincte chappelle, bon pour chacun
  o Autre ballade
  r Champ royal qui fut mys au may de la saincte chapelle
  g r le poème est précédé de ces vers:

    Dessus ce beau may verdelet
    Arrouse du fleuve Jordain
    Nostre sainct pere morelet
    Dit ung chant royal nouvellet
    Consolant tout povre mondain

  dans r le troisième vers manque
2 *F* doibt que son honneur
 j r nen doit que son
4 *o* propre son aise et son honneur
5 *F* Sans point viser se point contente ou blesse
 o si riens
6 *F* En son desir   8 *o* souhaitte le sçavoir

[1] Comme ce chant-royal ne se trouve dans aucun des manuscrits de palinods, il faut conclure que Marot ne l'envoya pas au Puy de Rouen. Pour cette raison on ne peut dater le poème avec certitude. Il est pourtant probable qu'il fut composé avant 1525. Selon la variante du titre fournie par les mss 2206 et 17527 du fonds français de la Bibliothèque Nationale (*j* et *r*) ce chant-royal fut mis « au may de la Saincte Chapelle ».

L'autre desire estre exempte de blasme,
Et l'autre quiert (voulant mieulx se pourvoir)
Santé au Corps et Paradis à l'Ame.

    Ces deux soubhaictz contraires on peult dire
Comme la Blanche et la Noire couleur,
Car Jesuchrist ne promect par son Dire
Ça bas aux siens qu'Ennuy, Peine et Douleur.
Et d'aultre part (respondez moy) qui est ce
Qui sans mourir aux Cieulx aura liesse?
Nul, pour certain! Or fault il concepvoir
Que Mort ne peult si bien nous decepvoir
Que de douleur ne sentions quelcque dragme.
Par ainsi semble impossible d'avoir
Santé au Corps et Paradis à l'Ame.

    Doulce Santé mainte amertume attire,
Et peine au Corps est à l'Ame doulceur.
Les Bienheurez qui ont souffert martire
De ce nous font tesmoignage tout seur.
Et si l'Homme est quelcque temps sans destresse,
Sa propre Chair sera de luy Maistresse,
Et destruira son Ame (à dire voir),
Si quelcque ennuy ne vient ramentevoir
Le pauvre Humain d'invoquer Dieu qui l'ame,

15 *F* que ennuye peine & douleur
   G H I J que ennuy, peine & douleur
16 *F* Et daultre part respons moy qui esse
   J respondz
17 *o* ciel
   v cielz
22 *F* Sante au corps &c.
22–33 *o manquent*
24 *F* et a lame doulceur
29 *F* Et destourra
   j r ce dire
   voir *G H I J*] vooir *Q*
30 *F* Sadversite ne
   g j v Se adversite ne
   r Si adversite ne
31 *F* Au povre humain dinvoquer dieu que lame
   g qui laime

En luy disant: Homme, penses tu veoir
Santé au Corps et Paradis à l'Ame?

O doncques, Homme en qui santé empire,
Croy que ton mal d'ung plus grand est vainqueur!
Si tu sentoys de tous tes maulx le pire,
Tu sentiroys Enfer dedans ton cueur;
Mais Dieu tout bon sentir (sans plus) te laisse
Tes petitz maulx, sachant que ta foiblesse
Ne pourroit pas ton grand mal percevoir,
Et que aussi tost que de l'appercevoir,
Tu periroys comme Paille en la flame,
Sans nul espoir de jamais recepvoir
Santé au Corps et Paradis à l'Ame.

Certes, plustost ung bon Pere desire
Son Filz blessé que Meudrier ou Jureur;
Mesmes de verge il le blesse & dessire
Affin qu'il n'entre en si lourde fureur.
Aussi, quand Dieu, Pere celeste, oppresse
Ses chers Enfans, sa grand bonté expresse;

33 *F* Sante au corps &c.
34 *F* O doncques homme a qui
   o Or doncques homme qui en santé
36 *F* Si tu veoys de tous les maulx
   g o r v Si tu veois   *j* si tu voioys
37 *F* Tu trouveras
   o Tu trouveroys enfer dans
   j r v Tu trouveroys
38 *F g j o r v* Mais dieu tout bon seullement veoir te laisse
40 *o* Ne pouvoit pas ton grant mal recepvoir
41 *g* Et qu'aussi   42 *j r* paille et
44 *F* Sante au corps &c.
46 *F* Son filz blesser que menteur ou jureur
   H I J meurdrier
47 *F* verges
   g mesme
   r Mesme de verges
   o verges le blesce ou descire
48 *g* Afin quil rentre
49 *I* Aussi quant Dieu pere oppresse
   J Aussi quant Dieu nostre pere oppresse
50 *F* Ces

Faict lors sur eulx eaue de grace pleuvoir,
Car par tel peine à leur bien veult prevoir
A ce qu'Enfer en fin ne les enflame;
Leur reservant (oultre l'humain debvoir)
Santé au Corps et Paradis à l'Ame.

  Prince Royal, quand Dieu par son pouvoir
Faira les Cieulx et la Terre mouvoir,
Et que les Corps sortiront de la Lame,
Nous aurons lors ce bien, c'est assavoir
Santé au Corps & Paradis à l'Ame.

51 *F* dame de
52 *F* Car pour tel peine
 g veult pourvoir
53 *F* Ad ce quenfer
 o manque
54 *F* Leur rescripvant
 g Leur reservant non point par le devoir
 j r o Leur reservant non point pour leur devoir
55 *F* Sante &c.
après 55 *G H I J ajoutent* Envoy
56 *v* Prince chrestien
57 *F* Fera des cieulx
 G H I J Fera les cieulx &
59 *F* Nous ayons
 aurons *G H I J*] auront *Q*
60 *F* Sante &c.
à la fin g ajoute Mort ny mord

LXXXVIII
Chant-Royal III

*Chant Royal dont le Roy bailla
le Refrain*[1]

Prenant repos dessoubz ung vert Laurier[2]
Apres travail de noble Poesie,
Ung nouveau songe assez plaisant l'autrehier
Se presenta devant ma fantaisie   4
De quatre Amans fors melencolieux
Qui devers moy vindrent par divers lieux;
Car le Premier sortir d'ung Boys j'advise,
L'autre d'ung Roc; celluy d'apres ne vise   8
Par où il va. L'aultre saulte une Claye.
Et si portoyent (tous quatre) en leur Devise:
Desbender l'Arc ne guerist point la Playe.

Composé avant 1531. Publié pour la première fois dans *Les Opuscules et petitz Traictez de C. Marot*, Lyon, O. Arnoullet, s.d. (vers 1531) (*Bibliographie*, II, no. 6). Figure dans *Les Chants divers* dans *Les Œuvres* de 1538. Texte de Q, à l'exception de deux coquilles aux vers 49 et 55 où nous avons substitué la leçon de *F G H I J p* (en dehors de ces vers Q est conforme à *G H I*). Variantes de *F J p*.

Titre *F* Champ royal faict par Clement Marot. Sur le refrain donne par le
       Roy sur Desbender larc ne guarist point la playe
       p Chant royal
2 *J* Apes
7 *F* sortit
10 *F* leurs

---

[1] Comme la pièce précédente, ce chant-royal ne se trouve dans aucun des manuscrits de palinods. Il est donc impossible d'en connaître la date de composition.
  Le refrain de ce chant royal est la traduction d'un vers célèbre de Pétrarque:
       Piaga per allentar d'arco non sana
(v. 14, XC, *éd. cit.*)

[2] Le « verd laurier » est une image très fréquente chez Pétrarque, à cause du jeu de mots: Laura—laurier. En composant ce chant-royal sur un refrain pris de Pétrarque, Marot semble vouloir reconnaître dès le premier vers sa dette envers le poète italien.

Le Premier vint tout pasle me prier
De luy donner confort par courtoysie.
Poursuivant suis (dit il), dont le crier
N'est point ouy d'une que j'ay choysie.
Elle a tiré de l'Arc de ses doulx yeux
Le perçant Traict qui me rend soucieux,
Me respondant (quand de moy est requise)
Que n'en peult mais, & sa beaulté exquise
De moy s'absente affin qu'en oubly l'aye.
Mais pour absence en oubly n'est pas mise :
Desbender l'Arc ne guerist point la Playe.

 L'autre disoit au rebours du Premier :
J'ay biens assez & ne me ressasie,
Car Servant suis de jouir coustumier
De la plus belle & d'Europe & d'Asie.
Ce neantmoins Amour trop furieux
D'elle me faict estre plus curieux
Qu'avant avoir la jouyssance prise.
Ainsi je suis du feu la flamme esprise,
Qui plus fort croist quand estaindre on l'essaye ;
Et congnoys bien qu'en amoureuse emprise
Desbender l'Arc ne guerist point la Playe.

 Apres je vy d'aymer ung vieil Routier
Qui de grand cueur, soubz puissance moysie,
Chanta d'Amours ung Couplet tout entier,
Louant sa Dame et blasmant Jalousie ;
Dont les premiers ne furent envieux ;
Bien luy ont dit : Vieil homme entre les Vieulx,

16 *F* Elle a tire de lart de ses deux peulx
19 *F* mais & si une aultre exquise
21 *F* Mais pour absent
 p point mise
22 *F* Desbender larc &c
25 *J* de jour
28 *F* ma faict
31 *F* on lassaie
33 *F* Desbender larc &c
34 *J* d'amer

CHANT-ROYAL III

Comment seroit ta pensée surprise
D'aulcune amour, quand le temps, qui tout brise,
T'a desnué de ta puissance gaye?
J'ay bon vouloir (respond la Teste grise):
Desbender l'Arc ne guerist point la Playe.

   D'ung Rocher creux saillit tout au dernier
Une Ame estant de son Corps dessaisie,
Qui ne vouloit de Charon Nautonnier
Passer le Fleuve. O quelle frenesie !
Aller ne veult aux Champs delicieux,
Ains veult attendre au grand Port Stigieux
L'Ame de celle où s'amour est assise,
Sans du venir sçavoir l'heure precise;
Lors m'esveillay, tenant pour chose vraye
Que, puis qu'amour suit la Personne occise,
Desbender l'Arc ne guerist point la Playe.

   Prince, l'Amour ung Querant tyrannise;
Le Jouissant cuide estaindre et attise;
Le Vieil tient bon, et du Mort je m'esmaye;
Jugez lequel dit le mieulx sans faintise:
Desbender l'Arc ne guerist point la Playe.

42 *F* La desnue de la puissance gaye
49 aux *F G H I J p*] au *Q*
55 l'Arc *G H I J p*] l'Aarc *Q*
   F Desbender larc &c
57 *F* Ung jouissant
58 *F* Ung vieil
60 *F* Desbender larc &c

LXXXIX

Chant-Royal IV

*Chant Royal de la Conception
nostre Dame*[1]

    Dedans Syon, au Pays de Judée,
Fut ung debat honneste suscité
Sur la beaulté des Dames collaudée
Diversement par ceulx de la Cité.   4
Et, sans faveur de Maison ne de Race,
Fut dit que celle ayant le plus de grace
Seroit plus belle. Or sommes hors de peine
(Dit lors quelcun), car Marie en est pleine;   8
Pleine en sa Forme & pleine en ses Espritz;
Que ce Proces doncques plus on ne meine:
Seule merite entre toutes le Pris.

    Ceste Sentence à son honneur vuydée,   12
Maintes en mist en grand perplexité,
Qui, pour envie & gloire oultrecuidée,
Nouveau debat contre elle ont excité.
A leurs honneurs veullent qu'on satisface;   16
Si ont requis que chanter on la fasse,
Disant qu'elle a l'Organe mal sereine;
Parquoy n'estoit en vertus souveraine.
Brief de la voix toutes ont entrepris   20

Composé avant 1533. Publié pour la première fois dans *LA SUITE de l'adolescence Clementine*, Paris, veuve P. Roffet, s.d. (*Bibliographie*, II, no. 15). Figure dans *Les Chants divers* dans *LA SUITE de l'adolescence Clementine* et dans *Les Œuvres* de 1538. Texte de Q, à l'exception de deux coquilles aux vers 58 et 59 où nous avons substitué la leçon de *L*. Variantes de *L*.

12-22 *L manquent*

[1] Il est improbable que Marot eût composé un chant-royal en l'honneur de la conception de Notre-Dame après 1526. D'autre part, si le poème a été composé avant 1527, on s'explique mal pourquoi il ne figure pas dans l'*Adolescence clementine*. Il y a là un problème à peu près impossible à résoudre.

La surpasser, d'aultant que la Sereine
Seule merite entre toutes le Pris.

 Lors chascune a sa Chanson recordée
D'ung Estomac par froit debilité.
Mais ceste Vierge, en voix mieulx accordée
Que Orgues ne Luz, chanta ce beau Dicté:
Brunette suis, mais belle en Cueur & Face;[1]
Et si en tout toutes aultres j'efface.
Ce bien m'a faict la puissance haultaine
Du Dieu d'aymer, qui de sa Court loingtaine
M'est venu veoir d'ardante Amour espris.
Doncques (non moy) mais sa bonté certaine
Seule merite entre toutes le Pris.

 La voix qui est de ce corps procedée
Perça d'Enfer l'orde concavité;
Des neuf Cieulx a la haulteur excedée
Par son hault ton plein de suavité,
Qui fut ouy au Monde en toute place;
Mort endormit, Dormantz plus froitz que glace
A resveillez; pauvre Nature humaine
Gisant au Lict se lieve & se pourmaine
Du grand soulas qu'en ceste voix a pris.
Certainement qui tel bien luy ameine
Seule merite entre toutes le Pris.

 Lors l'Assistance, en raison bien fondée,
Sur champ conclud (& conclud verité)
Qu'impossible est telle voix redondée
Estre d'Organe ayant impurité.
Mesmes Envie à la fin s'accorde à ce,
Et refraignit à ce Chant son audace;
Mieulx que Pluton sa fureur inhumaine
Au chant d'Orphée en l'infernal Dommaine.
Donc, Estomachz de froidure surpris,

---

[1] Inspiré du Cantique des Cantiques, *Nigra sum sed formosa.* Cf. *Œuvres lyriques*, XLV, v. 1 et LXXXVI, v. 33.

Quand chanterez, chantez Marie saine!
Seule merite entre toutes le pris.

Envoy

Le divin Verbe est la voix & alaine
Qui proceda d'organe non vilaine;
C'est de Marie, où tous biens sont compris;
Dont de rechef ce Reffrain je rameine:
Seule merite entre toutes le pris.

58 biens *L*] bien *Q*
59 Dont *L*] Don *Q*

EPITAPHES

XC

Epitaphe I

De Jane Bonté[1]

Cy est le corps Jane Bonté bouté;
L'esprit au Ciel est par bonté monté.

COMPOSÉE avant 1532. PUBLIÉE pour la première fois dans *LADOLES-CENCE CLEMENTINE*, Paris, P. Roffet, 12 août 1532 (*Bibliographie*, II, no. 9). FIGURE dans les *Complainctes et Epitaphes* dans *LADOLESCENCE CLEMENTINE* et dans les *Epitaphes* dans *Les Œuvres* de 1538. TEXTE de Q. VARIANTE de *G H I J*.

Titre *G H I J* Epitaphe de la ditte Iehanne bonte

XCI

Epitaphe II

De Longueil, homme docte[2]

O Viateur, cy dessoubz gist Longueil!
A quoy tient il que ne meines long dueil
Quand tu entends sa vie consommée?
N'as tu encor entendu Renommée,   4

COMPOSÉE probablement vers la fin de 1522. PUBLIÉE pour la première fois dans *LADOLESCENCE CLEMENTINE*, Paris, P. Roffet, 12 août 1532 (*Bibliographie*, II, no. 9). FIGURE dans les *Complainctes et Epitaphes* dans *LADOLESCENCE CLEMENTINE* et dans les *Epitaphes* dans les *Œuvres* de 1538. TEXTE de Q. VARIANTE de *G H I J*.

3 *G H I J* sa voye

---

[1] On ne sait rien de cette femme. Puisque ce distique suit, dans les éditions originales, la *Complaincte d'une Niepce, sur la Mort de sa Tante* (*Œuvres lyriques*, IV, Complainte II, p. 131), il faut conclure que Jane Bonté est la tante en question.

[2] Christophe de Longueil, un des premiers humanistes français, le maître d'Etienne Dolet, mourut à Padoue, le 11 septembre 1522. Sa mort fut déplorée dans de nombreuses épitaphes latines, parmi lesquelles on peut en citer une par Bembo.

Par les Climatz, qui son renom insigne
Va publiant à voix, trompe & buccine?
Si as pour vray; mais si grande est la gloire
Qu'en as ouy que tu ne le peulx croire. 8
   Va lire donc (pour en estre asseuré)
Ses beaulx escriptz de stille mesuré;[1]
Lors seulement ne croiras son hault pris,
Mais aprendras, tant sois tu bien apris. 12
Si te sera son bruit tout veritable,
Et la grandeur de ses faictz profitable.

XCII

Epitaphe III

*De feu honneste personne,
le petit Argentier Paulmier d'Orleans*[2]

  Cy gist le corps d'ung petit Argentier
Qui eut le cueur si bon, large & entier
Qu'en son vivant n'assembla bien aulcun,
Fors seulement l'amytié de chascun, 4
Laquelle gist avec luy (comme pense);
Et a laissé pour toute recompense
A ses amys le regret de sa mort.

Composée avant 1527. Publiée pour la première fois dans *LADOLESCENCE CLEMENTINE*, Paris, P. Roffet, 12 août 1532 (*Bibliographie*, II, no. 9). Figure dans les *Complainctes et Epitaphes* dans *LADOLESCENCE CLEMENTINE*, et dans les *Epitaphes* dans les *Œuvres* de 1538. Texte de Q (conforme à *G H I J*). Variantes de *r*.

Titre *r* Epitaphe de feu l'argentier paulmier dorleans
1 *r* gist envers ung
3 *r* Quong ne voulut acquestre bien
5 *r* comme je pense
6 *r* Et la laisse

  [1] Longueil était un des Cicéroniens les plus célèbres de l'époque, ce qui lui valut d'être attaqué par Erasme. L'éloge de Marot s'applique parfaitement au trait le plus saillant de Longueil, c'est-à-dire son imitation de Cicéron.
  [2] Nous n'avons pu identifier ce personnage.

Doncque, Passant, si pitié te remord, 8
Ou si ton cueur quelcque dueil en reçoit,
Soubhaitte luy (à tout le moins) qu'il soit
Autant aymé de Dieu tout pur & munde
Comme il estoit du miserable Monde. 12

8 *r* O toy passant

XCIII

Epitaphe IV

De Maistre André le Voust,[1]
Medecin du Duc d'Alençon[2]

Celluy qui prolongeoit la vie des humains
A la sienne perdue au dommaige de maintz.
Helas, c'estoit le bon feu maistre André le Voust,
Jadis Alençonnoys, ores pasture et goust 4
De terrestre vermine; et ores revestu
De Cercueil et de Tumbe, & jadis de Vertu.
Or est mort Medecin du bon Duc d'Alençon.
A Nature ainsi fault tous paier la rençon. 8

COMPOSÉE probablement vers 1524. PUBLIÉE pour la première fois dans *LADOLESCENCE CLEMENTINE*, Paris, P. Roffet, 12 août 1532 (*Bibliographie*, II, no. 9). FIGURE dans les *Complaintes et Epitaphes* dans *LADOLESCENCE CLEMENTINE*, et dans les *Epitaphes* dans les *Œuvres* de 1538. TEXTE de Q. VARIANTE de *G H I J*.

Titre *G H I J* De maistre Andre le voust, iadis medecin du Duc Dalencon

[1] Le registre de la maison du duc d'Alençon (B.N., ms français 7856, fo. 874) mentionne un médecin nommé André, qui touchait des gages en 1512 et en 1517. Il est rayé en 1524.
[2] Charles, duc d'Alençon (mort en 1525), premier époux de Marguerite d'Angoulême, dont Marot fut le secrétaire avant 1527.

XCIV

Epitaphe V

De Noble Damoyselle Parisienne,
Katherine Budé[1]

Mort a ravy Katherine Budé.
Cy gist le corps; helas, qui l'eust cuidé?
Elle estoit jeune, en bon point, belle & blanche.
Tout cela chet comme fleurs de la branche.   4
N'y pensons plus! Voyre, mais du renom
Qu'elle merite, en diray je rien? non!
Car du Mary[2] les larmes pour le moins
De sa bonté sont souffisans tesmoings.   8

COMPOSÉE avant 1525 (cf. n. 2). PUBLIÉE pour la première fois dans *LADOLESCENCE CLEMENTINE*, Paris, P. Roffet, 12 août 1532 (*Bibliographie*, II, no. 9). FIGURE dans les *Complainctes et Epitaphes* dans *LADOLESCENCE CLEMENTINE* et dans les *Epitaphes* dans les *Œuvres* de 1538. TEXTE de Q, à l'exception d'une coquille au v. 6 où nous avons substitué la leçon de G H I J (en dehors de ce vers Q est conforme à G H I J). VARIANTES de g v w.

Titre g Epitaphe de la greffiere Leblanc
    v Dhonneste damoiselle katherine bude
    w Epitaphe de la greffiere le blanc par ledit Marot
3 g w blonde et blanche
6 Qu'elle *G H I J*] Que'elle Q

[1] La variante du titre montre que Catherine Budé était l'épouse du greffier Le Blanc. Elle était fille de Dreux Budé, sieur d'Yerne, secrétaire du roi, trésorier et garde des chartes du roi (*Cat. des Actes*, VI, 621, 23132; VII, 51, 23468; 459, 25709; et V, 196, 15673; et B.N. série généalogique, Dossiers bleus, 143).

[2] Etienne Le Blanc, greffier de la Chambre des Comptes de 1514 en 1525 quand il est remplacé par Gaillard Spifame (*Cat. des Actes*, I, 8, 47; 173, 978; et 405, 2155).

XCV

Epitaphe VI

*De Coquillart et de ses Armes
à trois Coquilles d'Or*[1]

La Morre[2] est jeu pire que aux Quilles,
Ne que aux Eschetz, ne qu'au Quillart.[3]
A ce meschant jeu Coquillart
Perdit sa vie et ses Coquilles.

COMPOSÉE avant 1527. PUBLIÉE pour la première fois dans *LADOLES-CENCE CLEMENTINE*, Paris, P. Roffet, 12 août 1532 (*Bibliographie*, II, no. 9). FIGURE dans les *Complainctes et Epitaphes* dans *LADOLESCENCE CLEMENTINE*, et dans les *Epitaphes* dans *Les Œuvres* de 1538. TEXTE de Q, conforme à *G H I J*. VARIANTES de *v*.

Titre *v* De coquillard et de ses armes a troys coquilles
1 *v* La mourre

[1] Le poète Guillaume Coquillart naquit à Reims à une date incertaine. Il mourut en 1510. Ses armes à trois coquilles d'or doivent sans doute leur existance à son nom. Voir l'édition de ses *Œuvres* par Ch. d'Héricault, Paris, Jannet, 1857.
[2] Jeu de mots. La Morre est un jeu mentionné par Rabelais, *Gargantua*, XXII, et *Quart Livre*, XIV.
[3] Jeu mentionné par Bonaventure des Périers, *Cymbalum Mundi*, III, « Ung singe qui joue au quillard ».

XCVI

Epitaphe VII

*De frere Jehan Levesque Cordelier
natif d'Orleans*[1]

Cy gist, repose et dort leans
Le feu Evesque d'Orleans;
J'entends l'Evesque en son surnom,
Et frere Jehan en propre nom; 4
Qui mourut l'an cinq cens & vingt
De la verolle qui luy vint.[2]
    Or, affin que Sainctes & Anges
Ne prennent ces boutons estranges, 8
Prions Dieu qu'au frere Frappart
Il donne quelcque Chambre à part.

COMPOSÉE avant 1527, probablement en 1520 (cf. v. 5). PUBLIÉE pour la première fois dans *LADOLESCENCE CLEMENTINE*, Paris, P. Roffet, 12 août 1532 (*Bibliographie*, II, no. 9). FIGURE dans les *Complainctes et Epitaphes* dans *LADOLESCENCE CLEMENTINE*, et dans les *Epitaphes* dans les *Œuvres* de 1538. TEXTE de Q (conforme à *H I J*). VARIANTES de *G q r v*.

Titre *q* Epitaphe de
    r manque
1 *r* Cy dessoubz gist et
3 *r* Je diz evesque
4 *r* de propre
5 *G* cinq cens vingt
    v lan mil cinq
7 *r* Or prions dieu sainctes & sainctz
8 *r* Que de ce mal nous tiengne sains
    v ses
9 *r* Et octroye au frere frapart
10 *r* En son paradis chambre à part

[1] Nous n'avons pu identifier ce personnage.
[2] Ce vers est cité par Rabelais, *Gargantua*, XIV.

XCVII

Epitaphe VIII

De Jehan le Veau[1]

Cy gist le jeune Jehan le Veau
Qui en sa grandeur & puissance
Fust devenu Bœuf ou Taureau.
Mais la Mort le print des enfance.   4
Il mourut Veau par desplaisance,
Qui fut dommaige à plus de neuf;
Car on dit (veu sa corporance)
Que ce eust esté ung maistre Bœuf.   8

COMPOSÉE avant 1527. PUBLIÉE pour la première fois dans *LADOLESCENCE CLEMENTINE*, Paris, P. Roffet, 12 août 1532 (*Bibliographie*, II, no. 9). FIGURE dans les *Complainctes et Epitaphes* dans *LADOLESCENCE CLEMENTINE*, et dans les *Epitaphes* dans les *Œuvres* de 1538. TEXTE de Q (conforme à G J). VARIANTES de *H I j r v*.

Titre *j manque*
   r Epitaphe
2 *j r* par sa
3 *H* Fust advenu beuf
   I Fust venu Beuf
4 *j r* Sy la mort ne leust prins denfance
5 *j r* mourut par grand desplaisance
7 *v* corpulance
8 *j r* Quil eust

[1] Jean Le Veau était le secrétaire d'André de Burgo, agent diplomatique auprès de Marguerite d'Autriche. Il passa plusieurs années à Blois et semble avoir joué le rôle d'ambassadeur à la cour de France pendant quelque temps. Voir A. J. G. Le Glay, *Négociations diplomatiques entre la France et l'Autriche durant les trente premières années du XVIe siècle*, 1845, 2 t.; t. I, pp. 439 suiv.

XCVIII

Epitaphe IX

*De Guion le Roy qui s'attendoit
d'estre Pape avant
que mourir*[1]

 Cy gist Guion, Pape jadis & Roy,
Roy de surnom, Pape par fantasie,
Non marié de peur (comme je croy)
D'estre cocu ou d'avoir jalousie.   4
Il prefera bon vin et malvoysie
Et chair sallée à sa propre santé.
Or est il mort, la face cramoysie.
Dieu te pardoint, pauvre Pater sancté!   8

COMPOSÉE avant 1527. PUBLIÉE pour la première fois dans *LADOLES-CENCE CLEMENTINE*, Paris, P. Roffet, 12 août 1532 (*Bibliographie*, II, no. 9). FIGURE dans les *Complainctes et Epitaphes* dans *LADOLESCENCE CLEMENTINE*, et dans les *Epitaphes* dans les *Œuvres* de 1538. TEXTE de Q, à l'exception de deux coquilles aux vers 4 et 8 où nous avons substitué la leçon de *G H I J v* (en dehors de ces vers Q est conforme à *G H I J*). VARIANTES de *v*.

Titre *v* qui sactendoit destre quelque jour pape
3 *v* Femme neut onc de
4 D'estre *G H I J v*] D'este Q
8 sancte *G H I J v*] sante Q

[1] Ce personnage n'a pu être identifié. On a l'impression qu'il doit s'agir d'un fou de Cour, mais aucun document ne mentionne un courtisan ou acteur de ce nom.

IC

Epitaphe X

De Jouan,[1] *le Fol
de ma Dame*[2]

Je fuz Jouan sans avoir femme;[3]
Et Fol jusque à la haulte Game.
Tous Folz et tous Jouans aussi,
Venez pour moy prier icy,   4
L'ung apres l'autre, et non ensemble,
Car le lieu seroit (ce me semble)
Ung petit bien estroict pour tous.
Et puis, s'on ne parloit tout doulx   8
Tant de gens me romproient mon somme.
   Au surplus, quand quelcque saige homme
Viendra mon Epitaphe lire,
J'ordonne (s'il se prend à rire)   12
Qu'il soit des Folz maistre passé.
Fault il rire d'ung trespassé?

COMPOSÉE avant 1527. PUBLIÉE pour la première fois dans *LADOLESCENCE CLEMENTINE*, Paris, P. Roffet, 12 août 1532 (*Bibliographie*, II, no. 9). FIGURE dans les *Complainctes et Epitaphes* dans *LADOLESCENCE CLEMENTINE*, et dans les *Epitaphes* dans *Les Œuvres* de 1538. TEXTE de Q (conforme à *I J*). VARIANTE de *G H*.

Titre *G H* De Iouan

[1] Nous n'avons pu identifier ce personnage avec précision. Il est nommé dans la CII⁰ nouvelle des *Joyeuses aventures*, publiées à Paris, en 1552, par Olivier de Harsy.
[2] Probablement Louise de Savoie.
[3] Jehan ou Jouan était le nom générique du cocu.

C

Epitaphe XI

De frere André, Cordelier[1]

Cy gist qui assez mal preschoit,
Par ces femmes tant regretté:
Frere André qui les chevauchoit
Comme ung grand Asne desbaté.   4

COMPOSÉE avant 1527. PUBLIÉE pour la première fois dans *LADOLES-CENCE CLEMENTINE*, Paris, P. Roffet, 12 août 1532 (*Bibliographie*, II, no. 9). FIGURE dans les *Complainctes et Epitaphes* dans *LADOLESCENCE CLEMENTINE*, et dans les *Epitaphes* dans les *Œuvres* de 1538.[2] TEXTE de Q, conforme à *G H I*. VARIANTES de *q x*[3].

Titre *q manque*
3 *x*[3] Frere Lubin

CI

Epitaphe XII

Du Frere Cordelier Semydieux[3]

Cy gist Cordellier Semydieux,
Dont ces vieilles fondent en larmes,
Pource qu'il les confessoyt mieulx
Qu'augustins, Jacobins ne Carmes.   4

COMPOSÉE avant 1533. PUBLIÉE pour la première fois dans *Ladolescence Clementine*, Paris, P. Roffet, 7 juin 1533 (*Bibliographie*, II, no. 14). TEXTE de *J* (voir plus haut, p. 44, n. 7) à l'exception d'une faute au v. 1 que nous avons corrigée.

1 gist Cordellier] gist le Cordellier *J*

[1] Puisque cette pièce fut remplacée dans la quatrième édition de l'*Adolescence Clementine* par l'épitaphe de frère Semydieux (CI), il est probable que frère André et frère Semydieux sont un seul personnage.

[2] Ce poeme, qui figure dans les trois premières éditions de l'*Adolescence Clementine*, est supprimé dans la quatrième édition de cet ouvrage (*Bibliographie*, II, no. 14), où il est remplacé par l'épitaphe de Frère Cordelier Semydieux (CI). Dans *Les Œuvres* de 1538 c'est la première de ces deux pièces qui est reproduite à l'exclusion de la seconde.

[3] Cf. plus haut, n. 1 et 2.

CII

Epitaphe XIII

*De feu Maistre Pierre
de Villiers*[1]

Cy gist feu Pierre de Villiers,
Jadis fin entre deux milliers,
Et Secretaire de renom
De Françoys, premier de ce nom. 4
Si sagement vivre souloit
Que jamais estre ne vouloit
(Combien qu'il fust viel charié)
Prebstre, ne mort, ne marié, 8
De peur qu'il ne chantast l'office,
De peur qu'il n'entrast en service,
Et de peur d'estre ensepvely.
Et de faict, je tiens tant de ly, 12
Ou au moins par tout le bruit a,
Que des troys les deux evita;
Car jamais on ne le veit estre
Au Monde marié ne prebstre; 16
Mais de mort, ma foy, je croy bien

COMPOSÉE avant 1527. PUBLIÉE pour la première fois dans *LADOLES-
CENCE CLEMENTINE*, Paris, P. Roffet, 12 août 1532 (*Bibliographie*, II, no. 9).
FIGURE dans les *Complainctes et Epitaphes* dans *LADOLESCENCE CLEMEN-
TINE*, et dans les *Epitaphes* dans *Les Œuvres* de 1538. TEXTE de Q, à l'exception
d'une faute au v. 21 où nous avons substitué la leçon de *v*. VARIANTES
de *G H I J v*.

Titre *v* De feu pierre
1 *v* gist pierre
2 *v* Jadis saige
5 *v* Si finement
13 *v* Ou pour le moins se bon bruyt a

[1] D'après ce que dit Marot (vv. 3, 16 et 21), Pierre de Villiers était secrétaire
de François Ier, non marié, et mourut en 1524. Il n'y a pourtant guère de
documents sur ce personnage. Il n'est pas mentionné dans le *Catalogue des
Actes de François Ier*. On connaît une lettre de François Ier à son valet tranchant,
Villiers (B.N. Clérambault, ms 1225, fo. 141).

Qu'il l'est depuis ne sçay combien.
Les deux il sceut bien eschapper,
Mais le tiers le sceut bien happer
Mil cinq cens ung et vingt & quatre;
Non pas happer, mais si bien batre
Qu'il dort encor icy dessoubz.
De ses pechez soit il absoulz!

18 *H I J* Quil est
21 vingt & quatre *v*] vingt quatre *G H I J Q*
A la fin G H I J ajoutent Amen

CIII

Epitaphe XIV

De Jehan Serre, excellent Joueur de Farces[1]

Cy dessoubz gist & loge en serre
Ce tresgentil fallot Jehan serre,
Qui tout plaisir alloit suivant,

Composée probablement avant 1527 (cf. cependant n. 1). Publiée pour la première fois dans *LADOLESCENCE CLEMENTINE*, Paris, P. Roffet, 12 août 1532 (*Bibliographie*, II, no. 9). Figure dans les *Complainctes et Epitaphes* dans *LADOLESCENCE CLEMENTINE*, et dans les *Epitaphes* dans *Les Œuvres* de 1538. Texte de Q, conforme à *G*. Variantes de *H I J r u v*.

Titre *r* Lepitaphe Jehan serre
    u Epitaphe de Jehan serre gosseur
1 *u* gist loge en
2 *u* Ce bon gallant nomme iehan Serre

[1] On ne sait malheureusement que peu de chose sur ce personnage. Il est nommé dans le *Banquet des Chambrieres* (A. de Montaiglon, *Anciennes poésies françoises du XV*[e] *et XVI*[e] *siècles*, t. II, pp. 285-6). *Le Journal d'un Bourgeois de Paris* (éd. V. L. Bourrilly, Paris, 1910) parle d'un Jehan Seroc qui est probablement identique à Jehan Serre :

« Audict an (1516), en decembre, furent menez prisonniers devers le Roy, à Amboyse, troys prisonniers de Paris joueurs de farces, c'est a sçavoyr Jacques le Bazochin, Jehan Seroc et maistre Jehan du Pontalez, lesquelz estoient liez et enferrez et furent ainsy menez à Amboyse. Et ce fut à cause qu'ilz avoient joué des farces à Paris, de seigneurs; entre autres choses, que mere Sotte gouvernoit en cour, et qu'elle tailloit, pilloit et desrobboit tout; dont le Roy et madame la

EPITAPHE XIV

Et grand joueur en son vivant; 4
Non pas joueur de Detz ne Quilles,
Mais de belles Farces gentilles;
Au quel Jeu jamais ne perdit,
Mais y gaigna bruit et credit, 8
Amour et populaire estime
Plus que d'escuz comme j'estime.
  Il fut en son jeu si adextre
Qu'à le veoir on le pensoit estre 12
Ivrongne quand il se y prenoit,
Ou Badin s'il l'entreprenoit.
Et n'eust sceu faire en sa puissance
Le Sage, car à sa naissance 16
Nature ne luy feit la trongne
Que d'ung Badin ou d'un Ivrongne.
Toutesfois, je croy fermement
Qu'il ne feist oncq si vivement 20

8 *r u* gaigna loz et
9 *r u* Honneur renom bruyt et estime
11 *r u* en jouant   14 *H I J* si l'entreprenoit
20 *r* sy bonnement

Regente advertiz furent fort courroucez. Parquoy furent envoyez querir par douze archers du prevost de l'hostel du roy, enferrez et liez et menez à Bloys prisonniers, où furent jusques à caresme prenant ensuyvant, et eschapperent de nuict et s'en allerent en franchise dedans l'eglise des Cordeliers de Bloys. Et environ un moys devant l'entrée de la Royne qui fut faicte à Paris (12 mai 1517), furent delivrez à pur et à plain. »
(pp. 39–40.)
   Jean Serre dut être assez célèbre à l'époque. On connaît une autre épitaphe— anonyme—de lui, qui nous est donnée par le manuscrit de Jehan Gueffier (B.N. fonds Rothschild, no. 2964, fo. 122 v°). Cette épitaphe est malheureusement incomplète d'un vers. L'acteur y est loué pour les mêmes vertus que signale Marot.
   On connaît également une *Epistre de la venue de la royne Alienor ou royaulme de France et du recouvrement de messieurs les Daulphin et duc d'Orleans* adressée par Jean Serre à Estienne Proust, « gymnasiarque du Grand Precigny en Touraine » (p.p. A. de Montaiglon et James de Rothschild dans *Rec. de poésies françaises du XVe et XVIe siècles*, t. XI, p. 233). Cependant, ni Marot, ni l'auteur de l'épitaphe anonyme, ne parlent de Jean Serre comme poète. Il est donc douteux que l'auteur de cette épître soit identique à notre personnage. Du reste l'*Adolescence clementine* ne contenant guère que des pièces composées avant 1527, il serait surprenant d'y trouver l'épitaphe d'un homme encore en vie au mois de juillet 1530.

Le Badin qui rit ou se mord
Comme il faict maintenant le mort.
    Sa science n'estoit point vile,
Mais bonne, car en ceste Ville 24
Des tristes tristeur destournoit,
Et l'homme aise en aise tenoit.
    Or, brief, quand il entroit en salle
Avec une chemise sale, 28
Le Front, la Joue & la Narine
Toute couverte de Farine,
Et coiffé d'un Beguin d'enfant
Et d'un hault Bonnet triumphant 32
Garny de plumes de Chappons,
Avec tout cela je responds
Qu'en voyant sa grace nyaise
On n'estoit pas moins gay ny aise 36
Qu'on est aux champs Elysiens.
    O vous, humains Parisiens,
De le pleurer pour recompense
Impossible est, car quand on pense 40
A ce qu'il souloit faire et dire
On ne se peult tenir de rire.
    Que dis je? on ne le pleure point?
Si faict on, & voicy le point: 44
On en rit si fort en maintz lieux
Que les larmes viennent aux yeux.
Ainsi en riant on le pleure,
Et en plourant on rit à l'heure. 48
    Or pleurez, riez vostre saoul!

21 *u* qui se rit et mort
25 *r* desuoyoit
26 *u* Lhomme ayse en ayse le tenoit
29 *r* Le nez la bouche et
35 *v* sa face
36 *v* point
41 *H I* ce qui souloit
44 *u manque*
46 *r* larmes en viennent
49 *r* Sy pleurez

Tout cela ne luy sert d'un soul.
Vous feriez beaucoup mieulx (en somme)
De prier Dieu pour le pauvre homme.   52

50 *u* Luy vault ung
51 *r* Mieulx vault en ville en champs ou vignes
   u Mais mieulx vault en champs & en vignes
   v Myeulx vault pour luy gysant envers
52 *r u* Dire pour luy ces quatre lignes
   v Dire a genoulx ces quatre vers
   r u v ajoutent quatre vers:
52/1 *r u v* Dieu tout puissant saulveur dhumains
52/2 *r u v* Faictz que Jehan serre soit du moins
52/3 *r u* Autant ayme en paradis
   v Bien venu en ton paradis
52/4 *r u v* Comme il fut en terre jadis

CIV

Epitaphe XV

Epitaphe de ladicte Dame[1]

Celle qui travailla pour le repos de maintz
Repose maintenant; pourquoy criez, Humains?
Gardez bien le repos qu'elle vous a donné,[2]
Sans luy rompre le sien, puis qu'il est ordonné.   4

COMPOSÉE en 1531. PUBLIÉE pour la première fois dans *LADOLESCENCE CLEMENTINE*, Paris, P. Roffet, 12 août 1532 (*Bibliographie*, II, no. 9). FIGURE à la suite de l'*Eglogue I* dans *LADOLESCENCE CLEMENTINE* et dans *Les Œuvres* de 1538. TEXTE de Q. VARIANTE de *G H I J*.

Titre *G H I J* dame en vers Alexandrins

[1] Louise de Savoie, morte de la peste à Grez en septembre 1531. Cf. *Œuvres lyriques*, p. 321, n. 1.
[2] Allusion au rôle important qu'avait joué Louise de Savoie, surtout comme régente pendant la captivité de François Ier. Le traité de Cambrai mettant fin aux hostilités fut negocié par elle.

CV

Epitaphe XVI

De la Royne Claude[1]

Cy gist envers Claude, Royne de France,
Laquelle, avant que Mort luy feit oultrance,
Dit à son Ame (en gettant larmes d'Œil):
Esprit lassé de vivre en peine & dueil,   4
Que veulx tu plus faire en ces basses Terres?
Assez y as vescu en pleurs & Guerres.
Va vivre en paix au Ciel resplendissant!
Si complairas à ce corps languissant.   8
  Sur ce fina par Mort, qui tout termine,
Le Lys tout blanc, la toute noire Hermine;[2]
Noire d'ennuy & blanche d'innocence.
Or vueille Dieu la mettre en haulte essence,   12
Et tant de Paix au Ciel luy impartir
Que sur la Terre en puisse departir.

COMPOSÉE entre 1524 et 1533 (cf. n. 1). PUBLIÉE pour la première fois dans *LA SUITE de l'adolescence Clementine*, Paris, veuve P. Roffet, s.d. (*Bibliographie*, II, no. 15). FIGURE dans *Le Cymetiere* dans *LA SUITE de l'adolescence Clementine* et dans *Les Œuvres* de 1538. TEXTE de Q. VARIANTES de *L v.*

Titre *v* de treshaulte princesse Claude Royne de france
3 *L* Deit
4 *L* laissé

[1] La reine Claude, première épouse de François Ier, mourut en 1524. Si cette épitaphe fut composée peu de temps après l'événement—et il serait assez normal de le croire—on comprend mal pourquoi elle ne fut publiée qu'à la fin de 1533, dans la *SUITE de l'adolescence Clementine*, et non dans l'*ADOLESCENCE CLEMENTINE* qui contient la plupart des poèmes écrits avant 1527.

[2] L'hermine figure au blason de la Bretagne. Claude étant la fille de Louis XII et d'Anne de Bretagne, le lys et l'hermine pouvaient donc la représenter.

CVI

Epitaphe XVII

De feu Monsieur de Precy[1]
Vers Alexandrins

Le Chevalier gisant dessoubz ce Marbre cy
Françoys d'Alegre fut & Seigneur de Precy,
Qui soubz Charles huitiesme à Naples se trouva,
Là où sa force en Guerre à vingt ans esprouva,[2]   4
Et y demoura chef (pour son premier merite)
De trois mil combatans Suisses, gens d'eslite,
Avec lesquelz deffit par deux fois en Campaigne
Plus gros nombre de ceulx de Naples & d'Espaigne.[3]   8
 Grand Senechal estoit au Royaulme susdit;[4]
Mais trop tost cest Office & son Maistre perdit.
Ce nonobstant Loys, qu'apres on couronna,
D'estat de Chambellan le Defunct guerdonna,[5]   12
En luy donnant Maistrie & supresme puissance

Composée entre 1525 (cf. n. 1) et fin 1533. Publiée pour la première fois dans *LA SUITE de l'adolescence Clementine*, Paris, veuve P. Roffet, s.d. (*Bibliographie*, II, no. 15). Figure dans *Le Cymetiere* dans *LA SUITE de l'adolescence Clementine* et dans *Les Œuvres* de 1538. Texte de Q. Variantes de *L*.

Titre *L* De feu Monsieur de Precy

[1] François d'Allègre, seigneur de Précy, mourut probablement dans la première moitié de l'année 1525, puisqu'un acte de François Ier, daté du 24 octobre de cette année, mentionne sa veuve (*Cat. des Actes*, V, 735, 18502).
[2] Si François d'Allègre était âgé de 75 ans lors de sa mort, comme le dit Marot (v. 23), il dut avoir 43 ans et non 20, lors de l'expédition de Naples en 1493.
[3] On n'a pu trouver de documents confirmant ces détails. Peut-être Marot a-t-il confondu François d'Allègre avec son frère Yves, qui fut à un moment gouverneur de la Basilicate.
[4] Aucun document ne confirme que François d'Allègre eût porté le titre de sénéchal du royaume de Naples.
[5] On ignore quand François d'Allègre fut nommé à cet office; toutefois dans la plupart des actes de François Ier qui le mentionnent il est appelé « chambellan du roi ».

EPITAPHE XVII

Dessus les cleres Eaulx & grands Forestz de France,[1]
Et en tous les Perilz & grands Guerres d'adoncques
Alla & retourna sans reproches quelzconques.[2]   16
  Loys Douziesme mort, Françoys Roy couronné
Iceulx mesmes Estatz & mieulx luy a donné.[3]
  Premier il Espousa de Chartres la Vidame,
Dont n'eut aulcuns Enfans;[4] mais la seconde Dame,   20
Contesse de Joigny,[5] & luy deux Filles eurent,
Qui tout le reconfort de leur Vieillesse furent.[6]
  Or mourut aagé d'Ans Soixantecinq & dix,
Regretté de chascun. Dieu luy doint Paradis.   24

14 *L* grant
17 *L* Loys XII
19 *L* Premiere
20 *L* D'ont

[1] François d'Allègre fut nommé Grand-maître des eaux et forêts en 1513. Un des premiers actes de François Ier, le 16 janvier 1515, le confirme dans cet office (*Cat. des Actes*, I, 6, 36).

[2] Une quittance datée du 18 décembre 1516 montre que François d'Allègre avait reçu la somme de 2000 livres pour les grands services rendus au roi l'année précédente dans la conquête du Milanais. (B.N. série généalogique, P.O. 31.)

[3] Voir plus haut, p. 207, n. 5, et p. 208, n. 1 et 2. *Le Journal d'un Bourgeois de Paris* (*ouvr. cit.*), mentionne plusieurs fois François d'Allègre dans sa fonction de Grand-maître des eaux et forêts (pp. 57, 196, 197).

[4] François d'Allègre épousa Jeanne Malet de Graville (Anselme, VII, 870). Ce n'était pas elle, mais sa nièce Louise qui était vidame de Chartres, ayant épousé Jacques de Vendôme, prince de Chabannais, vidame de Chartres.

[5] Charlotte de Chalon, comtesse de Joigny, baronne de Villeaux (*Cat. des Actes*, V, 735, 18502; 743, 18536; VI, 120, 19513 et B.N. série généalogique, P.O. 31). On ignore la date de son mariage avec François d'Allègre.

[6] Ces deux filles s'appelaient Anne et Avoye.

CVII

Epitaphe XVIII

*De Messire Jan Cotereau Chevalier
Seigneur de Maintenon*[1]

Celluy qui gist cy dessoubz consommé
Chevalier fut, Jan Cotereau nommé,
Qui en jeunesse eut ung si grand bon heur
Qu'il deceda plein de biens & d'honneur. 4
En ce bon heur Fortune favorable
Le feit servir, soubz estat honnorable,
Ung noble Duc, qui apres grand souffrance
Au chef porta la couronne de France. 8
Ce fut Loys, de ce nom le douziesme,
Que le Defunct suyvit en peine extreme[2]
Par tout, au pis de ses adversitez;
Puis se sentit de ses prosperitez. 12
Car, estant Roy (en bonne & voluntaire
Recongnoissance), il le fait Secretaire
Et Tresorier des finances Royalles,
Pour le loyer de ses vertus loyalles.[3] 16

COMPOSÉE entre février 1530 (voir n. 1) et fin 1533. PUBLIÉE pour la première fois dans *LA SUITE de l'adolescence Clementine*, Paris, veuve P. Roffet, s.d. (*Bibliographie*, II, no. 15). FIGURE dans *Le Cymetiere* dans *LA SUITE de l'adolescence Clementine* et dans *Les Œuvres* de 1538. TEXTE de Q à l'exception d'une coquille au v. 28 où nous avons substitué la leçon de *L*. VARIANTE de *L*.

[1] Jean Cotcreau, seigneur de Maintenon et de Vauperreux, naquit vers 1458. En 1496, il était notaire et secrétaire du roi Charles VIII et premier secrétaire du duc d'Orléans, le futur roi Louis XII (B.N. série généalogique, P.O. 872). Plus tard, il fut nommé maître des Comptes (B.N. fonds français, ms 7856, fo. 803) et concierge au château de Blois (*Cat. des Actes*, V, 206, 15728). Le 7 janvier 1514, il fut nommé Trésorier de France (*ibid.*, V, 197, 15678). Il fut également Trésorier de Languedoc (*ibid.*, I, 536, 2824). Selon l'inscription sur sa tombe (reproduite dans B.N. série généalogique, P.O., 872), Jean Cotereau mourut le 8 février 1530.

[2] Allusion aux déboires du duc d'Orléans pendant la « Guerre folle », lorsqu'il fut fait prisonnier à Saint-Aubin-du-Cormier en 1488.

[3] Outre les fonctions déjà mentionnées, Jean Cotereau, à la mort de Louis XII, occupa celles de Secrétaire d'Etat, Secrétaire des commandements et maître d'hôtel du roi (B.N. série généalogique, P.O., 872, fo. 198).

Le Maistre mort, le servant souspira,
Et pour repos deslors se retira
Icy, chez luy, où par devote emprise
Fonda, bastit & doua ceste Eglise.[1]   20
  Ses bons Subjectz il voulut frequenter
Et leur apprint à semer & enter
Commodement, & à rendre fertile
Ce qui estoit desert & inutile,   24
En leur faisant apporter de maint lieu
Arbres divers.[2] Puis, mourant, dit Adieu
A ses Enfans,[3] qui sur luy ont posée
Ceste Epitaphe[4] & la Tombe arrosée   28
De larmes d'Œil par naturel devoir.
Devant sa mort des ans pouvoit avoir
Soixante & douze. O longue vie & belle!
Ta longueur soit devenue eternelle.   32

28 Epitaphe L] Epitahe Q
30 L Combien que ia des

[1] A la mort de Louis XII, Jean Cotereau se **retira** dans sa terre de Maintenon qu'il avait acquise en 1505 sur ses débiteurs insolvables, les seigneurs de Loresse. (Voir A. Mouthé, *Notice sur Maintenon*, 1850, p. 4). Il y fit reconstruire le château bâti sous Philippe-Auguste et l'église Saint-Nicolas. Pourtant, comme nous l'avons vu, il continua dans ses fonctions de Trésorier de Languedoc et Trésorier de France. Il ne résigna cette dernière que le 10 avril 1528 (*Cat. des Actes*, I, 560, 2945).

[2] Jean Cotereau mit effectivement en valeur le domaine de Maintenon, demeuré improductif sous ses propriétaires précédents.

[3] Jean Cotereau laissa deux filles, Bonne Cotereau, épouse de Claude de Beaune-Semblançay, et Isabelle de Maintenon, femme de Jacques d'Angennes-Rambouillet. Un fils était mort d'une chute de cheval sur le pont de Blois.

[4] La présente épitaphe n'a été retrouvée sur la tombe de Jean Cotereau à aucun moment dans son histoire (cf. plus bas, p. 211, n. 6).

CVIII

Epitaphe XIX

De luy mesmes[1]

Icy gist mort, vivant par bon renom,[2]
Jan Cotereau, Seigneur de Maintenon;
Je dy celluy Chevalier estimé,
Du Roy Loys douziesme tant aymé 4
Qu'en ses Tresors pouvoir luy assigna
Et aux secretz des Finances signa;
Je dy celluy de Vertu amateur,
Qui de ce Temple a esté Fondateur.[3] 8
Des ans vesquit pres de Soixante & douze;
Chez luy mourut. Puis Enfans[4] & Espouse[5]
L'ont mys au Chœur de sa Fondation,[6]
Où il attend Resuscitation. 12

Composée entre février 1530 (voir plus haut, p. 209, n. 1) et fin 1533. Publiée pour la première fois dans *LA SUITE de l'adolescence Clementine*, Paris, veuve P. Roffet, s.d. (*Bibliographie*, II, no. 15). Figure dans *Le Cymetiere* dans *LA SUITE de l'adolescence Clementine* et dans *Les Œuvres* de 1538. Texte de Q, à l'exception d'une faute au v. 6 où nous avons substitué la leçon de *L*. Variantes de *L*.

6 aux *L*] au Q
7 *L* vertus
11 *L* cueur

[1] Voir plus haut, p. 209.
[2] Sur le thème de l'immortalité par la renommée, voir plus bas, p. 218, n. 2.
[3] Voir plus haut, p. 210, n. 1.
[4] Voir plus haut, p. 210, n. 3.
[5] Sur Marie Thurin, veuve de Jean Cotereau, voir plus bas, p. 236.
[6] L'église Saint-Nicolas de Maintenon. Cf. plus haut, p. 210, n. 1. C'est dans cette église que la famille de Jean Cotereau lui fit élever un magnifique monument, détruit pendant les guerres de religion. Plus tard, un membre de la famille d'Angennes (cf. plus haut, p. 210, n. 3) le fit relever et y fit inscrire une épitaphe de 10 vers, conservée dans la série généalogique de la Bibliothèque Nationale (P.O. 872), et qui porte une certaine ressemblance au poème de Marot.

CIX

Epitaphe XX

De luy encores[1]
Vers Alexandrins

    Je fuz Jan Cotereau qui quatre Roys servy,[2]
Desquelz (en bien servant) la grace desservy,
Et dont fut le dernier Françoys, premier du nom,
Soubz qui je trespassay Seigneur de Maintenon,   4
Ayant ja servy France en son privé secret[3]
Et en ses grands tresors, que laissay sans regret,
Pour venir cy attendre (en paix) de Mort le jour
Où ce Temple fonday pour mon dernier sejour.[4]   8

COMPOSÉE entre février 1530 (voir plus haut, p. 209, n. 1) et fin 1533.
PUBLIÉE pour la première fois dans *LA SUITE de l'adolescence Clementine*,
Paris, veuve P. Roffet, s.d. (*Bibliographie*, II, no. 15). FIGURE dans *Le Cymetiere*
dans *LA SUITE de l'adolescence Clementine* et dans *Les Œuvres* de 1538.
TEXTE de Q. VARIANTES de *L u*.

Titre *L* De luy encores
    u Epitaphe de feu messire Jehan cotereau chancelier seigneur de main-
    tenon
4 *u* trespasse
6 *u* laisse
8 *u* Ou je fonde ce temple pour

[1] Voir plus haut, p. 209, n. 1.
[2] Louis XI, Charles VIII, Louis XII, François Ier.
[3] Voir plus haut, p. 209, n. 1.
[4] Voir plus haut, p. 210, n. 1.

CX

Epitaphe XXI

*Epitaphe des Allemans de Bourges,
recitée par la Deesse Memoire*[1]

Qui veult sçavoir grands accords differens,
Les plus nouveaulx qu'on veit entre Parens
Long temps y a, vienne en cest Oratoire
Des Allemans lire la courte Histoire.   4
Memoire suis, qui avecques leurs Corps
Ne veulx souffrir enterrer leurs accords,
Ains d'en escrire il me prend appetit.
    Jan l'Allemant[2] & Marie petit   8
Deux aultres Jans en mariage acquirent,
Qui en commun en ung logis vesquirent;
Et ces deux Jans deux Jannes espouserent,
Qui dix Enfans sur la Terre poserent.   12
Janne Gaillard espousa Jan l'aisné
Une aultre Janne eut l'autre Jan puisné,
Laquelle avoit le surnom de Champanges.
Ainsi en noms conformitez estranges   16
Eurent tous cinq, en amitié confictz,
Et, qui plus est, le bon Pere et ses Filz,
Comme de noms, d'Estatz furent esgaulx,
Estans tous troys Recepveurs Generaulx.   20

COMPOSÉE avant fin 1533. PUBLIÉE pour la première fois dans *LA SUITE de l'adolescence Clementine*, Paris, veuve P. Roffet, s.d. (*Bibliographie*, II, no. 15). FIGURE dans *Le Cymetiere* dans *LA SUITE de l'adolescence Clementine* et dans *Les Œuvres* de 1538. TEXTE de Q. VARIANTE de *L*.

8 *L* Petit

[1] On ignore de quel membre de cette famille nombreuse Marot a écrit cette épitaphe. La famille était effectivement originaire de Bourges, Jean Lallemand le jeune étant nommé maire de cette ville en 1510 (J. Chenu, *Privilèges octroyez aux maires et eschevins . . . de Bourges*, Paris, 1603, p. 85).

[2] Jean Lallemant l'aîné fut nommé trésorier de Normandie en 1481 (B.N. série généalogique, P.O. 1624, no. 11).

Le Pere au faict des Normans travailla,
Puis ceste charge au Filz aisné bailla;
Et le puisné receut charge semblable
En Languedoc.¹ O Peuple venerable, 24
Les Corps humains que j'ay cy declairez,
De mesme estat & mesme honneur parez,
De mesme nom, de mesme nourriture,
Sont enterrez soubz mesme Sepulture. 28
Faictes à Dieu de bon cueur oraison
Qu'au Ciel leur doint une mesme Maison.

CXI

Epitaphe XXII

*De Alexandre President de
Barroys*²

   Soubz ceste Tumbe est gisant Alexandre,
Non pas celluy qui son nom feit espandre
Par l'Univers, non pas celluy de Troye,
Qui par l'Amour mist son Païs en proye;³ 4
Alexandre est cestuy cy de Barroys
Qui à bon droit faict le nombre des Troys.
   A l'ung Juno feit present de ses biens;
Venus à l'autre a eslargy des siens; 8
A cestuy cy Pallas, noble Deesse,
De ses Tresors a faict grande largesse.

Composée avant 1533. Publiée pour la première fois dans *LADOLES-CENCE CLEMENTINE*, Lyon, F. Juste, 12 juillet 1533 (*Bibliographie*, II, no. 14 bis). Figure dans *Le Cymetiere* dans *LA SUITE de l'adolescence Clementine* et dans *Les Œuvres* de 1538. Texte de Q. Variantes de *K*.

Titre *K* Epitaphe de feu maistre Alexandre president de Barroys
4 *K* pour lamour
7 *K* ces biens   8 *K* ses biens

¹ Jean Lallemant le jeune fut, en 1515, receveur général des finances en Languedoc, Beaujolais, Forez et Lyonnais (*Cat. des Actes*, I, 38, 217).
² Je n'ai pu identifier ce personnage.
³ Alexandre, autre nom de Paris.

Le Grec conquist le Monde à force et peine;
Par estre beau le Troyen eut Helene; 12
Cil de Barroys par prudence et sçavoir
Los immortel a merité d'avoir.

12 *K* Troyan

CXII

Epitaphe XXIII

De Maistre Jacques Charmolue[1]

Cy gist envers la Chair de Charmolue;
De Terre vint, la Terre l'a voulue;
Quant à l'Esprit qui du Ciel est venu,
Seigneurs passans, croyez qu'il n'a tenu 4
A estre bon et de Vertus orné
Que dont il vint il ne soit retourné.

COMPOSÉE entre mai 1530 (cf. n. 1) et fin 1533. PUBLIÉE pour la première fois dans *LA SUITE de l'adolescence Clementine*, Paris, veuve P. Roffet, s.d. (*Bibliographie*, II, no. 15). FIGURE dans *Le Cymetiere* dans *LA SUITE de l'adolescence Clementine* et dans *Les Œuvres* de 1538. TEXTE de Q. VARIANTES de *L p*.

Titre *L* De maistre Iaques Charmolue iadis changeur du Tresor
    p De feu monsieur de Charmolue
1 *L p* en vers
5 *p* vertu

[1] Jacques de Charmolue, vicomte de Beaumont-le-Roger, changeur du trésor (cf. variante du titre). Il existe de très nombreuses mentions de ce personnage dans le *Catalogue des Actes*. Selon un document (Arsenal, ms 5402, p. 548), il mourut le 1er mai 1530 et fut enterré dans l'église de St-Jean-en-Grève, dans la chapelle de Notre-Dame de Pitié. Cependant deux autres manuscrits (Arsenal, 4618, fo. 18 et B.N. fr. 8217 fo. 484) donnent la date de sa mort comme le 3 mai 1530.

CXIII

Epitaphe XXIV

De Noble Damoyselle Anne
de Marle[1]

Vous qui aymez Amytié nuptiale,
Vous qui prisez Charité cordialle
Et qui louez en ung Corps femenin
Ung Cueur entier, gracieux et begnin,   4
Arrestez vous! Cy gist la Damoyselle
Qui tout cela (et mieulx) avoit en elle.
Anne est le nom de celle dont je parle,
Fille jadis de Hierosme de Marle,   8
Du noble lieu de Luzancy Seigneur.[2]
Et sa Mere est Damoyselle d'honneur
Qui porte nom de Philippe Laurens,[3]
Laquelle avec Pere, Frere et Parents   12
Feit la Defuncte estre premiere Femme
Du General des Finances Spifame,
Gaillard de nom & Seigneur de Bisseaux,[4]
Qui d'ung tel Arbre a eu neuf Arbrisseaux.[5]   16

COMPOSÉE entre été 1529 et fin 1533. PUBLIÉE pour la première fois dans *LA SUITE de l'adolescence Clementine*, Paris, veuve P. Roffet, s.d. (*Bibliographie*, II, no. 15). FIGURE dans *Le Cymetiere* dans *LA SUITE de l'adolescence Clementine* et dans *Les Œuvres* de 1538. TEXTE de Q (conforme à *L*).

[1] Anne de Marle mourut le 9 juin 1529 (Arsenal, ms 5401, fo. 253). Elle fut enterrée dans l'église des Augustins du Grand Couvent à Paris, et la présente épitaphe était inscrite sur le tombeau (B.N. ms français 8128, fo. 145).

[2] On ne sait presque rien sur ce personnage. Son père, Henri de Marle, était conseiller au Parlement de Paris en 1442.

[3] On ne sait rien sur cette dame.

[4] Gaillard Spifame, sieur de Bisseaux, était général des finances d'Outre-Seine, Yonne et Picardie (*Cat. des Actes*, VII, 468, 25781), receveur général de Normandie (*ibid.*, V, 611, 17803) et trésorier de l'extraordinaire des guerres (*ibid.*, V, 709, 18349).
En 1534, il sera accusé de malversations, et traduit devant la Chambre de la Tour Carrée (*ibid.*, II, 180, 4735). Emprisonné à la Conciergerie, il se suicida au cours du procès (*Cronique du Roy Françoys I*er, p. 136).

[5] On ne connaît aucun des neuf enfants de Gaillard Spifame et Anne de Marle.

Or a vescu tresvertueusement
Avecques luy dix ans tant seulement.[1]
Fascheuse Mort, par son cruel oultrage,
N'a pas voulu qu'elle y fust d'advantage;   20
Mais (comme ayant sur sa bonté envie)
Luy annonça le depart de sa Vie
L'an de son aage (à peine) huict et vingt.
Lors, sans viser au lieu dont elle vint,   24
Et desprisant la gloire que l'on a
En ce bas Monde, icelle Anne ordonna
Que son corps fust entre les pauvres mis
En ceste Fosse. Or prions, chers Amys,   28
Que l'Ame soit entre les pauvres mise
Qui bien heureux sont chantez en l'Eglise.

CXIV

Epitaphe XXV

*De maistre Guillaume Cretin
Poete Françoys*[2]

Seigneurs passans, comment pourrez vous croyre
De ce Tombeau la grand pompe & la gloire?
Il n'est ne painct, ne polly, ne doré,[3]
Et si se dit haultement honnoré   4

COMPOSÉE probablement peu de temps après le 30 novembre 1525 (voir n. 2).
PUBLIÉE pour la première fois dans *LA SUITE de l'adolescence Clementine*,
Paris, veuve P. Roffet, s.d. (*Bibliographie*, II, no. 15). FIGURE dans *Le Cymetiere*
dans *LA SUITE de l'adolescence Clementine* et dans *Les Œuvres* de 1538.
TEXTE de Q. VARIANTES de *L v*.

Titre *L* De maistre Guillaume Cretin, iadis Croniqueur & poete Françoys
  v De maistre guillaume cretin singulier poete en Langue francoyse

[1] Selon cette indication Anne de Marle épousa Gaillard Spifame en 1519.
[2] Guillaume Crétin, le dernier des Grands Rhétoriqueurs, Chroniqueur de
France, aumônier du roi, chantre et chanoine de la Sainte-Chapelle du Palais
et trésorier de la Sainte-Chapelle du bois de Vincennes, mourut le 30 novembre
1525.
[3] Guillaume Crétin fut enterré au chœur de la Sainte-Chapelle du bois de
Vincennes. Sa tombe fut revêtue d'une simple dalle funéraire.

Tant seulement pour estre couverture
D'ung Corps humain cy mis en sepulture;
C'est de Cretin, Cretin qui tant sçavoit.
   Regardez donc: si ce Tombeau avoit 8
De ce Cretin les faictz laborieux,
Comme il devroit estre bien glorieux,
Veu qu'il prend gloire au pauvre Corps tout mort,
Lequel (par tout) vermine mine & mord![1] 12
   O dur Tombeau, de ce que tu en cœuvres
Contente toy; avoir n'en peuz les Œuvres!
Chose eternelle en Mort jamais ne tombe;
Et qui ne meurt n'a que faire de Tombe.[2] 16

8 v Or regardez si

CXV

Epitaphe XXVI

De Loys Jagoyneau[3]

Cy gist Loys, Jagoyneau surnommé.
Tresorier feut en charges renommé,
Et de Pecune onc ne thesaurisa,
Ains de Vertu que plus qu'Argent prisa. 4
   Je ne sçay pas de quel' race estoit il,
Mais je sçay bien que son Cueur fut gentil,
Hardy, courtoys, de tresnoble nature,

COMPOSÉE avant la fin de 1533. PUBLIÉE pour la première fois dans *LA SUITE de l'adolescence Clementine*, Paris, veuve P. Roffet, s.d. (*Bibliographie*, II, no. 15). FIGURE dans *Le Cymetiere* dans *LA SUITE de l'adolescence Clementine* et dans *Les Œuvres* de 1538. TEXTE de Q. VARIANTES de *L b*.

Titre *L* De Loys Iagoyneau, iadis Receveur de Soissons
   b Epitaphe de Loys Jagonneau jadiz receveur de Soissons

[1] La construction embrouillée et les jeux de rimes compliqués réprésentent évidemment une espèce d'hommage à l'égard de Crétin, célèbre pour son adresse aux rimes équivoquees.

[2] Le thème de l'immortalité par la réputation, si typique de la Renaissance, est encore assez nouveau dans la poésie française à cette époque. Cf. *Œuvres lyriques*, pp. 30-1.

[3] Malgré les précisions fournies par le texte de cette épitaphe, nous n'avons pu trouver de documents sur ce personnage.

Et trop plus grand que du Corps la stature. 8
Il est certain que Chasteaudun son estre
Soubz liberal Planete le feit naistre.
Recepveur feut de Soissons, et, de faict,
France le feit, l'Itale l'a deffaict. 12
Italiens en ont le Corps icy,
Et les Françoys le dueil et le soucy,
Avec lequel dessus luy ont posé
Ce dur Tombeau de leurs pleurs arrosé. 16
 Or, de l'avoir si tost mort estendu,
Mort le trompa, car, tout bien entendu,
Son vif Esprit à grands biens pretendoit.
Monté soit il plus hault qu'il ne tendoit. 20

19 *L b* a haultz

CXVI

Epitaphe XXVII

De Florimont de Champeverne[1]

Le Roy, la Mort aymerent Florimond
De Champeverne en son florissant aage.
Le Roy (par temps) le poulsa vers le mont
D'honneur et biens en suffisant estage, 4
Mais Mort, voulant le traicter d'advantage,
En ung moment le poulsa jusque aux Cieulx,
Et feit tresbien, car des bons l'heritage
N'est point assis en ce Val vicieux. 8

COMPOSÉE probablement en 1533 (voir n. 1). PUBLIÉE pour la première fois dans *LA SUITE de l'adolescence Clementine*, Paris, veuve P. Roffet, s.d. (*Bibliographie*, II, no. 15). FIGURE dans *Le Cymetiere* dans *LA SUITE de l'adolescence Clementine* et dans *Les Œuvres* de 1538. TEXTE de Q. VARIANTES de *L p*.

Titre *L* De Florimond de Champeverne, Valet de chambre du Roy
 p Epitaphe de
1 *p* Faveur & mort   3 *p* Faveur par

[1] Florimont de Champeverne, notaire, secrétaire et valet de chambre de François Ier et concierge de Fontainebleau (*Cat. des Actes*, II, 160, 4644). Il semble être mort au cours de l'année 1533 puisque l'acte de François Ier déjà cité date du 18 juin 1532, alors qu'un autre acte (*Cat. des Actes*, II, 582, 6599) daté du 11 décembre 1533, fait un don à sa veuve.

CXVII

Epitaphe XXVIII

De Jan de Montdoulcet[1]
Vers Alexandrins

Apres avoir servi autour de la personne
Du Roy Loys douziesme, avant que sa Couronne
Ornast son noble Chef, & apres l'avoir prise,
Je, Jan de Montdoulcet, esprouvay la surprise   4
De l'incertaine Mort, car ung esclat de Lance
En ung plaisant Tourné dedans mon corps se lance
Si vigoreusement et par fortune telle
Qu'au meillieu de plaisir senty douleur mortelle,   8
Qui au Lict me jecta saisy de fiebvre grosse,
De mon Lict au Cercueil, du Cercueil en la Fosse,[2]
Non pas sans grand regret du Maistre & des Amys.
Les Amys m'ont ploré, et le bon Maistre a mis   12
Mes Enfans aux Estatz de moy lors retenuz,[3]
Entre aultres que j'avoys de sa grace obtenuz,

COMPOSÉE avant fin 1533. PUBLIÉE pour la première fois dans *LA SUITE de l'adolescence Clementine*, Paris, veuve P. Roffet, s.d. (*Bibliographie*, II, no. 15). FIGURE dans *Le Cymetiere* dans *LA SUITE de l'adolescence Clementine* et dans *Les Œuvres* de 1538. TEXTE de Q à l'exception d'une coquille au v. 9 où nous avons substitué la leçon de *L*. VARIANTES de *L*.

Titre *L* De Iehan de Montdoulcet, Valet de chambre du Roy Loys XII. Vers
        Alexandrins
2 *L* Loys XII   6 *L* tournoy   9 saisy *L*] saity Q

[1] Jean de Montdoulcet, valet de chambre du duc Louis d'Orléans en 1496 (B.N. série généalogique, P.O. 1994, 31).
[2] Jean de Montdoulcet fut tué le 3 août 1498 à la suite d'une blessure reçue dans un tournoi à Blois. Il fut enterré dans l'église des Cordeliers de cette ville (B.N. série généalogique, P.O. 2012, 24).
[3] On connaît un Oudin de Montdoucet, barbier et valet de chambre de Louis XII (*Cat. des Actes*, V, 197, 15676) et concierge du château de Blois (B.N. série généalogique, P.O. 1994, 4 et 5). De plus il existe deux Jean de Montdoucet, le premier valet de chambre de François Iᵉʳ (*Cat. des Actes*, I, 617, 3234) et compagnon du roi pendant son emprisonnement en Espagne (Archives Nationales, KK 96, fo. VIᶜXLIIII), et le deuxième trésorier et receveur général de l'artillerie (*Cat. des Actes*, II, 132, 4506) mort avant juin 1534 (*Cat. des Actes*, II, 698, 7151).

Et donna pension à la mienne Espousée,
C'est Janne Cotereau qui est icy posée.¹ 16
  Si tant d'honneur & bien ne vint de mon merite,
Il vint d'amour de Roy envers moy non petite;
Mais la source du tout fut la bonté de Dieu.
Priez pour moy, Passans, priez qu'en cestuy lieu 20
Je puisse en Jesuchrist tellement sommeiller
Qu'avec les siens me fasse au grand Jour resveiller.

CXVIII

Epitaphe XXIX

*De Guillaume Chantereau,
homme de Guerre*²

Cy gist Guillaume en Terre,
Chantereau surnommé,
Entre les gens de Guerre
Jadis tres renommé. 4
  Bien vivant estimé,
Sans noyse, sans offense.
S'on l'avoit animé,
Rude estoit en deffense. 8
  A plaisir et oultrance
Si adextre on le vit
Que le Daulphin de France
Finablement servit. 12
  Mais la Mort le ravit
En sa jeunesse meure.
A maint homme qui vit

COMPOSÉE avant la fin de 1533. PUBLIÉE pour la première fois dans *LA SUITE de l'adolescence Clementine*, Paris, veuve P. Roffet, s.d. (*Bibliographie*, II, no. 15). FIGURE dans *Le Cymetiere* dans *LA SUITE de l'adolescence Clementine* et dans *Les Œuvres* de 1538. TEXTE de Q. VARIANTE de L.

¹ Jeanne Cotereau était la sœur de Jean Cotereau (voir CVII, CVIII et CIX). On ignore la date de sa mort.
² Nous n'avons pu identifier ce personnage.

Grand regret en demeure.   16
    Puis qu'il fault que tout meure,
S'en fault il estonner?
Eternelle demeure
Dieu luy vueille donner.   20

A la fin L ajoute Amen

CXIX

Epitaphe XXX

De troys Enfans Freres[1]

D'ung mesme dard, soubz une mesme année,
Et en troys jours de mesme destinée,
Mal pestilent soubz ceste dure Pierre
Mist Jan de Bray, Bonaventure & Pierre,   4
Freres tous troys, dont le plus vieil dix ans
A peine avoit. Qu'en dictes vous Lisans?
Cruelle Mort, Mort plus froide que Marbre,
N'a elle tort de faire cheoir de l'Arbre   8
Ung fruict tant jeune, ung fruict sans meureté,
Dont la verdeur donnoit grant seureté
De bien futur? Qu'a elle encores faict?
Elle a (pour vray) du mesme coup deffaict   12
De Pere & Mere esperance & lyesse,
Qui s'attendoient resjouyr leur Vieillesse
Avec leurs Filz, desquelz la mort soubdaine
Nous est tesmoing que la vie mondaine   16
Aultant Enfans que Vieillardz abandonne.
Il nous doibt plaire & puis que Dieu l'ordonne.

COMPOSÉE avant la fin de 1533. PUBLIÉE pour la première fois dans *LA SUITE de l'adolescence Clementine*, Paris, veuve P. Roffet, s.d. (*Bibliographie*, II, n⁰ 15) FIGURE dans *Le Cymetiere* dans *LA SUITE de l'adolescence Clementine* et dans *Les Œuvres* de 1538. TEXTE de Q. VARIANTES de *L.*

4 *L* Bonaventure, Pierre
8 *L* cheoir l'arbre

[1] Nous n'avons pu identifier aucune des personnes nommées dans ce poeme.

CXX

Epitaphe XXXI

De la Tombe de l'Abbé de Beaulieu la
Marche qui osa tenir contre le Roy[1]

Qui pour Beaulieu, le presumptueux Moyne,
Vouldra dresser Tombeau propre & ydoine,
Dessus convient au vif graver ou paindre
Les grands Geans qui s'empeschent d'attaindre 4

COMPOSÉE probablement au mois d'août 1528. PUBLIÉE pour la première fois dans *LA SUITE de l'adolescence Clementine*, Paris, veuve P. Roffet, s.d. (*Bibliographie*, II, no. 15). FIGURE dans *Le Cymetiere* dans *LA SUITE de l'adolescence Clementine* et dans *Les Œuvres* de 1538. TEXTE de Q. VARIANTES de L g s t v w.

Titre *g* Devicto gallo, superata italia, aucto imperio, Roma capta, pontifice obsesso, hos cineres marmor habet
     s Epitaphe de monsieur de beaulyeu
     t Epitaphe de labbe de beaulieu La marche qui osa tenir contre le Roy
    v w De la tombe du feu abbe de beaulieu Lamarche
3 *s* graver et
4 *v* Les fiers geanz qui sefforcent dactaindre

---

[1] Antoine de la Marck, fils de Robert de la Marck, sieur de Sedan, était protonotaire apostolique et abbé de Beaulieu en Argonne. Dans cette abbaye il vivait en prince indépendant et avait assemblé une armée de plusieurs milliers d'hommes avec laquelle il terrorisait les contrées avoisinantes. Il y attirait aussi nombre de jeunes femmes, entre autres Marie de Lorraine, mère de Marie Stuart (*Mémoires de Condé*, Londres, 1740, VI, 9).
    En 1526, lors de la captivité de François Ier, il avait menacé la ville de Metz dont les habitants appelèrent le secours du Parlement de Paris (B.N. Clérambault ms 325, fo. 9499). Dans l'été de 1528, François Ier se vit enfin forcé d'intervenir en chargeant le duc de Guise de réprimer la rebellion de l'abbé. Cf. *Le Journal d'un Bourgeois de Paris* (éd. Bourrilly, p. 307):
    « L'abbé de Beaulieu faisoit la guerre contre le Roy à l'environ dudict Beaulieu, qui est à quatorze lieues près du chasteau de Cedan, appartenant audict messire Robert, son pere, & avoit amassé deux ou trois mil hommes, mauvais garçons, tellement qu'il tenoit le pays en subjection contre le Roy de France. Dont le Roy adverty y envoya Monsieur de Guise, gouverneur de Champaigne, avec certain nombre de gens d'armes. Finablement ledict seigneur de Beaulieu fut tué d'une hacquebutte au mois d'aoust ensuivant ».
    Selon un autre témoin (Robert Macquériau, *Chronique*, p.p. Téchener, 1841, p. 102), il aurait été abattu par le mari d'une femme qu'il avait enlevée.
    Selon le même témoin il fut enterré à Sedan, au château de sa famille.

Jusques aux Cieulx pour nuyre à Juppiter,
Qui promptement les faict precipiter.
  Semblablement la Fable il fauldra mettre
De Phaeton soy voulant entremettre 8
A gouverner le Char du cler Phebus,
Dont sa jeunesse en fin luy feit abuz.
  Aussi fauldra paindre sur ce tombel
L'antique histoire au beau Luciabel 12
Et ses consors s'eslevans contre Dieu,
Dont en enfer tresbuchent d'ung beau lieu.
  Puis à l'entour de la tombe ainsi paincte
Sera au long ceste escripture empraincte: 16

5 *L* au cieulx
7 *L g t v* y fauldra   8 *t* se
10 *g w* fait   11 *s* en ce
14 *s* enfer tombent
   t tresbucherent

On connaît une autre épitaphe de ce curieux personnage, composée par Germain Colin :

> Voyez humains comment presumption
> Sur mes os seme honteuse renommée,
> Cueur outraigeux, gourme d'ambition,
> Maulgré l'honneur de ma race estimée,
> Me feist brandir en main fiere & armée
> Contre le roy espée de furie;
> Dont en Beaulieu, abahie fermée,
> Où je tenoys berlan de puterie,
> Fort de canons, de meurtre & pillerie,
> Assiegé fu par le compte de Guise
> Et tant baptuz de coups d'artillerie
> Les miens & moi qu'il nous prist à la guise.
> Là fuz occis comme fureur s'aquise,
> Par ung souldart qui me veoit rendu.
> S'il a bien faict, grâce luy soit acquise,
> Et Dieu pardoint au pescheur estendu !

(B.N. ms 24319, fo. 93 v°.)
  Cf. aussi la *Cronique du roy* ... p. 73;
  « Environ la fin du moys d'aoust ondict an, vindrent nouvelles que monsieur de Beaulieu, filz de Messire Robert de la Marche, faisoit quelques insolences et ports d'armes ès champs par quoy le Roy y envoya ; et fut deffaict après avoir tenu longuement en son abbaye dudict lieu qu'il avoit fortiffiée, et fut prinse d'assault. Duquel de Beaulieu fut lors composé ung épitaphe en la forme qui s'ensuict. »
(suit le présent **poème, notre variante** *t*.)

Seigneurs passans qui voyez tel' Painctures,
Celluy qui gist soubz ceste Sepulture
Voulut en faictz ressembler à ceulx cy,
Et comme à eulx luy en est prins aussi. 20

17 *s* telle   20 *w* leur

CXXI

Epitaphe XXXII

Du Cheval de Vuyart[1]

   Grison fuz, Hedart,[2]
Qui garrot & dart
Passay de vistesse
En servant Vuyart. 4
Aux champs fuz criart,
L'ostant de tristesse.
   Bucephal en gresse
Eut ung maistre en Grece 8
Mis entre les Dieux;
Mais mon maistre, qu'est ce?
Plus que luy, sans cesse,
Il est glorieux. 12
   J'allay, curieux,
En chocs furieux,
Sans craindre astrapade;

COMPOSÉE probablement au début de 1531 (cf. n. 1). PUBLIÉE pour la première fois dans LA SUITE *de l'adolescence Clementine*, Paris, veuve P. Roffet, s.d. (*Bibliographie*, II, no. 15). FIGURE dans *Le Cymetiere* dans LA SUITE *de l'adolescence Clementine* et dans *Les Œuvres* de 1538. TEXTE de Q. VARIANTES de *L*.

Titre *L* Epytaphe du cheval de Vvyart Secretaire de Monseigneur de Guyse, qui par faveur l'appella son glorieux

[1] Pierre Vuyart ou Wyart, secrétaire du duc de Guise. Cf. *Epîtres*, XXIII, et p. 167, n. 2. Le duc de Guise se trouvait à Paris au début de l'année 1531, à l'occasion du mariage de François Ier avec Eléonore d'Autriche.

[2] Hedart est le nom du cheval. Vuyart avait reçu Hedart de la duchesse de Lorraine. Dans l'épître XXIII, Marot, tenant la plume pour Vuyart, fait l'éloge de ce cheval, et en demande un autre à la duchesse.

EPITAPHE XXXII

Mal rabotez lieux
Passay à cloz yeux,
Sans faire chopade.
   La viste virade,
Pompante pennade,
Le saulx soubzlevant,
La roide ruadde,
Prompte petarrade
Je mis en avant.
   Escumeur bavant,
Au manger sçavant
Au penser tresdoulx,
Relevé devant,
Jusqu'au bout servant,
J'ay esté sur tous.
   Mourant bien secoux,
Senty par deux coups
Mon maistre venir,
Et d'ung foible poulx,
Disant à Dieu vous,
Me prins à hannyr.
   Sur ce souvenir
Voicy advenir
La Mort, sans hucher;
Mon Œil feit ternir,
Mon ame finir,
Mon corps tresbucher.
   Mais mon Maistre cher
N'a permis seicher
Mon los, bruit & fame;
Car jadis plus cher
M'ayma chevaucher
Que fille ne femme.

16

20

24

28

32

36

40

44

48

17 *L* Palssay
45 *L* Mon loz meritoire
46 *L* Ains l'a faict coucher
47 *L* Escrire & toucher
48 *L* En petite histoire.

CXXII

Epitaphe XXXIII

D'Alix[1]

Cy gist (qui est une grand perte)
En Culetis la plus experte
Qu'on sceut jamais trouver en France;
C'est Alix qui des son enfance   4
Quand sa Nourrice l'alectoit
Dedans le Berceau culetoit;
Et de trois jusques à neuf ans
Avec Garsons, petitz enfans,   8
Alloit tousjours en quelcque coing
Culeter au Grenier au Foing.
Et à dix ans tant fut culée
Qu'en culant fut depucelée.   12
Depuis grosse Garse devint;
Et lors culetoit plus que vingt.[2]

COMPOSÉE avant 1535. PUBLIÉE pour la première fois dans la *Suite de l'adolescence Clementine*, Lyon, F. Juste, 1535 (*Bibliographie*, II, no. 34). FIGURE dans *Le Cymetiere* dans *Les Œuvres* de 1538. TEXTE de Q, à l'exception d'une coquille au v. 24 où nous avons substitué la leçon de $N\ a\ q\ x$. VARIANTES de $N\ a\ q\ x^2$.

Titre N Epitaphe de Alix fille de ioye extraict du second livre de la Priapee
    a Epitaphe de Alix
        q *manque*
2 x De culleter la
3 N Qui fut oncques trouvee
    x^2 Femme qui fut iamais en
4 N de son   7–12 $N\ a\ x^2$ *manquent*
13 x^2 Or quant grosse et grosse devint
14 x^2 Alors culeta

[1] Selon la variante du titre cette épitaphe est « extraicte du second livre de la Priapée ». Il est probable que ce titre désigne le *Satiricon* de Pétrone, connu à l'époque comme Livre de la Priapée. En effet le poème contient des échos du discours de Quartilla, la prêtresse de Priape, dans le chap. XXV du *Satiricon*.

[2] Cf. Pétrone, *Satiricon*, XXV : « Nam et infans cum paribus inquinata sum, et subinde procedentibus annis maioribus me pueris adplicui, donec ad hanc aetatem perueni. Hinc etiam puto prouerbium natum illud, ut dicatur posse taurum tollere, qui uitulum sustulerit. » (éd. A. Ernout, Paris, Les Belles Lettres, 1958, pp. 21–2.)

EPITAPHE XXXIII

En apres devint toute Femme;
Et inventa la bonne dame   16
Mille tourdions advenans
Pour culeter à tous venans.
Vray est, quand plus n'eut dent en gueulle,
Qu'elle culeta toute seulle.   20
Mais affin que le monde vit
Son grand sçavoir, elle escrivit
Ung beau Livre de Culetage
Pour ceulx qui estoient de grand aage,   24
Et ung aultre de Culetis
Pour ceulx qui estoient plus petis.
Ces Livres feit en s'esbatant,
Et puis mourut en culetant.   28
Encor dit on par grand merveille
Que, si on veult mettre l'oreille
Contre sa tumbe & s'arrester,
On orra ses os culeter.[1]   32

19 N dens
   q quand neut plus dens
21 N Et affin
23 a du culetage
24 Pour N a q x^2] Poug Q
25 a du culetis
27 N Elle les feit
30 N Que qui vouldroit mettre l'aureille
31 x^2 Dessus sa
32 N Lon oyroit

[1] La célébrité de ce poème est attestée par ces vers d'un poète anglais de la seconde moitié du XVIe siècle :

> Then reade but others workes, and marke if that they finde
> No toyes therein which may dislike some modest readers minde?
> Reade *Virgills Pryapus* or *Ovids wanton verse*,
> Which he about *Corinnaes* couche, so clerkly can rehearse.
> Read *Faustoes filthy tale*, in *Ariostoes ryme*,
> And let not *Marots Alyx* passe, without impeach of crime.

(vv. 7-12, *The opinion of the aucthor himself after all these commendations*, in *The Posies of George Gascoigne Esquire, corrected, perfected and augmented by the Authour*, London, 1575.)

CXXIII

Epitaphe XXXIV

*De Françoys Daulphin
de France*[1]

Cy gist Françoys, Daulphin de grand renom,
Filz de Françoys le premier de ce nom,
Duquel il tint la Prison en Espaigne.[2]
Cy gist Françoys qui la Lice & Campaigne, 4
Glaives tranchans & Harnoys bien fourbis
Ayma trop plus que sumptueux Habitz.
Formé de corps ce qu'est possible d'estre
Le feit Nature, encores plus adextre. 8
Et en ce Corps hault & droit composé
Le Ciel transmist ung Esprit bien posé,
Puis le reprint, quand par griefve achoison
Ung Ferraroys luy donna la Poison 12
Au vueil d'aultruy qui en craincte regnoit,
Voyant Françoys qui Cesar devenoit.
Ce Daulphin dy qui par Terre & par Mer
Fustes & gens eust print plaisir d'armer, 16

COMPOSÉE dans l'automne de 1536. PUBLIÉE pour la première fois dans *Recueil de vers latins et vulgaires de plusieurs Poetes Françoys composés sur le trespas de feu Monsieur le Daulphin*, Lyon, F. Juste, 1536 (*Bibliographie*, II, no. 246). FIGURE dans *Le Cymetiere* dans *Les Œuvres* de 1538. TEXTE de Q. VARIANTES de O a e.

Titre *O* Epitaphe par Clement Marot
    a Epitaphe de tresvertueux prince Françoys daulphin de France
    e Epitaphe de tres bon et tres excellant prince monseigneur le daulphin filz aisne du Roy françoys premier
9 *e* comprise
10 *e* prise

[1] Le dauphin François était mort subitement à Tournon, âgé de 19 ans, le 10 août 1536. Son échanson, l'Italien Sébastien Montecuculi, fut accusé de l'avoir empoisonné pour le compte de l'empereur. Il fut condamné à mort et écartelé par quatre chevaux à Lyon. Cf. V. L. Saulnier, *La Mort du Dauphin François et son tombeau poétique*, BHR, t. VI, 1945, pp. 50 suiv.
[2] De 1526 en 1530, les deux fils aînés de François Ier, François et Henri, étaient emprisonnés à Madrid comme otages.

Et la grandeur de Terre dominée,
Si rompre eust peu sa dure destinée.
Mais ses vertus luy causerent envie,
Dont il perdit sur les vingt ans la vie, 20
Avec l'actente, helas, de la Couronne
Qui le cler Chef de son Pere environne.
Qu'as tu, Passant? complaindre on ne s'en doibt;
Il a trop mieulx que ce qu'il attendoit. 24

23 *e* plaindre
 à la fin e ajoute Mourust a tournon le Xme daoust lan mil V^c XXXVI

CXXIV

Epitaphe XXXV

*De Anne de Beauregard qui mourut
à Ferrare*[1]

De Beauregard Anne suis, qui d'enfance
Laissay Parentz, Pays, Amys & France,
Pour suivre icy la Duchesse Renée[2]—
Laquelle j'ay depuis abandonnée— 4
Futur Espoux, beaulté, florissant aage,
Pour aller veoir au Ciel mon Heritage,
Laissant le Monde avec moindre soucy
Qu'en laissant France, alors que vins icy. 8

COMPOSÉE entre printemps 1535 et juin 1536. PUBLIÉE pour la première fois dans *Les Œuvres de Clement Marot*, Lyon, E. Dolet, 1538 (*Bibliographie*, II, no. 70). FIGURE dans *Le Cymetiere* dans *Les Œuvres* de 1538. TEXTE de Q. VARIANTE de *a*.

Titre *a* Epitaphe dune damoiselle de madame de Ferrare

[1] Anne de Beauregard est inscrite parmi les « Filles du Corps » aux gages de 40 livres, dans l'état de la maison de Renée de France pour 1529 (B.N. ms fr. 7856, p. 905) et pour 1534 (B.N. Clérambault ms 816, p. 9). On ignore la date de sa mort.
[2] Marot était au service de Renée de France, duchesse de Ferrare, probablement du mois d'avril 1535 au mois de juin 1536. Cf. *Epîtres*, XXXIV (pp. 188–90).

EPITAPHE XXXVI 231

CXXV

Epitaphe XXXVI

De Helene de Boisy[1]
Vers Alexandrins

COMPOSÉE entre le 29 octobre 1533 et mars 1538 (voir n. 1). PUBLIÉE pour la première fois dans *Les Œuvres de Clement Marot*, Lyon, E. Dolet, 1538 (*Bibliographie*, II, no. 70). FIGURE dans *Le Cymetiere* dans *Les Œuvres* de 1538. TEXTE de Q à l'exception d'une coquille au v. 4 où nous avons substitué la leçon de $a\ x^1$. VARIANTES de $a\ x^1$.

Titre *a* Epitaphe de Madame de Traves Heleine de boisy
x^1 manque

[1] Hélène Gouffier, dame de Boisy, était la fille d'Artus Gouffier, sieur de Boisy, Grand-maître de France, et d'Hélène de Genlis. En 1517, elle épousa Louis de Vendôme. Après la mort de ce dernier, survenue le 11 mai 1527, elle épousa, en secondes noces, François de Clermont, seigneur de Traves, le 16 septembre 1528. En 1532 et 1533 elle était dame d'honneur de la reine Eléonore. (Etat de la maison d'Eléonore depuis le 1ᵉʳ juillet 1530 jusqu'en 1547, B.N. ms n.a.f. 9175, fos. 371 r°–377 v°). Elle mourut le 29 octobre 1533 à Marseille lors du séjour de la Cour dans cette ville à l'occasion de la visite du pape Clément VII. Elle fut enterrée à Marseille.

Hélène de Boisy semble avoir joui d'une très réelle estime et affection à la Cour, et sa mort fut l'occasion d'un véritable « tombeau » poétique. Outre la présente pièce, on connaît une épitaphe d'elle par Mellin de Saint-Gelais (*Œuvres*, Blanchemain, t. II, p. 274), une autre par Claude Chappuys (*A Critical Edition of the personal poetry of Claude Chappuys*, par A. M. Best, thèse déposée à la Bibliothèque de l'Université de Londres, p. 346), et cinq épitaphes anonymes dont les incipit sont :

« Cy dessoubz gist le corps que mort n'a peu offendre »
« Cy dessoubz gist la gracieuse Helaine »
« Cy dessoubz gist Helaine de Boisy »
« J'ai veu ensemble Avignon et Marseille »
« O quel regrect à ceulx qui ont congneu »

Ces épitaphes, de même que celles de Marot et de Chappuys, sont reproduites dans le ms 200 de la Bibliothèque de Soissons (notre x^1), fos. 2 r°–3 r°. Le ms B.N. fr. 1700 contient également la pièce « Cy dessoubz gist le corps que mort n'a sceu offendre » un rondeau, autrement inconnu, sur le même événement : « Pour satisfaire au deul, non certes pour attaindre ».

Guiffrey (IV, p. 364, n. 2) conjecture que Marot écrivit cette épitaphe à Marseille, pendant le séjour de la Cour dans cette ville au mois de mai 1538. Comme elle figure cependant dans le manuscrit de Chantilly offert à Anne de Montmorency au mois de mars 1538 (notre *a*), la date de Guiffrey est impossible.

Ne sçay où gist Helene en qui beaulté gisoit;
Mais icy gist Helene où bonté reluisoyt,
Et qui la grand beaulté de l'autre eust bien ternie
Par les graces et dons dont elle estoit garnie.   4
Doncques (o toy, Passant) qui cest Escript liras,
Va et dy hardiment, en tous lieux où iras:
Helene Grecque a faict que Troye est deplorée;
Helene de Boisy la France a decorée.   8

3 x^I les grans beaultez de l'une eust
4 dons *a* x^I] donc Q
7 x^I que Grece

CXXVI

Epitaphe XXXVII

*De Monsieur du Tour, Maistre
Robert Gedoyn*[1]

Sçais tu, Passant, de qui est ce Tombeau?
D'ung qui jadis, en cheminant tout beau,
Monta plus hault que tous ceulx qui se hastent.
C'est le Tombeau, las, où les Verms s'apastent   4
Du bon Vieillard agreable et heureux
Dont tu as veu tout le Monde amoureux.
Cy gist, helas, plus je ne le puis taire,
Robert Gedoyn, excellent Secretaire,   8
Qui quatre Roys servit sans desarroy.[2]

COMPOSÉE entre fin 1533 et mars 1538. PUBLIÉE pour la première fois dans *Les Œuvres de Clement Marot*, Lyon, E. Dolet, 1538 (*Bibliographie*, II, no. 70). FIGURE dans *Le Cymetiere* dans *Les Œuvres* de 1538. TEXTE de Q, à l'exception d'une faute au v. 4 où nous avons substitué la leçon de *a*. VARIANTES de *a*.

Titre *a* Epitaphe de Monsieur du tour maistre Robert gedoyn
4 las *a*] la Q   8 *a* lexcellent

[1] Robert Gedoyn, baron Du Tour, secrétaire des finances sous Louis XII et François Ier (*Cat. des Actes*, I, 171, 969), mourut avant la fin de l'année 1533 (*ibid.*, II, 575, 6562). Il avait rempli de nombreuses fonctions diplomatiques (*ibid.*, V, 299, 16219; 530, 17399; IX, 20) et avait été un des signataires du contrat de mariage de François Ier avec Claude de France en 1506.

[2] Nous ignorons en quelle capacité Robert Gedoyn servit Louis XI et Charles VIII.

Maintenant est avecques le grand Roy,
Où il repose apres travail et peine.
Or a vescu, personne d'aage pleine,
Pleine de Biens et Vertu honnorable;
Puis a laissé ce Monde miserable,
Sans le regret qui l'Homme souvent mord;
O Vie heureuse, o bien heureuse Mort!

CXXVII

Epitaphe XXXVIII

*De Jan L'huilier
Conseillier*[1]

Incontinent que Loyse le Maistre[2]
Congneut qu'aux verms le corps on faisoit paistre
De son Espoux, le prudent Jan L'huillier,
Helas (dit elle) Amy tressingulier,
Vostre prudence, au Senat honnorée,
Eust mieulx porté que moy, lasse esplorée,
Le dueil de Mort. Inutile je vy;
Et vous eussiez encores bien servy,
Car vous estiez vertueux et sçavant.
Las, pourquoy doncq ne suis je morte avant?
En ce regret demoura des Moys douze
La bonne, belle et vertueuse Espouse;

COMPOSÉE avant 1538. PUBLIÉE pour la première fois dans *Les Œuvres de Clement Marot*, Lyon, E. Dolet, 1538 (*Bibliographie*, II, no. 70). FIGURE dans *Le Cymetiere* dans *Les Œuvres* de 1538. TEXTE de Q. VARIANTES de *a*.

Titre *a* Epitaphe de
2 *a* Eut sceu quaux vers le corps on feroit

[1] Jean Luillier ou L'Huillier, avocat, fut nommé conseiller lai au Parlement de Paris le 17 décembre 1522 (*Cat. des Actes*, VII, 491, 26004). Il doit être mort vers la fin de 1535 ou le début de 1536, puisqu'un document portant la nomination de son successeur, daté du 28 février 1536 n.s., le désigne comme « feu Jean Luillier » (*ibid.*, VII, 496, 26071).
[2] Je n'ai pu trouver de documents sur Louise Le Maistre.

Puis trespassa, et en mourant va dire:
C'est trop d'un an sans veoir ce qu'on desire.
Mon Esprit va le sien là hault chercher;
Vueillez le Corps au pres du sien coucher; 16
Ce qui fut faict, et n'a sceu Mort tant poindre
Qu'elle ayt desjoinct ce qu'Amour voulut joindre.

CXXVIII

Epitaphe XXXIX

De Madame de Chasteaubriant[1]

Soubz ce Tombeau gist Françoyse de Foix
De qui tout bien tout chascun souloit dire;
Et le disant oncq une seule voix
Ne s'avança d'y vouloir contredire. 4
De grand Beaulté, de Grace qui attire
De bon Sçavoir, d'Intelligence prompte,
De Biens, d'Honneurs, et mieulx que ne racompte,
Dieu Eternel richement l'estoffa. 8
O Viateur, pour t'abreger le Compte,
Cy gist ung rien là où tout triumpha.

COMPOSÉE vers la fin de 1537. PUBLIÉE pour la première fois dans *Les Œuvres de Clement Marot*, Lyon, E. Dolet, 1538 (*Bibliographie*, II, no. 70). FIGURE dans *Le Cymetiere* dans *Les Œuvres* de 1538. TEXTE de Q. VARIANTE de *a*.

Titre *a* Epitaphe de

[1] Françoise de Foix, épouse de Jean de Laval, seigneur de Châteaubriand, avait été la maîtresse de François Ier. Elle mourut le 16 octobre 1537. (Voir Dreux du Radier, *Anecdotes des reines*, t. III, p. 205; cf. aussi *Cat. des Actes*, III, 405, 9377). Elle fut enterrée dans l'église des Pères Mathurins de Châteaubriand, et la présente épitaphe fut gravée sur son tombeau (*Dreux du Radier*, loc. cit., et B.N. ms Clérambault, 336, fo. 229 r°).

CXXIX

Epitaphe XL

De Ortis, le More du Roy[1]

Soubz ceste Tumbe gist, & qui?
Ung qui chantoit Lacouchiqui.[2]
Cy gist que dure Mort picqua;
Ung qui chantoit Lacouchiqua;   4
C'est Ortis, o quelles douleurs;
Nous le vismes de troys couleurs,
Tout mort, il m'en souvient encore.
Premierement, il estoit More;   8
Puis, en habit de Cordelier,
Fut enterré soubz ce Pilier;[3]
Et, avant qu'eust l'Esprit rendu,
Tout son bien avoit despendu.   12
Par ainsi mourut le Follastre
Aussi Blanc comme ung Sac de Plastre,
Aussi Gris qu'ung Foyer cendreux,
Et Noir comme ung beau Diable ou deux.   16

COMPOSÉE entre septembre 1529 et mars 1538. PUBLIÉE pour la première fois dans *Les Œuvres de Clement Marot*, Lyon, E. Dolet, 1538 (*Bibliographie*, II, no. 70). FIGURE dans *Le Cymetiere* dans *Les Œuvres* de 1538. TEXTE de Q, à l'exception d'une faute au v. 3 où nous avons substitué la leçon de *a*. VARIANTE de *a*.

Titre *a* Epitaphe de
3 que *a*] qui Q

[1] Sur ce personnage nous n'avons qu'un témoignage, celui du Bourgeois de Paris :

« Audict an mil cinq cens vingt neuf, en septembre, un jeune homme qui estoit More, que le Roy avoit amené d'Espaigne et estoit aux gaiges du Roy, et (le Roy) luy donnoit six cens livres de gaige par an, pour aucuns plaisirs et services qu'il avoit faictz au Roy en Espaigne, luy estant prisonnier, et luy disoit des secretz de l'Empereur qu'il oyt dire, à cause qu'il estoit aux gaiges dudict Empereur, (et) mourut à Paris de mort naturelle, et est inhumé en l'eglise des cordeliers à Paris. On dit qu'il advertist le Roy, luy estant en prison, que ledict Empereur le vouloit detenir apres qu'il l'eust delivré de prison. » (*Journal d'un bourgeois de Paris*, éd. cit., p. 332.)

[2] *Lacouchiqui*, de même que *Lacouchiqua* (v. 4), sont des mots de fantaisie censés de reproduire la langue du Maure.   [3] Voir plus haut, n. 1.

CXXX

Epitaphe XLI*

*Epitaphe de feu Madame
de Maintenon*[1]

Cy gist l'espouse au Mary venerable,
Jehan Cotereau, seigneur de Maintenon,
Femme jadis prudente & honorable,
De nom Marie, & Thurin de surnom,   4
Qui de beaulté à bon droit eut renom,
Et de vertu, à la beaulté bien duyte;
L'une par temps l'a laissé, l'autre non,
Car apres Mort jusqu'au Ciel l'a conduicte.   8

COMPOSÉE entre fin 1531 (voir n. 1) et fin 1542. PUBLIÉE pour la première fois dans *Epigrammes de Clement Marot*, Poitiers, J. et E. de Marnef, 1547 (*Bibliographie*, II, no. 154). TEXTE de *V*.

CXXXI

Epitaphe XLII*

D'elle mesmes[2]

Cy gist qui fut de Maintenon la Dame,
Belle de corps, encor' plus belle d'ame
Pour les haulx dons qu'elle eut du grant donneur;
Cy gist qui fut exemplaire d'honneur   4
En ses beaux ans pour toute femme exquise

COMPOSÉE entre fin 1531 (voir n. 1) et fin 1542. PUBLIÉE pour la première fois dans *Epigrammes de Clement Marot*, Poitiers, J. et E. de Marnef, 1547 (*Bibliographie*, II, no. 154). TEXTE de *V*.

[1] Marie Thurin, veuve de Jean Cotereau, seigneur de Maintenon. Cf. plus haut, pp. 209-12. Elle est mentionnée dans un acte de François Ier daté du 2 août 1531 (*Cat. des Actes*, VI, 264, 20246).
Sur l'authenticité de cette pièce et de la suivante, voir plus haut, p. 46.
[2] Voir plus haut, CXXX.

Ayant beaulté desirée & requise,
Si que ses ans jeunes tant decorez
Rendirent fort ses vieux jours honorez. 8
Ainsi vesquit, ainsi mourut Marie
Qui des Thurins ennoblit l'armoyrie.

CXXXII

Epitaphe XLIII*

*Epitaphe de monsieur
de Langey*[1]

Arreste toy, Lisant;
Cy dessouz est gisant,
Dont le cœur dolent j'ay,
Ce renommé Langey 4
Qui son pareil n'eut pas,
Et duquel au trespas
Jetterent pleurs & larmes
Les lettres & les armes. 8

Composée probablement au début de 1543. Publiée pour la première fois dans *Les Œuvres de Clement Marot*, Lyon, J. de Tournes, 1549 (*Bibliographie*, II, no. 169). Texte de *W*.

[1] Guillaume Du Bellay, seigneur de Langey, frère du cardinal Jean Du Bellay, mourut le 9 janvier 1543.
Sur l'authenticité de cette pièce, voir plus haut, p. 46.

CXXXIII

Epitaphe XLIV

*De Monsieur le General
Preud'homme*[1]

Cy dessoubz prend son dernier somme
Le prudent Guillaume Preud'homme,
De Normandie General,
A qui Dieu fut tant liberal 4
Qu'il luy donna user sa vie
Sans peur, sans blasme, sans envie;
Et mourut (voyez quel bonheur)
Plein d'ans, plein de biens, plein d'honneur. 8

COMPOSÉE en 1543. PUBLIÉE pour la première fois dans *LES ŒUVRES DE CLEMENT MAROT*, Lyon, à l'enseigne du Rocher (Constantin), 1544 (*Bibliographie*, II, no. 129). TEXTE de *U*.

[1] Guillaume Preudhomme, ou Prudhomme, sieur de Fontenay-Trésigny et de Panfon, receveur général de Normandie et général des finances en Normandie, secrétaire du roi, mourut en 1543 à St. Just, durant le siège de Perpignan. Cf. *Œuvres lyriques*, IX (*Complainte* VII).
Sur l'authenticité de ce poème, voir plus haut, p. 45.

ETRENNES

CXXXIV

Etrenne I

A la Royne[1]

Au ciel, Madame, je crie,
Et Dieu prie
Vous faire veoir au printemps
Frere[2] & mary si contens
Que tout rie.　　　　　　　　　　　　　5

Pour la date de composition et de publication des *Estrennes*, voir plus haut, pp. 51–2. TEXTE de *U* (conforme à *R S T*).

CXXXV

Etrenne II

A Madame la Daulphine[3]

A Madame la Daulphine
Rien n'assigne.
Elle a ce qu'il fault avoir;
Mais je la vouldrois bien veoir　　　　　　5
En gesine.

TEXTE de *U* (conforme à *S T*). VARIANTE de *R*.

2 *R* Bien

[1] Eléonore d'Autriche. Le groupe de 40 poèmes dont celui-ci est le premier, fut composé à Fontainebleau où la cour passa l'hiver de 1540–41.
[2] Charles-Quint.
[3] Catherine de Médicis. Mariée depuis sept ans, elle n'eut pas encore d'enfants, ce qui explique ce poème.

CXXXVI

Etrenne III

A Madame Marguerite[1]

A la noble Marguerite,
Fleur d'eslite!
Je luy donne aussi grand heur
Que sa grace & sa grandeur
Le merite.   5

TEXTE de *U* (conforme à *T*). VARIANTE de *R S*.

1 *R S* Quelle noble

CXXXVII

Etrenne IV

A Madame la Princesse de Navarre[2]

La Mignonne des deux Roys,[3]
Je vouldroys
Qu'eussiez un beau petit Frere,[4]
Et deux ans de vostre Mere,
Voyre trois.   5

TEXTE de *U* (conforme à *T*). VARIANTE de *R S*.

1 *R S* de deux

[1] Marguerite de Navarre.
[2] Jeanne d'Albret, née en 1528.
[3] François Ier et Henri d'Albret, roi de Navarre. Sur le surnom de Jeanne d'Albret, la mignonne des rois, voir *Epîtres*, p. 258, n. 1.
[4] Jeanne d'Albret était l'enfant unique de Marguerite.

CXXXVIII

Etrenne V

A Madame de Nevers[1]

La Duchesse de Nevers
Aux yeulx vertz,
Pour l'esprit qui est en elle,
Aura louenge eternelle
Par mes vers. 5

TEXTE de *U* (conforme à *T*). VARIANTES de *R S*.

1 *R* Ma dame de Nevers
S A Madame de Nevers

CXXXIX

Etrenne VI

A Madame de Montpensier[2]

Vostre beauté maintesfoys,
Où je voys,
Haultement j'oy couronner.
Que vous puis je lors donner
Que ma voix? 5

TEXTE de *U* (conforme à *T*). VARIANTE de *R S*.

4 *R S* donc donner

[1] Marguerite de Bourbon-Vendôme, femme de François de Clèves, duc de Nevers, depuis 1539. Cf. Brantôme, *Œuvres, éd. cit.*, III, 217, VI, 394 et VII, 381. Elle était au service de la dauphine et de Marguerite de France depuis 1537 (B.N. ms fr. 7856, p. 1085).

[2] Jacqueline ou Jacquette de Longwy, damoiselle de Givry, avait épousé, en 1539, Louis de Bourbon, duc de Montpensier (Brantôme, *Œuvres, éd. cit.*, VII, 381). Elle fut au service de la reine Eléonore de 1533 à 1543 (B.N. ms n.a.f. 9175, fo. 372 v°). Elle était la sœur de l'Amiralle (voir plus bas, p. 245, n. 2). Elle sera plus tard au service de Catherine de Médicis (*Brantôme, loc. cit.*).

CXL

Etrenne VII

A Madame d'Estampes[1]

Sans prejudice à personne
Je vous donne
La pomme d'or de beaulté,
Et de ferme Loyaulté
La couronne.   5

TEXTE de *U*, à l'exception d'une coquille au v. 4 où nous avons substitué la leçon de *R S T* (en dehors de ce vers *U* est conforme à *R S T*).

4 Loyaulté *R S T*] l'oyaulté *U*

CXLI

Etrenne VIII

A elle encores

Vous reprendrez, je l'affie,
Sur la vie
Le tainct que vous a osté
La Deesse de beaulté
Par envie.   5

TEXTE de *U* (conforme à *R S T*).

[1] Anne de Pisseleu, duchesse d'Etampes, la maîtresse du roi. Son nom figure sur l'état de la dauphine et de Marguerite de France du 1er juillet 1536 à décembre 1540 (B.N. ms fr. 7856, p. 1085).

CXLII

Etrenne IX

A la Contesse de Vertus[1]

Veu ceste belle jeunesse
Et noblesse
Dont voz espritz sont vestuz,
Deux foys serez de vertus
La Contesse.　　　　　　　　　　5

TEXTE de *U*, à l'exception d'une faute au titre où nous avons substitué la leçon de *R*. En dehors du titre *U* est conforme à *R S T*.

Titre Vertus *R*] Vertuz *S T U*

CXLIII

Etrenne X

A Madame l'Admiralle[2]

La doulce beauté bien née[3]
Estrenée

TEXTE de *U* (conforme à *T*). VARIANTE de *R S*.

[1] Charlotte de Pisseleu, sœur de la duchesse d'Etampes, épouse du comte de Vertus, fils du seigneur d'Avaugour (*Cat. des Actes*, VIII, 231, 31414). Elle était au service de la dauphine et de Marguerite de France en 1538 (B.N. ms fr. 7856, p. 1085) et dans celui de Marguerite de France en 1545 (B.N. Clérambault, ms 1216, fo. 44 v°). Au mois de janvier 1539, elle reçut du roi « un don de 900 livres en récompense des services rendus à la reine et à Mesdames » (*Cat. des Actes*, VIII, 213, 31236).

[2] Françoise de Longwy, femme de l'Amiral Chabot. Elle était au service de la reine Eléonore de 1532 en 1543 et de nouveau vers 1545 (B.N. ms n.a.f. 9175, fo. 372 v°). En 1560 elle est au service de Catherine de Médicis (B.N. Clérambault, ms 1216).

[3] On connaît un portrait de Françoise de Longwy exécuté par Corneille de Lyon. Ce portrait nous permet de juger que la louange de Marot était méritée Claude Chappuys lui adressa un huitain :

Je ne veulx pas blasmer les amoureulx
Qui leur amye estyment sans semblable

Puissions veoir avant l'esté,
Mieulx qu'elle ne l'a esté
L'autre année.¹

4 *R S* qu'elle n'a esté

CXLIV

Etrenne XI

*A Madame la grand'Seneschale*²

Que voulez, Diane bonne,
Que vous donne?
Vous n'eustes, comme j'entens,
Jamais tant d'heur au printemps
Qu'en Autonne.³

TEXTE de *U.* VARIANTE de *R S T.*

1 *R S T* Que voullez vous dyane bonne

> Et en cela se trouvent bien heureux
> De la penser entre toutes amable.
> Mais pour asseoyr jugement equitable
> Confesser fault, car elle a merité,
> Que l'Admiralle est sur toute admyrable
> En grant doulceur & parfaicte beaulté.

(A. M. Best, *thèse citée*, p. 351.)

On voit que Chappuys, comme Marot, parle de la douceur et beauté de Françoise de Longwy. Chappuys parle d'elle de nouveau dans son *Discours de la Court*, 1543:

> Sans delaisser ma dame l'Admiralle
> En bonne grace aux plus belles esgalle.

(vv. 817–18.)

¹ Allusion à la disgrâce de l'amiral Chabot en 1540.
² Diane de Poitiers, dame d'Anceys-sur-Aube, grande Seneschalle de Normandie, fut au service de la reine Eléonore de 1532 à 1543, et, de nouveau, de 1545 à 1547 (B.N. ms n.a.f. 9175, fo. 372 v°, et B.N. ms fr. 3054, fo. 109 r°).
³ Sans doute allusion au fait que Diane de Poitiers était à ce moment la maîtresse du dauphin Henri.

CXLV

Etrenne XII

A Madame de Canaples[1]

Noz yeulx de veoir ne sont las,
Soubz Athlas,
Plusieurs Deesses en grace,
Dont Canaples tient la place
De Pallas.   5

TEXTE de *U* (conforme à *R S T*).

CXLVI

Etrenne XIII

A Madame de l'Estrange[1]

A la beauté de l'Estrange,
Face d'Ange,
Je donne longue vigueur
Pourveu que son gentil cueur
Ne se change.   5

TEXTE de *U* (conforme à *S T*). VARIANTES de *R*.

1 *R* Quelle beaulté   3 *R* Luy donne

---

[1] Marie d'Acigny, dame de Canaples, était au service de la reine Eléonore de 1532 à 1543 (B.N. ms n.a.f. 9175, fos. 371 r° à 377 v°). Elle avait été femme de chambre de la reine Claude (*Cat. des Actes*, I, 443, 2345). En 1527 elle avait épousé Jean de Créqui, sieur de Canaples (*ibid.*, I, 2617). Ce dernier allait devenir capitaine des Cent Gentilshommes d'Henri II (Brantôme, *Œuvres, éd. cit.*, II, 304). Il fut tué à la bataille de Saint-Quentin en 1557 (*ibid.*, III, 71-2). Leur fille, Marie de Créqui, Damoiselle de Canaples, figure sur l'état de la reine Eléonore, parmi les « Filles Françoises » de 1539 à 1542 (B.N. ms n.a.f. 9175, fo. 372 v°). La mère et la fille sont nommés ensemble dans la liste des Dames et Damoiselles de la reine dressée après la mort de François Ier en 1547 (B.N. ms fr. 3054, fo. 109 r°).

[2] Marie de Langeac, Dame de Lestrange, fut au service de la reine Eléonore de 1534 à 1542, et de nouveau de 1545 à 1547 (B.N. ms n.a.f. 9175, fo. 372 v° et ms fr. 3054, fo. 109 r°). Elle reçut plusieurs dons de François Ier pour des services rendus à la reine (*Cat. des Actes*, III, 620, 10349 et VIII, 192, 31042).

CXLVII

Etrenne XIV

A Madame de Bressuyre[1]

S'on veult changer vostre nom
De renom
A un meilleur ou pareil,
Ne vueillez de mon conseil
Dire non.   5

TEXTE de *U*. VARIANTE de *R S T*.

Titre *R S T* A Ma damoiselle de Brassiure

CXLVIII

Etrenne XV

A ma Damoyselle de Macy[2]

Soubz voz attours bien fourniz,
D'or garniz,
A Venus vous ressemblez;
Soubz le bonnet me semblez
Adonis.   5

TEXTE de *U* (conforme à *R S T*).

[1] Jehanne de Bretagne, dame de Bressuire, veuve de René de Laval, sieur de Bressuire, décédé avant la fin de 1537 (*Cat. des Actes*, VIII, 53, 29724), entra au service de la reine en 1538 et resta en fonction jusqu'en 1543 (B.N. ms n.a.f. 9175, fos. 371 r° à 377 v°). Elle est pourtant nommée dans une liste des dames de la reine dressée après la mort de François Ier (B.N. ms fr. 3054, fo. 109 r°). Enfin, en 1560, son nom figure sur l'état de la maison de Catherine de Médicis (B.N. Clérambault ms 1216, fos. 33 à 38). Jehanne de Bretagne était la petite-fille de Commines.

[2] Marie de Monchenu, femme de Louis d'Harcourt, seigneur de Macy, ou Massy (*Cat. des Actes*, VI, 567, 21850), fut au service de la reine Eléonore de 1539 à 1543 (B.N. ms n.a.f. 9175, fos. 371 r° à 377 v°), puis, de nouveau, de 1544 (*Cat. des Actes*, IV, 609, 13846) à 1547 (B.N. ms n.a.f. 9175, fo. 373 r° et B.N. ms fr. 3054, fo. 109 r°).

CXLIX

Etrenne XVI

A Madamoyselle de Duras[1]

Belle, quand la foy juras
A Duras,
Tu fuz tresbien estrenée.[2]
Bien doulx, avant ton aisnée,[3]
L'enduras.

TEXTE de *U* (conforme à *T*). VARIANTES de *R S*.

3 *R S* estimée
4 *R S* Doulcement avant l'aisnée

[1] Barbe Cauchon de Maupas est inscrite à l'état de la duchesse d'Orléans (Catherine de Médicis) et de Mesdames Madeleine et Marguerite de France comme fille d'honneur, pour l'année 1535 (B.N. Clérambault ms 334, fo. 240). Elle fut le sujet d'un scandale éclatant auquel on trouve des allusions dans une épigramme de Marot, *Du Passereau de Maupas* («Las, il est mort! pleurez le, damoyselles») et dans un poème de Jean Visagier, *De Palmassia flente* (*Jo. Vulteii Hendecasyllaborum Libri IV*, Paris, 1538, fo. 15). Le 16 janvier 1539 elle épousa Symphorien de Durfort-Duras.

[2] A l'occasion de leur mariage, François Ier fit un don au couple: «A Symphorien de Durfort, sr. de Duras, 14.000 livres dont le roi lui fait don à l'occasion de son mariage avec Barbe de Maupas...» (*Cat. des Actes*, VIII, 195, 31064). Barbe de Maupas avait déjà reçu un don du roi le 27 juillet 1538 (*ibid.*, III, 578, 10164), et allait en recevoir un autre, au cours de l'année 1541, en compagnie de deux autres dames de la cour, La Baume et d'Heilly (*ibid.*, IV, 255, 12190).

[3] Peut-être Anne Du Mesnil Simon, damoiselle de Maupas, qui fut au service de la dauphine et de Marguerite de France de 1533 à 1540 (B.N. ms fr. 7856, pp. 1077-8 et 1086).

CL

Etrenne XVII

Telligny[1]

Montreul monstre clerement,
Seurement,
Qu'en beau corps grace rassise,
C'est la pierre en l'or assise
Proprement.   5

TEXTE de *U* (conforme à *T*). VARIANTES de *R S*.

Titre *R S* A Theligny
1 *R* Monstruil
S Monstreul

CLI

Etrenne XVIII

A Ryeulx[2]

Damoyselle de Ryeulx,
En maintz lieux
L'embonpoinct se pert & gaste.
Je suis d'advis qu'on se haste
Pour le mieulx.[3]   5

TEXTE de *U* (conforme à *R S T*).

[1] Arthuse de Vernon, fille de Raoul Vernon, seigneur de Montreuil-Bonnin, capitaine de gardes (*Cat. des Actes*, I, 27, 155) et d'Anne Gouffier, dame de Montreuil, gouvernante des princesses (*ibid.*, II, 100, 4341; 418, 5835; 529, 6342 et VIII, 12, 29364). Elle était la femme de Louis de Théligny, seigneur de Lierville. Arthuse de Théligny fut au service de la dauphine et de Marguerite de France de 1536 en 1538 (B.N. ms fr. 7856, p. 1085) et dans celui de Marguerite de France en 1545 (B.N. Clérambault, ms 1216, fo. 44 v°) et en 1549 (*ibid.*, fos. 43 v° à 44 r°).

[2] Probablement Renée de Rieux, au service de la reine Eléonore de 1533 à 1543, et, de nouveau, en 1546, quand elle figure sur l'état de la reine sous le nom de Marquise de Nesle (B.N. ms n.a.f. 9175, fo. 372 v°).

[3] Renée de Rieux allait épouser Louis de Sainte-Maure, marquis de Nesle, le 6 janvier 1541, c'est-à-dire cinq jours après que ce poème lui fut remis.

CLII

Etrenne XIX

A d'Avaugour[1]

Nature, ouvriere sacrée,
Qui tout crée,
En vostre brun a bouté
Je ne sçay quoy de beauté
Qui aggrée.   5

TEXTE de *U* (conforme à *R T*). VARIANTE de *S*.

Titre *S* A Dauangour

CLIII

Etrenne XX

A Helly[2]

Dix & huict ans je vous donne,
Belle & bonne;
Mais à vostre sens rassis
Trente cinq ou trente six
J'en ordonne.   5

TEXTE de *U*. VARIANTE de *R S T*

1 *R S T* Dixhuict

---

[1] Madeleine d'Astarac (ou d'Estrac), épouse de François de Bretagne, baron d'Avaugour (*Cat. des Actes*, I, 430, 2275; et 711, 3714) était au service de la dauphine et de Marguerite de France de 1538 en 1540 (B.N. ms fr. 7856, p. 1085). Pour l'année 1545 on trouve son nom dans l'état de Marguerite de France (B.N. Clérambault ms 1216, fo. 44 v°).

[2] Probablement Josseline de Pisseleu, Damoiselle de Heilly, une des sœurs cadettes de la duchesse d'Etampes. Son nom figure parmi les « Filles Françoises » au service de la reine Eléonore de 1539 à 1542 (B.N. ms n.a.f. 9175, fo. 373 v°).

CLIV

Etrenne XXI

A Miolans l'aisnée[1]

Miolans l'aisnée est bien,
Et de rien
Ne doit estre mal contente,
Pourveu que la longue attente
Vienne à bien.   5

TEXTE de *U*, à l'exception de deux fautes au titre et au v. 1 où nous avons substitué la leçon de *R S*. *U* est conforme à *T*. VARIANTE de *R S*.

Titre Miolans *R S*] Miolant *T U*
1 Miolans *R S*] Miolant *T U*
5 *R S* Vienne bien

CLV

Etrenne XXII

A Miolans la ieune[2]

A Miolans la puisnée;
Ceste année
Luy doint sur l'esté luysant
Ce qui seroit bien duysant
A l'aisnée.   5

TEXTE de *U*, à l'exception de deux fautes au titre et au v. 1 où nous avons substitué la leçon de *R S*. *U* est conforme à *T*. VARIANTES de *R S*.

Titre Miolans *R S*] Miolant *T U*
1 Miolans *R S*] Miolant *T U*
2 *R S* Cest   3 *R S* donne

[1] Cette dame et sa sœur (voir plus bas, CLV) sont les filles de Jacques de Miolans (ou Myolans), seigneur d'Anjou, gouverneur du Dauphiné, chambellan du roi (cf. B.N. ms fr. 5489, p. 509, *La généalogie et descente des seigneurs de Mitte et de Miolans*, et Brantôme, *Œuvres, éd cit.*, II, 297). Je n'ai pu trouver de documents que sur l'une des deux sœurs, Magdeleine de Myolans, qui fut au service de la reine Eléonore, comme « Fille Françoise » de 1538 à 1542 (B.N. ms n.a.f. 9175, fo. 373 v°). Un acte de François Ier, daté du 3 août 1531, mentionne un don fait à la dame de Miolans (*Cat. des Actes*, II, 74, 4213).

[2] Voir plus haut, n. 1.

CLVI
Etrenne XXIII
A Bonneval[1]

Sa fleur durer ne pourra
Et mourra;
Mais ceste grace, laquelle
La faict tousjours trouver belle,
Demourra.   5

TEXTE de *U* (conforme à *T*). VARIANTE de *R S*

1 *R S* La fleur

CLVII
Etrenne XXIV
A Chastagneraye[2]

Garde toy de descocher,
Jeune archer,
Pour à son cueur faire bresche;
Car elle feroit la flesche
Reboucher.   5

TEXTE de *U* (conforme à *T*). VARIANTES de *R S*.

Titre *R S* A la Chasteigneraye
4 *R* feroit reboucher
S ta flesche
5 *R* La fleche

[1] Renée de Bonneval, au service de Madeleine et de Marguerite de France de 1530 à 1533 (B.N. ms fr. 7856, p. 1069), figure sur la liste des demoiselles de la dauphine à partir de 1535 aux gages de 35 Livres (B.N. Clérambault ms 334, fo. 240 r° et ms fr. 7856, p. 1086). En 1545, elle sera au service de Marguerite de France (B.N. Clérambault ms 1216, fo. 44 v°), et en 1549 on retrouve son nom sur une liste des demoiselles de cette même princesse. Mellin de Saint-Gelais lui adressa un poème latin (*Œuvres*, éd. Blanchemain, II, 317).

[2] Jehanne de Vivonne, fille d'André de Vivonne, sénéchal de Poitou (*Cat. des Actes*, II, 382, 5677), épouse de François de Vivonne, sieur de la Chasteigneraie, valet tranchant du roi (*Cat. des Actes*, III, 619, 10346). Elle était au service de la dauphine Catherine de Médicis de 1530 à 1540 (B.N. Clérambault ms 334, fo. 240 et ms fr. 7856, p. 1086).

CLVIII

Etrenne XXV

A Torcy[1]

Damoyselle de Torcy,
Cest an cy
Tel estrene vous desire
Qu'un bon coup vous puissiez dire:
Grand mercy.   5

TEXTE de U. VARIANTE de R S T.

3 R S T Telle

CLIX

Etrenne XXVI

A Douartis[2]

Cent nobles & bons partis,
Douartis,
Vostre amour pourchasseront
Quand de vostre amour seront
Advertiz.   5

TEXTE de U (conforme à R S T).

[1] Claude Blocet (ou Blosset), damoiselle de Torcy, fille de Jean Blosset, seigneur de Torcy (*Cat. des Actes*, II, 631, 6840 et 666, 7002). Elle épousera par la suite Louis de Montberon, baron de Fontaines-Chalandray. Brantôme, qui l'appelle « la belle Torcy », la mentionne très souvent (*Œuvres, éd. cit.*, I, 31; II, 163-4; IX, 272 et *passim*). Elle était au service de la reine Eléonore comme « Fille françoise » à partir de 1537 (B.N. ms n.a.f. 9175, fo. 373 v°).

[2] Il s'agit d'une de deux sœurs, Barbe d'Warty, damoiselle de Montigny, et Françoise d'Warty, toutes deux également au service de Marguerite de France en 1539 (B.N. ms fr. 7856, p. 1086), en 1545 et en 1549 (B.N. Clérambault ms 1216, fos. 44 v° et 43 v° à 44 r°). Il est improbable qu'il s'agisse, comme l'a cru Becker (*ouvr. cit.*, p. 361) de leur mère, Madeleine de Suze, épouse de Joachim de la Bretonnière, seigneur d'Warty. Le nom de Madeleine ne figure sur aucun des divers états que j'ai pu consulter.

CLX

Etrenne XXVII

A Cardelan[1]

C'est bon pays que Bretaigne,
Sans montaigne;
Mais je croy qu'elle vouldroit
Tenir le chemin tout droict
D'allemaigne.[2]

TEXTE de *U* (conforme à *R T*). VARIANTE de *S*.

4 *S* Tenir chemin

CLXI

Etrenne XXVIII

A la Chapelle[3]

J'estrene de nom de belle
La Chapelle,
Voire quelque brun qu'elle ait.
S'on dit qu'elle ait rien de laid,
J'en appelle.

TEXTE de *U* (conforme à *T*). VARIANTE de *R S*.

1 *R S* du nom

---

[1] Jeanne de Cardelan, ou Carderan, était au service de la reine Eléonore, comme « Fille Françoise » de 1533 à 1539 (B.N. ms n.a.f. 9175, fo. 373 v°). Cf. aussi *Cat. des Actes*, II, 297, 5286 et III, 515, 9884. On ne sait rien d'elle après 1539, mais, en vue du présent poème, elle était à la cour en janvier 1541. Mellin de Saint-Gelais lui a adressé un poème (*Œuvres*, éd. Blanchemain, II, 267).

[2] Comme on ne sait que peu de choses sur Jeanne de Cardelan, cette allusion est incompréhensible.

[3] Il s'agit d'une Espagnole au service de la reine Eléonore. Elle figure sur la liste des dames d'honneur sous le nom de Donna Leonora de la Chapelle (B.N. ms n.a.f. 9175, fo. 372 v°). A une date incertaine, elle obtint des lettres de naturalité, à la requête de la reine (*Cat. des Actes*, VII, 614, 27629). Elle semble être restée à la cour jusqu'en 1547.

CLXII

Etrenne XXIX

A Brazay[1]

En sa doulceur feminine
Tant benigne
Rigueur pourroit estre enclose;
Car tousjours avec la rose
Croist l'Espine. 5

TEXTE de *U*, à l'exception d'une faute au titre où nous avons substitué la leçon de *R S*. *U* est conforme à *T*. En dehors du titre *U* est conforme à *R S*.

Titre Brazay *R S*] Bouzan *T U*

CLXIII

Etrenne XXX

A Memillon[2]

Si quelcun pour son estreine
Vous emmeine,
Je vous donne, ou à peu pres,
Au bout de neuf moys apres
Pance pleine.[3] 5

TEXTE de *U*, à l'exception d'une faute au titre où nous avons substitué la leçon de *R S*. *U* est conforme à *T*. VARIANTE de *R S*.

Titre Memillon *R S*] Melurillon *T U*
3 *R S* donne par motz expres

[1] Françoise de Brezé, comtesse de Maulevriers, épouse depuis 1538 de Robert de la Marck, duc de Bouillon, ou bien sa sœur cadette, Louise de Brezé, épouse de Claude de Lorraine, duc d'Aumale. Elles étaient filles de Louis de Brezé, grand sénéchal de Normandie, et de Diane de Poitiers (*Cat. des Actes*, VII, 452, 25647). Elles figurent toutes deux dans l'état d'Eléonore (B.N. ms n.a.f. 9175, fo. 372 v°). Brantôme les nomme fréquemment (*Œuvres, éd. cit.*, I, 311; III, 191, 248; IV, 283, 287; VII, 381). Mellin de Saint-Gelais adressa un poème à chacune d'elles (*Œuvres*, éd. Blanchemain, I, 164, et II, 136).

[2] Sidoine de Mervilliers, damoiselle de Mesmillon, figure comme « gouvernante » sur l'état de la maison de la reine Eléonore pour l'année 1534 (B.N. ms fr. 2952, fo. 63 r°). De 1538 à 1547, elle fut au service d'Eléonore comme « Fille françoise » (B.N. ms n.a.f. 9175, fos. 371 r° à 377 v°).

[3] Cette plaisanterie semble être une allusion à un scandale dont Sidoine de Mervilliers fut l'objet.

CLXIV

Etrenne XXXI

A Lursinge[1]

Je puisse devenir Singe
Si Lursinge
N'a la sorte (& n'en mens point)
D'estre blanche & en bon poinct
Soubz le linge.   5

TEXTE de *U* (conforme à *R S T*).

CLXV

Etrenne XXXII

A Lucresse[2]

Cest an vous face maistresse,
Sans destresse,
D'amy aussi gracieux
Que fut Tarquin furieux
A Lucresse.   5

TEXTE de *U* (conforme à *R S T*).

[1] Claude d'Arenton, damoiselle de Lucinge, fut au service de la reine Eléonore de 1533 à 1543. Son nom figure à l'état parmi les « Filles Françoises » (B.N. ms n.a.f. 9175, fo. 373 v°). Son père, René de Lucinge, avait été un des serviteurs du connétable de Bourbon (Brantôme, *Œuvres*, éd. cit., II, 148, 234–5).

[2] Il y eut plusieurs femmes de ce nom à la Cour. Dans l'état de la maison de la reine Eléonore pour l'année 1530 une Lucrezya figure dans la section « Femmes servantes à la retraicte de la Royne » (B.N. ms fr. 2952, fo. 19). Dans l'état pour l'année 1532 on trouve une Lucresse parmi les « Filles de chambre » (*ibid.*, fo. 35 v°). Enfin l'état de la dauphine (Catherine de Médicis) et des princesses pour l'année 1535 nomme une « Lucresse la grande » et une « Lucresse la petite » (B.N. Clérambault ms 334, fo. 240 r°). Cette dernière se retrouve dans l'état de la dauphine et de Marguerite de France pour les années 1536 à 1540 sous le nom de « Lucresse de la Lune dite la petite Lucresse » (B.N. ms fr. 7856, p. 1086). Le même document mentionne une « Lucresse de Rodolfe Italienne » qui quitta cependant le service en 1539.

CLXVI

Etrenne XXXIII

A Bye[1]

Voz graces en faict & dict
Ont credit
De plaire, Dieu sçait combien.
Ceulx qui s'y congnoissent bien
Le m'ont dit. 5

TEXTE de *U* (conforme à *T*). VARIANTE de *R S*.

Titre *R S* A Rye

CLXVII

Etrenne XXXIV

A la Baulme[2]

Bien doit la Baulme advouer
Et louer
L'an lequel luy appareille
Sur le vert bille pareille
Pour jouer. 5

TEXTE de *U* (conforme à *R S T*).

[1] Je n'ai pu identifier cette dame (cf. la variante du titre). L'état de la maison de la reine Eléonore mentionne une Isabeau Picart d'Estelan, dame du Ris, mais seulement pour les années 1532 à 1537 (B.N. ms n.a.f. 9175, fo. 372 v°). Le même document mentionne une Charlotte de Brie, dame de Lauzun, au service de la reine de 1539 à 1543, et, de nouveau, de 1545 à 1547.

[2] Cette personne est nommée comme appartenant à la maison de la reine Eléonore dans un acte de François Ier. Voir plus haut, p. 249, n. 2.
Peut-être s'agit-il de Catherine de la Baume, fille de Marc de la Baume, comte de Montrevel, et épouse de Jacques d'Avaugour (B.N. ms fr. 4330, fo. 65, et *Cat des Actes*, V, 158, 15477). On connaît également une Françoise de la Baulme mentionnée dans un acte de François Ier daté du 24 décembre 1535 (*Cat. des Actes*, VI, 404, 20971) et qui ne peut être identique à la Françoise de la Baume qui épousa, en 1566, François de Carnavalet, et qui est mentionnée par Brantôme comme une des dames de la cour de Catherine de Médicis (*Œuvres, éd. cit.*, VII, 387).

CLXVIII

Etrenne XXXV

A Saintan[1]

De response bien certaine
Et soudaine
Vous donne le doctrinal
Pour respondre au Cardinal
De Lorraine.[2]   5

TEXTE de *U*, à l'exception d'une faute au titre où nous avons substitué la leçon de *R*. *U* est conforme à *T*. VARIANTES de *R S*.

Titre Saintan *R*] Sainct tam *T U*
  S Savitan
1 *R S* La response

CLXIX

Etrenne XXXVI

A Brueil l'aisnée[3]

Je donne à Brueil aux doux yeulx
Gracieux
Par sa grace bien sçavoir
Celle des hommes avoir
Et des Dieux.   5

TEXTE de *U* (conforme à *T*). VARIANTES de *R S*.

Titre *R S* Au Breuil
1 *R S* donne au

---

[1] Catherine de Saintan fut au service de la reine Eléonore du mois d'avril 1541 à 1546 (B.N. ms n.a.f. 9175, fo. 373 v°).
[2] Comme on ne sait rien de Catherine de Saintan, cette allusion nous est incompréhensible.
[3] Voir plus bas, p. 260, n. 1.

CLXX

Etrenne XXXVII

A Brueil la jeune[1]

Si vous n'estes en bon poinct
Bien à poinct,
Quelque jour engresserez,
Et alors vous le serez;
Serez point? 5

TEXTE de *U* (conforme à *T*). VARIANTE de *R S*.

Titre *R S* Au Brueil

CLXXI

Etrenne XXXVIII

A d'Aubeterre[2]

Aubeterre Amour ressemble,
Ce me semble;
Petite veue ont tous deux,
Et toutesfoys chascun d'eulx
Les cueurs emble. 5

TEXTE de *U* (conforme à *S T*). VARIANTE de *R*.

Titre *R* A Aubeterre

[1] Une Marguerite du Breuil figure dans l'état de la reine Eléonore parmi les « Filles Françoises à 40 Livres de gages » à partir de 1537 (B.N. ms n.a.f. 9175, fo. 373 v°). On ignore si Marguerite du Breuil est la cadette ou l'aînée des deux sœurs.

[2] Anthoinette d'Aubeterre, fille de Michel d'Aubeterre, échanson de Louise de Savoie (*Cat. des Actes*, V, 766, 18656), était au service de Catherine de Médicis. Son nom figure sur l'état de la maison de la reine depuis le 1er juillet 1547 jusqu'en 1554 (B.N. ms fr. 7856, p. 1136). En 1553, elle épousa Jean VI de Parthenay l'Archevesque, sieur de Soubise (B.N. ms n.a.f. 23196, no. 709).

CLXXII

Etrenne XXXIX

A la Tour[1]

Pour estrenes de la Tour,
Qui d'atour
Nuptial la coifferoit,
Je pense qu'on luy feroit
Un bon tour.   5

TEXTE de *U* (conforme à *R S T*).

CLXXIII

Etrenne XL

A Orsonvillier[2]

Si Dieu qui vous composa
N'y posa
Beauté en tout compassée,
En esprit recompensée
Bien vous a.   5

TEXTE de *U*, à l'exception d'une faute au titre où nous avons substitué la leçon de *R*. *U* est conforme à *S T*.

Titre Orsonvillier *R*] Orsonviller *S T U*

[1] Une Loyse de la Tour figure sur l'état de la maison de la reine Eléonore parmi les « Filles Françoises » de 1531 à 1538 (B.N. ms n.a.f. 9175, fo. 373 v°). Une Isabeau de la Tour, damoyselle de Lyneul, est nommée parmi les « Filles Damoiselles » de Catherine de Médicis pour l'année 1560 (B.N. Clérambault ms 1216, fos. 33 à 38).

[2] Marie de la Trémoille, dite de l'Hébergement, épousa Jean Herbert, dit d'Orsonvilliers, baron de Courcy (cf. *Cat. des Actes*, V, 207, 15735). Son mari mourut avant la fin de 1529 (*ibid.*, VI, 198, 19897).
 Marot écrivit une épigramme, au nom du roi de Navarre, adressée à cette dame (« J'ay joué rondement ») en 1538.

CLXXIV

Etrenne XLI

*A ma Dame de Bernay,
dicte Sainct Pol*[1]

Vostre mary a fortune
Opportune;
Si de jour ne veult marcher,
Il aura beau chevaucher
Sur la brune.[2] 5

TEXTE de *U* (conforme à *T*). VARIANTES de *R*. (Ce poème manque dans *S*.)

Titre *R* A Sainct Pol
1 *R* Ton mary a fortune
3 *R* Mais si de jour ne veult marcher

CLXXV

Etrenne XLII*

A Madame du Gauguier[3]

Je vous donne en conscience
La science
De porter le faix & somme
D'une vertu qui se nomme
Patience. 5

COMPOSÉE avant 1542. PUBLIÉE pour la première fois dans *Les Œuvres de Clement Marot*, Lyon, E. Dolet, 1542 (*Bibliographie*, II, no. 105). TEXTE de *U* (conforme à *T*).

[1] Anne d'Alençon, à qui Marot avait adressé plusieurs poèmes (cf. *Epitres*, p. 20), et qui venait d'épouser Nicolas de Bernay, maître d'hôtel de Marguerite de France (*Cat. des Actes*, VI, 616, 22102; 767, 22890 et VIII, 710, 33162).
[2] Jeu de mots.
[3] Claude de Beaune, damoiselle du Gauguier, était la petite-fille de Semblançay (voir *Œuvres lyriques*, v). Elle était au service de la dauphine et de Marguerite de France en 1538 (B.N. ms fr. 7856, p. 1085).
Sur l'authenticité de ce poème, voir plus haut, p. 47.

CLXXVI

Etrenne XLIII*

A elle mesmes[1]

Pour vostre estrene qui vaille
Je vous baille
Tant d'esbats & passetemps
Que de celuy que j'entens
Ne vous chaille.   5

COMPOSÉE avant 1542. PUBLIÉE pour la première fois dans *Les Œuvres de Clement Marot*, Lyon, E. Dolet, 1542 (*Bibliographie*, II, no. 105). TEXTE de *U* (conforme à *T*).

[1] Voir plus haut, p. 262, n. 3. Sur l'authenticité de ce poème, voir plus haut, p. 47.

SONNETS

CLXXVII

Sonnet I

Sonnet A Madame de Ferrare[1]

Me souvenant de tes bontez divines   p. 64
Suis en douleur, princesse, à ton absence;
Et si languy quant suis en ta presence,
Voyant ce lys au milieu des espines.[2]   4

O la doulceur des doulceurs femenines,
O cueur sans fiel, o race d'excellence,
O traictement remply de violance,
Qui s'endurcist pres des choses benignes.   8

Si seras tu de la main soustenue
De l'eternel, comme sa cher tenue;
Et tes nuysans auront honte et reproche.   11

Courage, dame, en l'air je voy la nue
Qui ça et là s'escarte et diminue,
Pour faire place au beau temps qui s'approche!   14

COMPOSÉ probablement dans l'été de 1536 (cf. n. 1). PUBLIÉ pour la première fois dans *Traductions de Latin en Françoys, Imitations et Inventions nouvelles, tant de Clement Marot que d'autres des plus excellens Poetes de ce temps*, Paris, E. Groulleau, 1550 (*Bibliographie*, II, no. 273). TEXTE de *a*. VARIANTES de *X m*.

Titre *X* C. Marot à L.D.D.F. Luy estant en Italie. Sonnet.
   m A la duchesse de ferrare
1 *X* graces   2 *X m* en ton
5 *m* ta doulceur   7 *X m* O dur mary
8 *X* par les   10 *X* comme chere
11 *X* Et les   12 *X* Courage doncq'
14 *X* aproche

[1] D'après la variante du titre de l'édition princeps, ce sonnet fut composé en Italie. Dans le manuscrit de Chantilly (notre *a*) ce poème figure dans la section intitulée: *Autres œuvres faictes à Venise*. Cf. plus haut, p. 18, n. 2.
[2] Allusion au mauvais traitement qu'eut à subir Renée de France de la part de son mari, Hercule d'Este. Cf. la variante du v. 7. Cf. aussi *Œuvres lyriques*, LXXVI.

CLXXVIII

Sonnet II

*Sonnet de la différence du Roy
et de l'empereur*

L'un s'est veu pris, non plusieurs fois, mais une,[1] p.101
En plain conflict, faisant aspres effortz;
L'autre deux foys n'a eu courage, fors
Fuyr de nuyct, sans craindre honte aucune.[2]   4

L'un fut en camp, exemple de fortune;
L'autre ung patron de vrays actes tres ords.
L'un par sa prise a perdu des tresors;[3]
L'autre l'honneur, trop plus cher que pecune.   8

L'un a fort bras; du pied l'autre est expert.
L'un veult user de puissance en appert;
L'autre en secret maulx infiniz conspire.   11

Quant tout est dit (pource qu'il vault et sert):
D'estre chez luy à croppir il dessert;
Et cestuy cy deust manier l'empire.   14

Composé entre décembre 1536 (rentrée de Marot en France) et mars 1538 (date du ms de Chantilly). Inédit au XVIe siècle, ce sonnet fut publié pour la première fois par G. Mâcon, BdB, 1898, d'après le ms de Chantilly. Texte de *a*.

[1] Allusion à la prise de François Ier à la bataille de Pavie.
[2] On ne sauroit dire à quelles occasions précises Charles-Quint a pris la fuite la nuit.
[3] Allusion à la lourde rançon que dut payer François Ier pour retrouver sa liberté.

CLXXIX

Sonnet III

*Pour le May Planté par les Imprimeurs
de Lyon devant le Logis du Seigneur
Trivulse*[1]

Au Ciel n'y a ne Planette ne Signe
Qui si à point sceust gouverner l'Année
Comme est Lyon, la Cité, gouvernée
Par toy, Trivulse, homme cler & insigne. 4

Cela disons pour ta Vertu condigne
Et pour la joye entre nous demenée,
Dont tu nous as la Liberté donnée,
La Liberté des Tresors le plus digne. 8

Heureux Vieillard; les gros Tabours tonnans,
Le May planté & les Fiffres sonnans
En vont louant toy & ta noble Race. 11

Or pense donc que sont noz voulentez,
Veu qu'il n'est rien, jusque aux Arbres plantez,
Qui ne t'en loue & ne t'en rende grace. 14

COMPOSÉ au printemps de 1538. PUBLIÉ pour la première fois dans *Les Œuvres de Clement Marot*, Lyon, E. Dolet, 1538 (*Bibliographie*, II, no. 70).
FIGURE dans *Le Second Livre des Epigrammes* dans *Les Œuvres* de 1538.
TEXTE de Q.

[1] L'usage de planter des arbres le 1er mai était très répandue. Pomponio Trivulce était gouverneur de Lyon et lieutenant général en Lyonnais, Forez et Beaujolais. Il fut nommé à ce poste le 1er mai 1531, en succession de son oncle, Théodore Trivulce (*Cat. des Actes*, II, 71, 4200) et le garda jusqu'à sa mort en 1539 (*ibid.*, IV, 51, 11237).
Etienne Dolet célébra le même événement dans un poème latin, *Ad Pomponium Triuulsium Lugduni rectorem, typographi Lugdunenses* (*Stephani Doleti Carminum Libri IV*, p. 108).

CLXXX

Sonnet IV*

*Response à deux jeunes hommes qui
escrivoyent à sa louenge*[1]

Adolescents qui la peine avez prise
De m'enrichir de loz non merité,
Pour en louant dire bien verité,
Laissez moy là & louez moy Loyse!²   4

C'est le doulx feu dont ma Muse est esprise;
C'est de mes vers le droit but limité.
Haulsez la doncq' en toute extremité,
Car bien prisé me sens quand on la prise.   8

Et n'enquerez de quoy louer la fault.
Rien qu'amytié en elle ne default.
Je ay trouvé amytié à redire.   11

Mais au surplus escrivez hardiment
Ce que vouldrez faillir aulcunement.
Vous ne sçauriez sinon de trop peu dire.   14

COMPOSÉ avant 1542. PUBLIÉ pour la première fois dans *Les Œuvres de Clement Marot*, Lyon, E. Dolet, 1542 (*Bibliographie*, II, no. 105). FIGURE dans *Le Second livre des Epigrammes* dans l'édition princeps. TEXTE de *T*. VARIANTES de *e*.

Titre *e manque*
4 *e* et parles de loyse
10 *e* na deffault
11 *e* Helas je y treuve amytié

[1] On ignore au fond l'identité de ces deux jeunes gens. S'agit-il d'Antoine Du Moulin et de Claude Galland, auxquels Marot dédia l'épigramme *Contre l'inique?*
Sur l'authenticité de ce sonnet voir plus haut, p. 48.
[2] Est-ce Louise Labé?

APPENDICE

1

Responce de Clement Marot à l'escripteau icy dessus[1]

En l'eau, en l'eau, ces folz seditieux
Lesquelz, en lieu des divines parolles,
Preschent au peuple ung tas de monopoles
Pour esmouvoir debatz contentieux. 4

Le roy leur est ung peu trop gratieux.
Que n'ha il mys à bas ces testes folles
  En l'eau.
Ilz ayment tant les vins delicieux 8
Qu'on peult nommer cabaretz leurs escholles;
Mais refroidir fauldroit leur chauldes colles,
Par rebours de ce qu'ilz ayment myeulx,
  En l'eau. 12

PUBLIÉ pour la première fois dans *LADOLESCENCE CLEMENTINE*, Lyon, F. Juste, le 12 juillet 1533 (*Bibliographie*, II, no. 14 bis). TEXTE de *L'adolescence clementine*, Anvers, J. Steels, 1539 (*Bibliographie*, II, no. 79).

2

Rondeau par Clement Marot[2]

Tous les regretz qui les cueurs tormentez,
Venez au myen, et en luy vous boutez
Pour abbreger le surplus de ma vie,
Car j'ay perdu celle qui, assouvye,
Avoit povoir cueur et corps contenter. 5

Venez y donc, et plus rien ne doubtez!
Car mes cinq sens sont du tout apprestez

TEXTE de *w*.

[1] Voici le titre de cet « écriteau »: *Ce que aucuns Theologiens placquerent à Paris quand Beda fut forbanny voulans esmouvoir le peuple à sedition contre le Roy*. Il commence: « Au feu, au feu, ceste heresie ».
Sur l'authenticité de ce poème, voir plus haut, pp. 39–40.
[2] Sur l'authenticité de ce poème, voir plus haut, p. 43.

274   APPENDICE

  Vous recueillir; pourtant je vous convye,
    Tous les regretz.
 Si vous supply que de moy vous ostez   10
 Joie et plaisir, lesquelz m'avoit prestez
 Pour aucun temps fortune sans envye.
 J'ay triste soing qui veult que je denye;
 Pour ce venez et vous diligentez,
    Tous les regretz.   15

3

De Martin[1]

 Cy gist, pour Alix contenter,
Martin, qui souloit plus que dix
A la rengette culeter
Par champaignes, boys & taillis.   4
Prie Dieu, toy qui cecy lys,
Mettre l'Ame du trespassé
En quelque lieu bien loing d'Alix,
Affin qu'il repose *In pace*.   8

PUBLIÉE pour la première fois dans LES ŒUVRES DE CLEMENT MAROT, Lyon, à l'enseigne du Rocher (Constantin), 1544 (*Bibliographie*, II, no. 129). TEXTE de *U*. VARIANTE de *q*.

Titre *q manque*

4

Epitaphe nouveau de Martin par C.M.[2]

 Cy gist Martin qui, pour saouller Alix,[3]
Tant culleta qu'il en perdit la vie.
Car sans cesser, ou sus bancz, ou sus litz,

PUBLIÉE pour la première fois dans *Traductions de Latin en Françoys, Imitations et Inventions nouvelles, tant de Clement Marot, que d'aultres des plus excellens Poetes de ce temps*, Paris, E. Groulleau, 1550 (*Bibliographie*, II, no. 273). TEXTE de *X*.

[1] Sur l'authenticité de cette épitaphe, voir plus haut, p. 45.
[2] Sur l'authenticité de cette épitaphe, voir plus haut, pp. 46-7.
[3] Sur Martin et Alix, cf. plus haut, 3.

APPENDICE 275

Elle voulut en passer son envie. 4
Il esgouta toute son eau de vie,
Puis se voulut restaurer de couliz;
Mais la vigueur des tourdions joliz
Qu'avoit Alix inventez à son ayse 8
Ses roydes nerfz rendit tant amolliz
Qu'il fut martyr; dont toy qui cecy lis,
Va, si tu veux que ton culleter plaise,
Baiser sa tumbe au plus pres de Senlis, 12
Alors pourras culleter plus que seize.

5

Sonnet par Marot[1]

Voyant ces mons de veue si loingtaine,
Je les compare à mon long desplaisir;
Hault est leur chef et hault est mon desir,
Leur pied est ferme et ma foy est certaine. 4

Là maint ruysseau coulle et mainte fontaine;
De mes deux yeulx sortent pleurs à loysir;
De grandz souspirs ne me puys dessaysir,
Et des grandz ventz leur cime est toute plaine. 8

Mille troppeaulx prenent là leur pasture;
Amour en moy prend vie et nourriture;
J'ay peu d'effect et assés d'esperance.

Là, sans grand fruict, feulhes ont apparence; 12
Et d'eulx à moy n'a q'une differance,
Qu'en ceulx la neige, en moy la flame dure.

TEXTE de *e*, à l'exception d'une faute au v. 8 que nous avons corrigée.

8 cime] queu *e*

[1] Sur l'authenticité de ce poème, voir plus haut, pp. 48–9. Ce poème est imité de près d'un sonnet de Sannazaro: « Simile a questi smisurati monti » (I. Sannazaro, *Opere Volgari*, Bari, 1961, p. 226) publié pour la première fois en 1531.

GLOSSAIRE

abord, XIII 7, engagement
abusion, IX 14; LXVIII 17, tromperie, leurre
accessoire, LXXV 18, désordre. Cf. Cotgrave: «... disorder »
accointer, LXXII 17, faire connaissance avec quelqu'un. Cf. Cotgrave: «... to seeke, or affect, the acquaintance of... »
accordance, LXXXII 21, accord
achoison, CXXIII 11, action
acoller, LXII 6, embrasser
acteur, LXXVIII 1, auteur
adextre, CIII 11; CXVIII 10; CXXIII 8 et passim, à droit
adonc, adoncques, XLIV 13; LXXVI 23; CVI 15 et passim, alors
adventurier, LXXV 17, soldat d'infanterie français
affaire, LXIX 27, masculin, sens moderne
affermer, XLI 12, affirmer
affier, CXLI 1, affirmer
ains, LXXXI 13; LXXXIII 50; CXV 4, mais; CX 7, avant
allouer, XVII 2, reconnaître; XVII 4, permettre; LXIV 10, placer
amer, LXXXVII 31, aimer
amour, LXXXIV 10; CXVII 18 et passim, féminin, sens moderne
angloys, II 3, voir p. 68, n. 1
apaster (s'), CXXVI 4, se repaître
appareiller (s'), XLIX 4, s'apprêter
apparier, LIX 1, aller de paire. Cf. Cotgrave: « To paire, couple, match »
appert (en), CLXXVIII 10, de façon ouverte
appeter, LXXXVII 7, désirer
ardre, LXXX 26, brûler
aronde, XLII 2; LXXIV 12, hirondelle
arraisonner, XXXV 6, parler, raisonner
asserrer, LI 12, serrer
astrapade, CXXI 15, supplice
aulcun, XXXII 11, quelque; LXXXVI 34, quelqu'un
aultrehyer, autrehier, XXXV 1; LXXXVIII 3, avant-hier
avaller, LXXIII 24, mettre au bas ris

bailler, II 4; CX 22, donner
baller, X 4, danser
basme, IV 1; LV 7, baume
belliqueur, LXXIV 26, guerrier
blasonner, LXVI 12, dire du mal de; LXVIII 6, parler
bouter, XC 1; CLII 3, mettre
brague, LXVIII 12, vêtement d'homme (espèce de pantalon)
bric (prendre au), LXXVII 28, attraper
bruit, LXIII 13; CIII 8; CXXI 45 et passim, renommée
bruyre, XV 11, avoir renommée
buccine, bucine, LXX 3; XCI 6, buccin, trompette

calande, XXXIV 12, calandre, alouette
canon racourcy, LXXXII 17, espèce de canon léger
capellan, XXXI 12, aumônier
cas (par), LX 6, par hasard
cautelle, LXXXV 27, ruse
ce, XIX 5; XXXII 14, cela
celerin, LXXIII 33, espèce de poisson. Cf. Cotgrave: « A little yellow-headed and white bodied fish »
celestin, LXXIV 5, 13, céleste
celle, LXXIV 13; LXXVIII 6 et passim, cette
cervoise, LXXV 36, bière
cestuy, XXXI 10; CXVII 20, celui
chalemye, LXXXI 14, chalumeau
change (aller au), XLVII 13, être infidèle. Cf. Cotgrave: « Il va au change, is said of a married man, or fornicator, that leaves his owne wife, or wench, and frequents the companie of other women »
chansonnette, LXXVIII 4, chanson
charier, CII 7, ?
cheoir, XCIV 4, tomber

278   GLOSSAIRE

chere, LXXI 20, contenance
chopade, XXXII 18, heurt
cil, XXIX 4; LXVI 11 et passim, celui
clamer, XLVII 1, appeler
climat, LXXV 11, 22, 33; XCI 5, région
cliquaille, II 13, argent
collauder, LXXXVI 17; LXXXIX 3, louer
combien que, LXIII 5; CII 8 et passim, bien que
comme, LX 7, comment
comparager, XXXIV 2, comparer
complaindre (se), CXXIII 23, plaindre
concile, LXXXVI 10, conseil
concorder, LXXXVI 38, accorder
condigne, CLXXIX 5, digne
congru (mal), LXX 30, irraisonnable
conquerre, LI 4, conquérir
consommer, LXXIII 22, faire; XCI 3, terminer
consonner, LXXXI 34, s'accorder
contemner, LXXXVII 5, mépriser
convoyer, LXXVI 7, envoyer, accompagner
coquardeau, VII 1, personne prétentieuse. Cf. Cotgrave : « A proud asse, bold goose, fond sauce-box... one that is much more forward than wise »
cordelle, XLIII 10, pouvoir
corporance, XCVII 7, qualité du corps (corpulence ?)
coucher, LXVIII 22; LXXI titre, 8, 16, 24, 28, inscrire
couldrette, XXXV 1, coudraie
coulomb, LXXXVI 26, pigeon
croix, LXIX 11, pièce de monnaie
cry, LXVIII titre, proclamation
culer, CXXII 11, forniquer
culetage, CXXII 23, fornication
culetis, CXXII 2, 25, fornication

dague à rouelle, VI 1, voir p. 72, n. 1
deça, X 7, ici
decorer, CXXXI 7, glorifier
defroc, LXXVII 21, déroute
delivre, LVI 10, libre
demener, LX 2; LXIV 3; CLXXIX 6, mener, répandre
demourance, LXXXIII 14, demeure

departir, XXXII 1, départ; CV 14, envoyer
deporter, XLVIII 14; LXXIV 38, abstenir
desarroy, CXXVI 9, désordre, confusion
descacher, LXIII 14, révéler
descoller, LXII 7, décapiter
desconforter, XXV 14, être déprimé
desestimer, LXI 13, mépriser
desgorger, LXVIII 6, chanter
desjucq, LXXVII 11, 22, 33, 38, matin
despendre, CXXIX 12, dépenser
despiter, LXXXI 24, fâcher
desplaisance, XCVII 5, déplaisir
desservir, XXXVIII 13; CIX 2; CLXXVIII 13 et passim, mériter
dessirer, XXIV 8, déchirer
desvoyer (se), LXXVI 6, se tromper
devaller, LXXIII 22, descendre
devers, XXXIII 4, vers
dextre, IX 12, droit
dicté, LXXXIX 26, poème
discord, LVII 3, discorde
doctrinal, CLXVIII 3, recette
doctrine, XVIII 1, erudition
dont, LXXI 11; LXXVI 14 et passim, pour cette raison
doubtance, LXXXII 29, doute
doulcettement, LXXIII 27, doucement
dragme, LXXXVII 20, mesure
dru, LXVII 13, vigoureux
duyre, CXXX 6; CLV 4, plaire

efficace, XVI 1, efficacité
embasmer, LV 2, embaumer
embler, CLXXI 5, enlever
empescher (s'), CXX 4, s'efforcer
empirien, LXVIII 32, membre d'une association de clercs
emprise, LXXXVIII 32; CVII 19, entreprise
enamourer, LV 12, amoureux
enclouer, LXIV 18, enfermer
endroıt, XVII 13; LVI 11, envers
enfanteau, LXXVII 18, enfant
engin, LXXX 21, ruse. Cf. Cotgrave : « ... suttletie, fraud, craft, wiliness, deceit »

GLOSSAIRE

enrager, XLIII 3, exciter, ou être excité
enseigne, LXXV 6, troupe
ensuivre, ensuyvre, III 10; LVI 11, suivre
entordre, LXXII 21, lier
entremettre (se), CXX 8, se mêler
entrepreneur, LXV 10; entreprenant
entretenir (s'), LX 7, être uni
escondir, LXII 4, éconduire
esjouir (se), X 7, réjouir
esjoyssance, XXX 6, réjouissance
espie, LXXI 12, espion
esmayer (s'), LXXXVIII 58, s'étonner
estoffer, CXXVIII 8, décorer
estomac, estomach, LXXXIX 24, 53, poitrine
estrener, CXLIII 2; CLXI 1, faire un présent
esvoller, LXII 1, être inconstant
expresser, LXXXVII 50, exprimer

facteur, LXXXIV 26, créateur
faintise, LXXXVIII 59, feinte
fallace, XLVIII 13, tromperie, fausseté
fallot (gentil), CIII 2, bon compagnon. Cf. Cotgrave: « Un gentil falot: A trimme mate, sweet youth, fine fellow indeed, a good companion sure »
fame, IV 11; CXXI 45, renommée
faulte, XXI 2, manque
feal, XXXVI 12, fidèle, loyal
feaulté, LIII 11, fidélité
feuillade, LXXXI 17, feuillée
fin, LXXV 1, limite
finer, CV 9, finir
finesse, LXVII 20, ruse
flageol, LXXVIII 11, flageolet
floc, LXXVII 36, flot
floible, LXXVI 17, faible
floriture, LXXXIV 18, floraison
follastre, CXXIX 13, drôle. Cf. Cotgrave: « wanton, lascivious, toying, fond, effeminate »
fonder à (se), LX 12; LXXVIII 32, se mettre à
force, XXXIII 5, grand
forfaicture, LXXXIV 21, punition

fors, XVIII 13; XLIV 4; LXXVI 18 et passim, excepté
fort (au), XXVII 10; LXIV 21; LXXII 15, au plus
frappart (frère), XCVI 9, moine mendiant
froidure, LXXXIX 53, froid
fruition, XXXV 12, réalisation
fulminatoire, LXXV 7, foudroyant
furibund, LXXVIII 9, violent
fuste, CXXIII 16, petit navire de guerre. Cf. Cotgrave: « ... a light gallie that hath about 16 or 18 oares on a side & two rowers to an oare ».

gallée, LXXIII 2, galère
galler, VI 9, frotter
gallican, LXXIII 3, français
gent, XIV 4; XXXVIII 7; LXVIII 21 et passim, beau
gesine, CXXXV 5, mal d'enfant
gesir, LXXVI 13, être couché
gladiatoire, LXXV 39, armé de l'épée
godale, LXXV 36, sorte de bière
gorgette, LXXVIII 15, gorge
gouffanon, XX 8, gonfanon
grain, XXXII 11, argent, très petite quantité
grief, XXVII 7; CXXIII 11, douloureux, pénible
grison, CXXI 1, gris
gros, XXXIX 10, triste
grue, LXX 31, simple, stupide
guerdonner, CVI 12, récompenser

haller, LXXIII 15, dessécher
haultain, LXXIII 6, fier, noble
haultesse, LXXIV 25, hauteur
heur, XXXVI 2; CVII 3, 5; CXXXVI 3 et passim, bonheur
heuré, XVIII 13; LXXVI 1, heureux
hucher, CXXI 40, crier
hullee, LXXIII 25, hurlement
humer, LXXV 36, boire
humile, XIV 7, humble
huys, I 3; LXVII 28, porte

iceluy, CXIII 26, celui
illec, LXXVII 13, là

GLOSSAIRE

impropere, XXVI 11, honte
impartir, CV 13, donner
incontinent, LXXXI 16, immédiatement

ja, CIX 5, déjà
jouvencelle, LXXXV 24, jeune fille

lacouchiqua, CXXIX 4, *voir* p. 235 n. 2
lacouchiqui, CXXIX 2, *voir* p. 235, n. 2
languar, XLIV 5; LXVII 17, personne indiscrète
las, XXIII 2; LXVII 10; LXXVI 2, 27, hélas
lay, LXXVI 22, poème
laydure, LXXXIV 12, laideur
leans, XCVI 1, ici dedans
logette, LXXVIII 12, petite maison
loquence, LXXVIII 3, manière de parler
lors, LXXXVII 59, alors
los, loz, LXXV 34; CXXI 45, louange, gloire
luc, LXXXIX 26, luth
ly, CII 12, lui

maistrie, CVI 13, maîtrise, pouvoir
male, XII 10, mauvais
mammellette, LXXVIII 24, sein
marcher, LXXI 14, marquer
marrisson, LXVII 2; LXX 24, douleur, peine
mendre, LXV 13, moindre
mesaise, LXXXII 13, trouble, douleur
mesconter (se), LXXXIII 7, se tromper
meselle, V 18, femme atteinte de lèpre
mesprison, XXI 3, erreur
meurete, CXIX 9, maturité
monceau, LXXIV 36, amas, grande quantité
mondain, LXXIII 34, appartenant au monde
morre, XCV 1, *voir* p. 195, n. 2
moult, LXVI 2, beaucoup
muer, LXXXV 2, se changer
munde, LXXIV 3; XCII 11 et passim, clair
munir, LXXV 6, fournir, renforcer
musardie, LXXI 18, délai
musequin, LXVIII 27, jeune homme élégant

mye, LXVII 13; LXXX 9 et passim, *adverbe négatif*
nac, LXXVII 10, *interjection*
nager, LXXIII 24, naviguer
nasselle, LXXXV 12, petit bateau
naveau, III 4, navet
navrer, XIII 14; XXII 4, blesser
ne, LXXXIII 18, ni
nef, LXXIII 23, bateau
nic, LXXVII 7, *interjection*
noc, LXXVII 10, *interjection*
noise, noyse, LXVII 26; CXVIII 6, querelle
nouer, XVII 7, nager
nuisance, LXXIII 33, tort
nuysan, CLXXVII 11, qui fait tort à quelqu'un

œuvrer, VII 9, travailler
onc, oncq, oncques, LXVI 6; CIII 20; CXXVIII 3 et passim, jamais
oppresse, LIII 3; LVII 7, oppression
oppresser, XXVIII 11; LXXXVII 49, opprimer
or, XCIII 7; XCVIII 7, maintenant
ord, LXXXIX 35; CLXXVIII 6, laid
ores, XCIII 4, maintenant
orra, CXXII 32, *3ᵉ pers. sing. de ouïr*
ost, LXXXVI 4, armée
oue, XVII 13, oie
oultrageux, LXXV 21, injurieux
oultrance, LXXIII 18; LXXXII 18, extrémité; CV 2; CXVIII 9, peine
oultrecuidé, LXXXIX 14, prétentieux
outrepasse, XIX 14; L 3; LVIII 11, qui dépasse toutes les autres
oysellet, LXXVIII 16, oiseau

palladial, XIV 3, de Pallas
papelard, LXXX 6, hypocrite
parc, LXIV 22, *voir* p. 134, n. 1
parlement (tenir), LXXX 5, tenir conseil
parquoy, IX 14; LXXXIX 19, pour cette raison
passe, XXXIV 12, femelle du passereau
pecune, II 7; CXV 3; CLXXVIII 8, argent
pennade, CXXI 20, saut

GLOSSAIRE

petit, II 1, 9, 15, peu
pic (en moins dire), LXXVII 18, immédiatement
pieton, LXXV 23, fantassin
plaisance, LXXXIII 6, plaisir
planete, CXV 10, *masculin, sens moderne*
planté, LXXXIII 21, grande quantité
pleuvir, XXXVIII 8, garantir
poison, CXXIII 12, *féminin, sens moderne*
pompant, CXXI 20, vif
possessoire, LXXV 19, possession
poste (en), LXIX 1, vite
pource, IX 8, pour cela
pource que, XX 11; LXXXV 15, parce que
pourmener (se), LXIV 1; LXXXIX 41, promener
pourtant, XXV 8; LXVIII 19, pour cette raison
premier, LX 13, d'abord
prescher (quelqu'un), LXXVIII 32, exhorter
presse, LXVII 32; LXXII 22 et passim, foule
primerain, LXXIV 9, en bon temps
privaulte, LXII 13, familiarité
pucelette, LXXVIII 22, pucelle
puisné, CLV 1, cadet

quanton, LXXXII 14, place, coin de rue
querant, LXXXVIII 56, soupirant
querre, LI 3, chercher
quillart, XCV 2, *voir* p. 195, n. 3

ramentevoir, LXXXVII 30, rappeler
rebellion, XXX 4, conflit
reboucher, CLVII 5, émousser
rechef (de), LXXXIX 59, de nouveau
reclamer, XLVII 2, attirer
record, LXXII 18, mémoire
recorder, LXXXIX 23, réciter
recueil, LXXXI 31, accueil
redonder, LXXVIII 27; LXXXIX 47, abonder
refonder, LX 13, restaurer
refulger, XIV 12, luir
regne, LXXVI 28, habitation
remordre, XXVII 1; LXXII 2; XCII 8, faire de la peine

remors, XXII 10, blessure
renjeunir, LXVIII 3, rajeunir
respec, LXXVII 2, respect, action de prendre quelqu'un ou quelque chose en considération
retraire, XII 8, retirer
revange, LXXX 19, vengeance
revirer, LXXXII 25, retourner
ric à ric, LXVII 6, juste
rimoyer, LXXVI 17, rimer
ruer (jus), XXX 4, défaire, mettre à bas

saffret, XXXV 11, frétillant, lascif
samis, LXXXVI 46, samit
sargette, LXXXVI 46, serge fine
se, LXXI 13; IC 8 et passim, si
secoux, CXXI 31, ?
senestre, IX 12, gauche
seoir (se), LXXI 5, s'asseoir
seraine, sereine, LXXIII 27; LXXIV 31; LXXXIX 21, sirène
servant, LXXII 27; LXXXVIII 25, soupirant
serviteur, LXIII 7, amant
seullet, LXX 41, seule
si, LXVIII 25, que; XCI 7; CIII 44, pourtant; XCI 13; CV 8, ainsi; CXXXI 7, de sorte
simplesse, LXVII 23, simplicité
souffrette, XXXV 14, manque
soulas, LXVII 12, 24, 36, 44; LXXVI 7 et passim, plaisir
souldar, LXXIV 4, soldat
souloir, CII 5; CIII 41 et passim, avoir coutume de
stigieux, LXXXVIII 50, appartenant au Styx
sublimer, LXXIII 11, exalter
submettre, LXXXVI 4, soumettre
sucq, LXXVII 20 ?
suivir, XXXVIII 4, suivre
support, XII 8; XIII 6; LXXII 27, faveur
sus, XXX 5, sur
syon, IX 11, branche

t', L 12; LVI 1, ton
tabour, LXXV 16; CLXXIX 9, tambour
tac, LXXVII 23, *onomatopée*
taindre, LIV 12, peindre
tanson, LXVII 26, blâme, réprimande

GLOSSAIRE

tant (à), XIX 13, alors
temperer, XXVI 6, changer
tendret, XXXV 5, tendre
thesauriser, CXV 3, économiser
tic, LXXVII 23, *onomatopée*
tirer (se), XLVI 13, fuir
tistre, LXXXVI 42, tisser
tombel, CXX 11, tombeau
tourdion, CXXII 17, tour
tourné, CXVII 6, tournoi
touser, XXXI 12, tondre
trac, LXXVII 1, chemin
travail, XLI 7, 8 ; LXXXII 36, peine
tristeur, CIII 25, tristesse

vacation, XXXV 8, profession
viateur, XCI 1 ; CXXVIII 8, voyageur
vineux, LXVIII 1, plein de vin
virade, CXXI 19, action de tourner
viste, CXXI 19, rapide
voir (pour tout), XXXIX 9, vraiment
voirement, LXXX 20, vraiment
voise, LXVIII 25, *présent du subjonctif d*'aller
vueil, LXXIV 18, CXXIII 13, volonté
vuyder, LXXXIX 12, rétablir

zec, LXXVII 27, ?

INDEX DES NOMS PROPRES[1]

ADONIS, CXLVIII, 5
ALEGRE, Francoys d', CVI 2: *voir* p. 207, n. 1
Alemaigne, LXXV, 14: Allemagne
ALENÇON, Charles, duc d', LXXV, *titre*, 2; XCIII, *titre*, 7
ALENÇON, duchesse d', XX, *titre*; LXXI, *titre*: Marguerite d'Angoulême
ALEXANDRE, LXV, 8: Alexandre le grand
ALLEMAN, CX, *titre*; 4: cf. L'ALLEMANT
ALIX, CXXII, *titre*, 4
ANDRE, C, *titre*, 3: *voir* p. 200, n. 1
Angleterre, XXX, *titre*, LXXIV, *titre*, 16
ANNE, CXIII, 7, 26: cf. MARLE
APELLES, LIV, 1, 8
APOLLO, XV, 2: Apollon
Archade, LXXXI, 5: Arcadie
Ardres, XXX, *titre*; LXXIV, *titre*: ch.-l. de c. (Pas-de-Calais)
Asie, LXXXVIII, 26
ATHLAS, CXLV, 2
Attigny, XXXI, *titre*: ch.-l. de c. (Ardennes)
AUBETERRE, Anthoinette d', CLXXI, *titre*, 1: *voir* p. 260, n. 1
AVAUGOUR, baronne d', CLII, *titre*: Madeleine d'Astarac

BARROYS, Alexandre de, CXI, *titre*, 1, 7, 13: *voir* p. 214, n. 2
BASOCHE, LXVIII, 32: association des clercs du palais qui donnait des représentations de farces
BAULME, Mme de la, CLXVII, *titre*, 1: *voir* p. 258, n. 2
BAZAUGES, Mme de, XXIV, *titre*: *voir* p. 91, n. 1
BEAULIEU DE LA MARCHE, CXX, *titre*, 1: Antoine de la Marck, abbé de Beaulieu, *voir* p. 223, n. 1
BEAUREGARD, Anne de, CXXIV, *titre*, 1: *voir* p. 230, n. 1
BEL ACCUEIL, LXXII, 5: personnification
BELLEVILLE, Monsieur de, LVIII, *titre*: *voir* p. 127, n. 1
BERNAY, Mme de, dicte Sainct Pol, CLXXIV, *titre*: Anne d'Alençon, *voir* p. 262, n. 1
Bethleem, LXXVII, 32
BISSEAUX, Gaillard Spifame, seigneur de, CXIII, 15: cf. SPIFAME, *voir* p. 216, n. 4
BOISY, Helene de, Dame de Traves, CXXV, *titre*, 8: *voir* p. 231, n. 1
BON ESPOIR, LXXVI, 23: personnification
BONNEVAL, Renée de, CLVI, *titre*: *voir* p. 253, n. 1
BONTE, Jane, XC, *titre*, 1: *voir* p. 191, n. 1
BOUCAL, Charles du Reffuge, dit, XIII, 4: *voir* p. 80, n. 2
Bourges, CX, *titre*
BRAY, Bonaventure de, CXIX, 4

---

[1] Les noms de personnes sont en petites capitales, les noms de lieux, d'institutions, etc., en romain.

284 INDEX DES NOMS PROPRES

BRAY, Jan de, CXIX, 4
BRAY, Pierre de, CXIX, 4
BRAZAY, CLXII, titre: Françoise de Brezé, comtesse de Maulevriers, duchesse de Bouillon, voir p. 256, n. 1
BRESSUYRE, CXLVII, titre: Jehanne de Bretagne, dame de Bressuire, voir p. 248, n. 1
Bretaigne, LXXV, 12; CLX, 1
BRUEIL, l'aisnée, CLXIX, titre, 1: voir p. 260, n. 1
BRUEIL, la jeune, CLXX, titre: voir p. 260, n. 1
BUCEPHAL, CXXI, 7
BUDE, Katherine, XCIV, titre, 1: voir p. 194, n. 1
BYE, CLXVI, titre: voir p. 258, n. 1

CABALIN, XVII, 8: de l'Hippocrène
CAILLETTE, LXX, 22
Cambrai, LVII, titre
CANAPLES, Madame de, CXLV titre, 4: Marie d'Acigny, dame de Canaples, voir p. 247, n. 1
CARDELAN, CLX, titre: Jeanne de Cardelan, voir p. 255, n. 1
CESAR, LXXIV, 26; CXXIII, 14
Champaigne, LXXV, 1
CHAMPANGES, CX, 15
CHAMPEVERNE, Florimont de, CXVI, titre, 1, 2: voir p. 219, n. 1
Champs Elysiens, CIII, 37: Champs Elysées
CHANTEREAU, Guillaume, CXVIII, titre, 2
CHARMOLUE, Jacques de, vicomte de Beaumont-le-Roger, CXII, titre, 1: voir p. 215, n. 1
CHARON, LXXXVIII, 47
Chartres, LXIV, 18; CVI, 19
CHASTEAUBRIANT, Francoyse de Foix, dame de, CXXVIII, titre: voir p. 234, n.1
Chasteaudun, CXV, 9
CHARLES VIII, CVI, 3
CHASTAGNERAYE, CLVII, titre: Jehanne de Vivonne, dame de la Chasteigneraie, voir p. 253, n. 2
CHISSAY, Jacques Bérard, Monsieur de, XIII, titre, 1, 6: voir p. 79, n. 1
CHRISTINE, XVIII, 2: Christine de Pisan
CLAUDE, CV titre, 1: reine de France
CLEMENT, I, titre; LXXX, 15: Clément Marot
COLIN, LXXVII, 12
COQUILLART, Guillaume, XCV, titre, 3: voir p. 195, n. 1
CORYDON, LXXXI, 9
COTEREAU, Jan, CVII, titre, 2; CVIII, 2; CIX, 1; CXXX, 2: voir p. 209, n. 1
COTEREAU, Janne, CXVII, 16: voir p. 221, n. 1
CRETIN, Guillaume, LXXXVI, titre; CXIV, titre, 7, 9: voir p. 217, n. 2

DAVID, LXXXVI, 18
DIANA, LVIII, 3
DIANE, CXLIV, 1: Diane de Poitiers
DIDO, LXVI, 1, 11, 15: Didon
DISCORDE, LXXIV, 19; LXXVI, 31: personnification
DIVINITE, LXXXVI, 30: personnification

INDEX DES NOMS PROPRES 285

DOUARTIS, CLIX, titre, 2 Barbe d'Warty ou Françoise d'Warty : voir p. 254, n. 1
DU CLAC, Margot, LXXVII, 12
DU GAUGUIER, CLXXV, titre: Claude de Beaune, demoiselle du Gauguier: voir p. 262, n. 3
DURAS, Barbe Cauchon de Maupas, dame de, CXLIX, titre, 2: voir p. 249, n. 1
DU TEMPLE, Estienne, XVI, titre: voir p. 83, n. 1
DUTOUR, CXXVI, titre: cf. GEDOYN, Robert
DYANE, XXXIV, 6

ENEAS, LXVI, 2
ENNUY, LXVII, 4: personnification
ENOC, LXXVII, 8
ENVIE, LXXXIX, 49: personnification
Espaigne, CVI, 8: Espagne
ESTAMPES, duc d', LXXI, var. du titre: Jean de la Barre, voir p. 145, n. 2
ESTAMPES, Madame d', CXL, titre: Anne de Pisseleu, voir p. 244, n. 1
Europe, LXXXVIII, 26

FAMINE, LXXVI, 11 : personnification
FERRARE, duchesse de, CLXXVII, titre: Renée de France
Ferrare, CXXIV, titre
FOIX, Francoyse de, CXXVIII, 1 : cf. CHASTEAUBRIANT
FORTUNE, XII, 10 : personnification
France, XXX, titre; LXXIII, 10, 20, 30, 35; LXXIV, titre, 16; LXXV, 11, 12, 22; LXXVI, 23, 34; LXXXII, titre, 7; CIV, 1; CVII, 8; CIX, 5; CXV, 12; CXXII, 3; CXXIII, titre; CXXIV, 2, 8; CXXV, 8
FRANÇOIS Ier, LXXXII, 30; CVI, 17; CIX, 3; CXXIII, 2
FRANÇOYS, daulphin, CXXIII, titre, 1, 4, 14 : François, fils aîné de François Ier

GAILLARD, Janne, CX, 13
GAILLARDE, Jehanne, XVIII, titre: voir p. 85, n. 1
Gaule, LXXIII, 6
GAULTIER, LXXVII, 32
GEDOYN, Robert, CXXVI, titre, 8: cf. DUTOUR, voir p. 232, n. 1
GEORGET, LXXVII, 12
Germanie, LXXV, 27: Allemagne
Grece, CXXI, 8
GRISSON, Jehan, LXX, 9
Guignes, Guynes, XXX, titre; LXXIV, titre

Haynault, XXXI, 3; LXXV, titre, 1
HEDART, CXXI, 1 : voir p. 225, n. 2
HELAINE, HELENE, XLV, 6; LXXIV, 36; CXI, 12
HELENE, CXXV, titre, 2, 8: cf. BOISY
HELLY, damoiselle de, CLIII, titre: Josseline de Pisseleu, voir p. 251, n. 2
HELYE, LXXVII, 8
Hespagnes, LXXXII, titre: Espagne
Hierusalem, XXXI, 13: Jerusalem
HUET, Michel, LXXXI, titre: voir p. 164, n. 3

INDEX DES NOMS PROPRES

Ilyon, XXXIV, 3 : Troie
INNOCENCE, LXXXVI, 29 : personnification
Itale, Italie, XXXVII, 5 ; CXV, 12 ; CLXXVII, var. du titre

JAGOYNEAU, Loys, CXV, titre, 1
JESUCHRIST, LXXVIII, 7 ; LXXXVII, 14 ; CXVII, 21
JOIGNY, comtesse de, CVI, 21 : Charlotte de Chalon, voir p. 208, n. 5
JOUAN, IC, titre, 1 : voir p. 199, n. 1
Judée, LXXXVI, 5 ; LXXXIX, 1
JUNO, LXVII, 40 ; CXI, 7 : Junon
JUPPITER, CXX, 5

LABEUR, LXXVI, 11, 24 : personnification
LA CHAPELLE, CLXI, titre, 2 : Leonora de La Chapelle, voir p. 255, n. 3
L'ALLEMANT, Jan et Marie, CX, 8 : voir p. 213, n. 2
LANGEY, seigneur de, CXXXII, titre, 4 : Guillaume Du Bellay
Languedoc, CX, 24
LA TOUR, CLXXII, titre, 1 : voir p. 261, n. 1
LAURENS, Philippe, CXIII, 11
LEBLANC, XCIV, var. du titre : cf. BUDE
LE MAISTRE, Loyse, CXXVII, 1
LE ROY, Guion, XCVIII, titre, 1, 2
L'ESTRANGE, dame de, CXLVI, titre, 1 : Marie de Langeac, voir p. 247, n. 2
LE VEAU, Jean, XCVII, titre, 1 : voir p. 197, n. 1
LEVESQUE, Jehan, XCVI, titre, 3
LE VOUST, André, XCIII, titre, 3 : voir p. 193, n. 1
LHUILIER, Jan, CXXVII, titre, 3 : voir p. 233, n. 1
LONGUEIL, Christophe de, XCI, titre, 1 : voir p. 191, n. 2
LORGE, seigneur de, XIII, 4 : Jacques de Montgommery, voir p. 80, n. 3
LORRAINE, Jean, Cardinal de, LXXXI, titre ; CLXVIII, 4, 5 : voir p. 164, n. 2
LOYS, CVI, 11, 16 ; CVII, 9 ; CVIII, 4 ; CXVII, 2 : Louis XII
LUBIN, frère, LXIX, titre, 4, 8, 12, 16, 20, 24, 26, 28 : voir p. 142, n. 1
LUCIABEL, CXX, 12
LUCRESSE, XX, 6 ; CLXV, 5 : Lucrèce
LUCRESSE, CLXV, titre : voir p. 257, n. 2
LURSINGE, CLXIV, titre, 2 : Claude d'Arenton, damoiselle de Lucinge, voir p. 257, n. 1
Luzancy, CXIII, 9
Lyon, XVIII, titre ; CLXXIX, titre, 3

MACY, damoyselle de, CXLVIII, titre : Marie de Monchenu, femme de Louis d'Harcourt, seigneur de Macy (ou Massy), voir p. 248, n. 2
MAGUELONNE, LXVI, 3
MAINTENON, CVII, titre ; CVIII, 2 ; CIX, 4 ; CXXX, titre, 2 ; CXXXI, 1 : Jean Cotereau, voir p. 209, n. 1
MARGUERITE, CXXXVI, titre, 1 : Marguerite d'Angoulême
MARGUERITE DE FLANDRES, LVII, var. du titre
MARIE, LXXXVI, 59 ; LXXXIX, 8, 54 ; XXIX, 3
MARIE (Thurin), CXX, 4 ; CXXXI, 9 : voir p. 236, n. 1
MARLE, Anne de, CXIII, titre : voir p. 216, n. 1
MARLE, Hierosme de, CXIII, 8

INDEX DES NOMS PROPRES

MAROT, Clement, CLXXVII, var. du titre
MARS, LVII, 5, LXXIV, 15
MEMILLON, CLXIII, titre: Sidoine de Mervilliers, damoiselle de Mesmillon, voir p. 256, n. 2
MEMOIRE, CX, titre, 5: personnification
MERCURE, XV, 11
MICHEL, LXXXI, 2, 12, 24, 35: cf. HUET
Milan, XXXI, 3
MINERVE, XVI, 12
MIOLANS, CLIV, titre, 1; CLV, titre, 1: voir p. 252, n. 1
MONTDOULCET, Jan de, CXVII, titre, 4: voir p. 220, n. 1
MONTMORANCY, Anne de, LXXXII, 27
MONTPENSIER, Madame de, CXXXIX, titre: Jacqueline de Longwy, femme de Louis de Bourbon, duc de Montpensier, voir p. 243, n. 2
MONTREUL, CL, 1: cf. TELLIGNY
MOPSUS, LXXXI, 8
MYTON, VII, var. du titre

Naples, CVI, 3, 8
NAVARRE, Princesse de, CXXXVII, titre: Jeanne d'Albret
NAVARRE, Royne de, LVII, var. du titre: Marguerite d'Angoulême
NEPTUNUS, LXXIII, 1: Neptune
NEVERS, Madame de, CXXXVIII, titre, 1: Marguerite de Bourbon-Vendôme, duchesse de Nevers, voir p. 243, n. 1
NOE, LXIV, 5
Normandie, CXXXIII, 3
NOUÉ, XVII, 5

ORACE, LVIII, 6: Horace
Orléans, LIV, titre; LXVIII, titre; XCII, titre; XCVI, titre, 2
ORPHEE, LXXXIX, 52
ORSONVILLIERS, CLXXIII, titre: Marie de la Trémoille, voir p. 261, n. 2
ORTIS, CXXIX, titre, 5: voir p. 235, n. 1

Palais, LXX, 10
PALLAS, LXVII, 41; CXI, 9; CXLV, 5: Pallas Athéné
PAN, LXXVIII, 11; LXXXI, 3, 18, 23, 29
PARIS, XXXIV, 5
Paris, XXXVII, 1, 9, 15; LXIV, 17
PAULMIER, XCII, titre
Pelyon, XXX, 12: mont Pélion
PERREAL, Claude, XXVII, titre, 2: voir p. 95, n. 2
PHAETON, CXX, 8
PHEBUS, CXX, 9: Phebus Apollon
Pisan, XVIII, 2
PLUTON, LXXXIX, 51
POMPERAN, Monsieur de, XIII, 4: voir p. 80, n. 1
Porte Barbette, LXX, 10
POTHON, Monsieur de, XII, titre: Antoine Raffin, dit Pothon, voir p. 78, n. 1
PRECY, de, CVI, titre, 2: cf. ALEGRE
PREUDHOMME, Guillaume, CXXXIII, titre, 2: voir p. 238, n. 1

INDEX DES NOMS PROPRES

Reins, XXXII, *titre*, 1 : Reims
RENEE, CXXIV, 3 : Renée de France, duchesse de Ferrare
ROBIN, LXXVII, 32
ROCH, LXXVII, 32
RYEULX, CLI, *titre*, 1 : Renée de Rieux, *voir* p. 250, n. 2

SAINCTE ANNE, LXXXVI, 57
SAINCT GEORGE, XIII, 12
SAINCT LUC, LXXVII, 37
SAINCT PRIS, LXIV, 15 : *voir* p. 133, n. 3
SAINTAN, Catherine de, CLXVIII, *titre* : *voir* p. 259, n. 1
SEMYDIEUX, CI, *titre*, 1 : *voir* p. 200, n. 1
SERRE, Jehan, CIII, *titre*, 2 : *voir* p. 202, n. 1
Soissons, CXV, *var. du titre*, 11
SPIFAME, Gaillard, CXIII, 14 : cf. BISSEAUX, *voir* p. 216, n. 4
SYBILLE, LXXXVI, 21
Syon, LXXXIX, 1
SYRINGUE, LXXXI, 3

TARQUIN, CLXV, 4
TELLIGNY, CL, *titre* : Arthuse de Vernon, dame de Théligny, *voir* p. 250, n. 1
THEOCRENUS, XV, *titre* : Benedetto Tagliacarne dit Theocrenus, *voir* p. 82, n. 1
THURIN, CXXX, 4 ; CXXXI, 10 : Marie, épouse de Jan Cotereau, seigneur de Maintenon, *voir* p. 236, n. 1
TORCY, CLVIII, *titre*, 1 : Claude Blocet, damoiselle de Torcy, *voir* p. 254, n. 1
TRAVES, CXXV, *var. du titre* : cf. BOISY
TRIVULSE, CLXXIX, *titre*, 4 : Pomponio Trivulce, *voir* p. 269, n. 1
Troye, XXXIV, 3 ; CXI, 3 ; CXXV, 7
TYTIRE, LXXXI, 8

VENUS, VIII, 5 ; LIV, 2, 4, 7 ; LXVII, 41 ; CXI, 8 ; CXLVIII, 3
VERTUS, CXLII, *titre* : Charlotte de Pisseleu, comtesse de Vertus, *voir* p. 245, n. 1
VILLIERS, Pierre de, CII, *titre*, 1 : *voir* p. 201, n. 1
VUYART, Pierre, CXXI, *titre*, 4 : *voir* p. 225, n. 1

Ylion, XXX, 13 : Troie
YSABEAU, LXIII, *titre*

TABLE DES INCIPIT

Adolescents qui la peine avez prise	CLXXX, Sonnet IV
A la beauté de l'Estrange	CXLVI, Etrenne XIII
A la noble Marguerite	CXXXVI, Etrenne III
A Madame la Daulphine	CXXXV, Etrenne II
A Miolans la puisnée	CLV, Etrenne XXII
A mon desir d'un fort singulier estre	XL, Rondeau XL
A mon plaisir vous faictes feu & basme	IV, Rondeau IV
Amour & Foy sont bien appariez	LIX, Rondeau LIX
Amour me voyant sans tristesse	LXXXIII, Ballade XVII
Après avoir servi autour de la personne	CXVII, Epitaphe XXVIII
Arreste toy, Lisant	CXXXII, Epitaphe XLIII
Aubeterre Amour ressemble	CLXXI, Etrenne XXXVIII
Au bon vieulx temps ung train d'Amours regnoit	LX, Rondeau LX
Au camp des Roys les plus beaulx de ce Monde	LXXIV, Ballade VIII
Au Ciel, Madame, je crie	CXXXIV, Etrenne I
Au Ciel n'y a ne Planette ne Signe	CLXXIX, Sonnet III
Au departir de la ville de Reins	XXXII, Rondeau XXXII
Au feu qui mon cueur a choisy	V, Rondeau V
Au temps passé, Apelles, Painctre sage	LIV, Rondeau LIV
Aux champs, aux champs, Braves, qu'on ne vous trousse	XXXI, Rondeau XXXI
Avant mes jours mort me fault encourir	XI, Rondeau XI
Belle, quand la foy juras	CXLIX, Etrenne XVI
Bien doit la Baulme advouer	CLXVII, Etrenne XXXIV
Bon jour, & puis, quelles nouvelles	XXXIX, Rondeau XXXIX
Celle qui travailla pour le repos de maintz	CIV, Epitaphe XV
Celluy qui gist cy dessoubz consommé	CVII, Epitaphe XVIII
Celluy qui prolongoit la vie des humains	XCIII, Epitaphe IV
Cent nobles & bons partis	CLIX, Etrenne XXVI
Cessez, Acteurs, d'escrire en eloquence	LXXVIII, Ballade XII
Cest an vous face maistresse	CLXV, Etrenne XXXII
C'est bon pays que Bretaigne	CLX, Etrenne XXVII
Comme Dido qui moult se courrouça	LXVI, Rondeau LXVI
Comme inconstante & de cueur faulse & lasche	LXIII, Rondeau LXIII
Comme Nature est en peché ancrée	XXIX, Rondeau XXIX
Contre raison, Fortune, l'esvollée	LXII, Rondeau LXII
Cy dessoubz gist & loge en serre	CIII, Epitaphe XIV
Cy dessoubz prend son dernier somme	CXXXIII, Epitaphe XLIV
Cy est le corps Jane Bonté bouté	XC, Epitaphe I
Cy gist Cordellier Semydieux	CI, Epitaphe XII
Cy gist envers Claude, Royne de France	CV, Epitaphe XVI
Cy gist envers la Chair de Charmolue	CXII, Epitaphe XXIII
Cy gist feu Pierre de Villiers	CII, Epitaphe XIII
Cy gist Françoys, Daulphin de grand renom	CXXIII, Epitaphe XXXIV

290   TABLE DES INCIPIT

Cy gist Guillaume en Terre	CXVIII, Epitaphe XXIX
Cy gist Guion, Pape jadis & Roy	XCVIII, Epitaphe IX
Cy gist le corps d'ung petit Argentier	XCII, Epitaphe III
Cy gist le jeune Jehan le Veau	XCVII, Epitaphe VIII
Cy gist l'espouse au Mary venerable	CXXX, Epitaphe XLI
Cy gist Loys, Jagoyneau surnommé	CXV, Epitaphe XXVI
Cy gist qui assez mal preschoit	C, Epitaphe XI
Cy gist (qui est une grande perte)	CXXII, Epitaphe XXXIII
Cy gist qui fut de Maintenon la Dame	CXXXI, Epitaphe XLII
Cy gist, repose & dort leans	XCVI, Epitaphe VII
Damoyselle de Ryeulx	CLI, Etrenne XVIII
Damoyselle de Torcy	CLVIII, Etrenne XXV
D'avoir le pris en science & doctrine	XVIII, Rondeau XVIII
De Beauregard Anne suis, qui d'enfance	CXXIV, Epitaphe XXXV
Dedans Paris, Ville jolie	XXXVII, Rondeau XXXVII
Dedans Syon, au Pays de Judée	LXXXIX, Chant-Royal IV
De deux grands Roys la noblesse & puissance	XXX, Rondeau XXX
De Fortune trop aspre & dure	XXIV, Rondeau XXIV
De nuict & jour fault estre adventureux	XLIV, Rondeau XLIV
Depuis quatre ans faulx Rapport vitieux	XXII, Rondeau XXII
De response bien certaine	CLXVIII, Etrenne XXXV
Dessus la Terre on voyt les trois Deesses	LVII, Rondeau LVII
D'estre amoureux n'ay plus intention	IX, Rondeau IX
Devers Haynault, sur les fins de Champaigne	LXXV, Ballade IX
Dix & huict ans je vous donne	CLIII, Etrenne XX
Dueil ou plaisir me fault avoir sans cesse	XXVIII, Rondeau XXVIII
D'ung coup d'estoc Chissay, noble homme & fort	XIII, Rondeau XIII
D'ung mesme dard, soubz une mesme année	CXIX, Epitaphe XXX
Du premier coup entendez ma response	III, Rondeau III
Du tout me veulx desheriter	XLVIII, Rondeau XLVIII
En attendant que plus grand Œuvre face	LVIII, Rondeau LVIII
En ce beau moys delicieux	LXXXIV, Ballade XVIII
En esperant, espoir me desespere	XXVI, Rondeau XXVI
En grand regret, si pitié vous remord	XXVII, Rondeau XXVII
En la baisant m'a dit : Amy sans blasme	LV, Rondeau LV
En languissant & en griefve tristesse	VIII, Rondeau VIII
En liberté maintenant me pourmaine	LXIV, Rondeau LXIV
En sa doulceur feminine	CLXII, Etrenne XXIX
En sa jeunesse ung prince de valeur	LXV, Rondeau LXV
En ung Rondeau, sur le commencement	I, Rondeau I
Faulse Fortune, o que je te vy belle	XXIII, Rondeau XXIII
Garde toy de descocher	CLVII, Etrenne XXIV
Grande vertu & beaulté naturelle	L, Rondeau L
Grison fuz, Hedart	CXXI, Epitaphe XXXII
Gris, Tanné, Noir porte la fleur des fleurs	XLI, Rondeau XLI
Hors du Couvent, l'autrehyer, soubz la Couldrette	XXXV, Rondeau XXXV

TABLE DES INCIPIT 291

Icy gist mort, vivant par bon renom	CVIII, Epitaphe XIX
Il n'en est rien de ce qu'on vous revelle	XXI, Rondeau XXI
Ilz sont venuz, les Enfans desirez	LXXXII, Ballade XVI
Incontinent que Loyse le Maistre	CXXVII, Epitaphe XXXVIII
Je donne à Brueil aux doux yeulx	CLXIX, Etrenne XXXVI
Je fuz Jan Cotereau qui quatre Roys servy	CIX, Epitaphe XX
Je fuz Jouan sans avoir femme	IC, Epitaphe X
Je puisse devenir Singe	CLXIV, Etrenne XXXI
J'estrene de nom de belle	CLXI, Etrenne XXVIII
Je vous donne en conscience	CLXXV, Etrenne XLII
Jusque à la mort, Dame, t'eusse clamée	XLVII, Rondeau XLVII
La doulce beauté bien née	CXLIII, Etrenne X
La Duchesse de Nevers	CXXXVIII, Etrenne V
Laissez à part vos vineuses Tavernes	LXVIII, Ballade II
Là me tiendray où à present me tien	XLV, Rondeau XLV
La Mignonne des deux roys	CXXXVII, Etrenne IV
La Morre est jeu pire que aux Quilles	XCV, Epitaphe VI
Là où sçavez sans vous ne puis venir	XII, Rondeau XII
Le Chevalier gisant dessoubz ce Marbre cy	CVI, Epitaphe XVII
Le Pellican de la forest Celique	LXXIX, Ballade XIII
Le Roy, la Mort, aymerent Florimond	CXVI, Epitaphe XXVII
Loing de tes yeux t'amour me vient poursuivre	LVI, Rondeau LVI
Lors que le Roy par hault desire & cure	LXXXVI, Chant-Royal I
L'un s'est veu pris, non plusieurs fois, mais une	CLXXVIII, Sonnet II
Me souvenant de tes bontez divines	CLXXVII, Sonnet I
Mieulx resonnant qu'à bien louer facile	XIV, Rondeau XIV
Miolans l'aisnée est bien	CLIV, Etrenne XXI
Montreul monstre clerement	CL, Etrenne XVII
Mort a ravy Katherine Budé	XCIV, Epitaphe V
Musiciens à la voix argentine	LXX, Ballade IV
Nature, ouvrière sacrée	CLII, Etrenne XIX
Ne sçay où gist Helene en qui beaulté gisoit	CXXV, Epitaphe XXXVI
Noz yeulx de veoir ne sont las	CXLV, Etrenne XII
N'y pense plus, Prince, n'y pense mye	LXXXI, Ballade XV
On le m'a dit, Dague à rouelle	VI, Rondeau VI
Or est Noel venu son petit trac	LXXVII, Ballade XI
O Viateur, cy dessoubz gist Longueil	XCI, Epitaphe II
Par alliance ay acquis une Sœur	XLIX, Rondeau XLIX
Par seulle amour qui a tout surmonté	LI, Rondeau LI
Plus beau que fort ce lieu je puis juger	XXXIV, Rondeau XXXIV
Plus prouffitable est de t'escouter lire	XV, Rondeau XV
Plus qu'en aultre lieu de la ronde	XLII, Rondeau XLII
Pour bien louer & pour estre loué	XVII, Rondeau XVII
Pour courir en poste à la Ville	LXIX, Ballade III
Pour estrenes de la Tour	CLXXII, Etrenne XXXIX

292 TABLE DES INCIPIT

Pour vostre estrene qui vaille	CLXXVI, Etrenne XLIII
Prenant repos dessoubz ung vert Laurier	LXXXVIII, Chant-Royal I
Pres de toy m'a faict arrester	LXXII, Ballade VI
Princesse au cueur noble & rassis	LXXI, Ballade V
Quand Neptunus, puissant Dieu de la Mer	LXXIII, Ballade VII
Quel hault souhait, quei bien heuré desir	LXXVI, Ballade X
Que voulez, Diane bonne	CXLIV, Etrenne XI
Qui ayme Dieu, son Regne & son Empire	LXXXVII, Chant-Royal II
Qui pour Beaulieu, le presumptueux Moyne	CXX, Epitaphe XXXI
Qui sont ceulx là qui ont si grant envie	LXVII, Ballade I
Qui veult sçavoir grands accords differens	CX, Epitaphe XXI
Qu'on meine aux champs ce Coquardeau	VII, Rondeau VII
Sa fleur durer ne pourra	CLVI, Etrenne XXIII
Sans prejudice à personne	CXL, Etrenne VII
Sans riens blasmer, je sers une maistresse	XX, Rondeau XX
Sçais tu, Passant, de qui est ce Tombeau	CXXVI, Epitaphe XXXVII
Seigneurs passans, comment pourrez vous croyre	CXIV, Epitaphe XXV
Si Dieu qui vous composa	CLXXIII, Etrenne XL
Si j'ay du mal, maulgré moy je le porte	XXV, Rondeau XXV
Si quelcun pour son estreine	CLXIII, Etrenne XXX
Si vous n'estes en bon poinct	CLXX, Etrenne XXXVII
S'on veult changer vostre nom	CXLVII, Etrenne XIV
Soubz ceste Tumbe est gisant Alexandre	CXI, Epitaphe XXII
Soubz ceste Tumbe gist, & qui	CXXIX, Epitaphe XL
Soubz ce Tombeau gist Françoyse de Foix	CXXVIII, Epitaphe XXXIX
Soubz esperance & attente d'avoir	XXXIII, Rondeau XXXIII
Soubz voz attours bien fourniz	CXLVIII, Etrenne XV
Tant est subtil & de grande efficace	XVI, Rondeau XVI
Tant & plus mon cueur se contente	XXXVIII, Rondeau XXXVIII
Tant seullement ton Amour je demande	LII, Rondeau LII
Tant seullement ton repos je desire	LXI, Rondeau LXI
Tout à part soy est melancolieux	XLVI, Rondeau XLVI
Tout au rebours (dont convient que languisse)	X, Rondeau X
Toutes les nuyctz je ne pense qu'en celle	XLIII, Rondeau XLIII
Trop plus qu'en aultre en moy s'est arresté	LIII, Rondeau LIII
Un bien petit de pres me venez prendre	II, Rondeau II
Ung jour rescripviz à m'Amye	LXXX, Ballade XIV
Ung mardy gras que tristesse est chassée	XXXVI, Rondeau XXXVI
Veu ceste belle jeunesse	CXLII, Etrenne IX
Veu ton esprit qui les aultres surpasse	XIX, Rondeau XIX
Vostre beauté maintesfoys	CXXXIX, Etrenne VI
Vostre mary a fortune	CLXXIV, Etrenne XLI
Voulentiers en ce moys icy	LXXXV, Ballade XIX
Vous qui aymez Amytié nuptiale	CXIII, Epitaphe XXIV
Vous reprendrez, je l'affie	CXLI, Etrenne VIII
Voz graces en faict & dict	CLXVI, Etrenne XXXIII

TABLE DES INCIPIT DES PIÈCES DANS L'APPENDICE

Cy gist Martin qui, pour saouler Alix	4
Cy gist, pour Alix contenter	3
En l'eau, en l'eau, ces folz seditieux	1
Tous les regretz qui les cueurs tormentez	2
Voyant ces mons de veue si loingtaine	5

TABLES DES MATIÈRES

Introduction

   I Etude littéraire   5
     i. Les petits genres lyriques dans l'œuvre de Marot   5
     ii. Le sentiment de l'amour dans la poésie de jeunesse de Marot   19
     iii. Galanterie et badinage   29
     iv. Versification   31
   II Le Texte   36
     i. Classification et ordre   36
     ii. La question d'authenticité   38
     iii. Etablissement du texte   51

Sigles   56

Bibliographie   60

Liste des Abréviations   62

ŒUVRES DIVERSES

RONDEAUX

   I Rondeau I. Rondeau responsif à ung aultre qui se commenceoit: Maistre Clement, mon bon Amy   67
   II Rondeau II. A ung Creancier   68
   III Rondeau III. Du Disciple soustenant son Maistre contre les Detracteurs   69
   IV Rondeau IV. De celluy qui incite une jeune Dame à faire Amy   70
   V Rondeau V. De l'Amoureux ardant   71
   VI Rondeau VI. A une mesdisante   72
   VII Rondeau VII. A ung Poete ignorant   73
   VIII Rondeau VIII. De la jeune Dame qui a vieil Mary   74
   IX Rondeau IX. Du mal content d'Amours   74
   X Rondeau X. De l'absent de s'Amye   75
   XI Rondeau XI. De l'Amant doloreux   76
   XII Rondeaux XII. A monsieur de Pothon pour le prier de parler au Roy   78
   XIII Rondeau XIII De la mort de Monsieur de Chissay   79
   XIV Rondeau XIV. A ung Poete Françoys   81
   XV Rondeau XV. Au seigneur Theocrenus lisant à ses Disciples   82
   XVI Rondeau XVI. A Estienne du Temple   83
   XVII Rondeau XVII. Responce dudict Marot au dict Clavier   84

296   TABLES DES MATIÈRES

XVIII Rondeau XVIII. A ma Dame Jehanne Gaillarde de Lyon,
        Femme de bon sçavoir   85
  XIX Rondeau XIX. A celluy dont les lettres Capitales du Rondeau
        portent le nom   86
   XX Rondeau XX. A la louange de ma Dame la Duchesse
        d'Alençon, Sœur unique du Roy   87
  XXI Rondeau XXI. A ses Amys ausquelz on rapporta qu'il estoit
        prisonnier   88
 XXII Rondeau XXII. D'ung qui se plainct de Mort & d'Envie   89
XXIII Rondeau XXIII. D'ung se complaignant de Fortune   90
 XXIV Rondeau XXIV. A madame de Bazauges   91
  XXV Rondeau XXV. Du confict en douleur   92
 XXVI Rondeau XXVI. Rondeau par contradictions   93
XXVII Rondeau XXVII. Aux amys & seurs de feu Claude Perreal,
        Lyonnoys   95
XXVIII Rondeau XXVIII. Du Vendredy sainct   97
 XXIX Rondeau XXIX. De la Conception nostre Dame   98
  XXX Rondeau XXX. De la veue des Roys de France & d'Angleterre
        entre Ardres & Guynes   99
 XXXI Rondeau XXXI. De ceulx qui alloient sur Mulle au Camp
        d'Attigny   100
XXXII Rondeau XXXII. Au Roy pour avoir argent au desloger de
        Reins   101
XXXIII Rondeau XXXIII. De celle qui pour Estreines envoie à son
        Amy une de ses couleurs   102
XXXIV Rondeau XXXIV. D'ung lieu de plaisance   103
XXXV Rondeau XXXV. Des Nonnes qui sortirent du Couvent pour
        aller se recreer   104
XXXVI Rondeau XXXVI. D'alliance de Pensée   105
XXXVII Rondeau XXXVII. De sa grand Amye   106
XXXVIII Rondeau XXXVIII. De trois Alliances   106
XXXIX Rondeau XXXIX. Aux Damoyselles paresseuses d'escrire à
        leurs Amys   107
   XL Rondeau XL. De celluy qui nouvellement a receu Lettres de
        s'Amye   108
  XLI Rondeau XLI. Des trois couleurs, Gris, Tanné et Noir   109
 XLII Rondeau XLII. D'ung soy deffiant de sa Dame   110
XLIII Rondeau XLIII. De celluy qui ne pense qu'en s'Amye   111
 XLIV Rondeau XLIV. De celluy qui entra de Nuict chez s'Amye   112
  XLV Rondeau XLV. Du content en Amours   113
 XLVI Rondeau XLVI. De celluy qui est demeuré et s'Amye s'en
        est allée   114
XLVII Rondeau XLVII. De celluy de qui l'Amye a faict nouvel
        Amy   115
XLVIII Rondeau XLVIII. De l'Amant marry contre sa Dame   116
XLIX Rondeau XLIX. D'alliance de Sœur   117
    L Rondeau L. D'une Dame aiant beaulté & bonne grace   118
   LI Rondeau LI. A la jeune Dame melancolique et solitaire   119
  LII Rondeau LII. A une Dame pour luy offrir cueur & service   120
 LIII Rondeau LIII. A une Dame pour la louer   121

TABLES DES MATIÈRES 297

LIV Rondeau LIV. A la fille d'ung Painctre d'Orleans belle entre les autres 122
LV Rondeau LV. Du baiser de s'Amye 123
LVI Rondeau LVI. Pour ung qui est allé loing de s'Amyc 124
LVII Rondeau LVII. De la Paix traictée à Cambray par trois Princesses 126
LVIII Rondeau LVIII. A Monsieur de Belleville 127
LIX Rondeau LIX. Sur la devise de Madame de Lorraine : Amour et Foy 128
LX Rondeau LX. De l'Amour du Siecle Antique 129
LXI Rondeau LXI. D'une Dame à ung Importun 130
LXII Rondeau LXII. De la mal mariée qui ne veult faire Amy 131
LXIII Rondeau LXIII. De l'inconstance de Ysabeau 132
LXIV Rondeau LXIV. Rondeau parfaict, A ses Amys apres sa delivrance 133
LXV Rondeau LXV. Rondeau 134
LXVI Rondeau LXVI. Rondeau duquel les letres Capitales portent le nom de l'Autheur 135

BALLADES
LXVII Ballade I. Des enfans sans soucy 139
LXVIII Ballade II. Le cry du jeu de l'Empire d'Orleans 140
LXIX Ballade III. D'ung qu'on appelloit Frere Lubin 142
LXX Ballade IV. De soy mesme du temps qu'il apprenoit à escrire au Palais à Paris 143
LXXI Ballade V. A ma Dame la Duchesse d'Alençon laquelle il supplie d'estre couché en son estat 145
LXXII Ballade VI. D'ung Amant ferme en son amour quelcque rigueur que sa Dame luy fasse 147
LXXIII Ballade VII. De la naissance de Monseigneur le Daulphin 149
LXXIV Ballade VIII. Du triumphe d'Ardres & Guignes faict par les Roys de France & d'Angleterre 150
LXXV Ballade IX. De l'arrivée de Monsieur d'Alençon en Haynault 152
LXXVI Ballade X. De Paix & de Victoire 154
LXXVII Ballade XI. Du Jour de Noel 157
LXXVIII Ballade XII. De Caresme 159
LXXIX Ballade XIII. De la Passion nostre Seigneur Jesuchrist 160
LXXX Ballade XIV. Contre celle qui fut s'Amye 162
LXXXI Ballade XV. Chant Pastoral en forme de Ballade à Monsieur le Cardinal de Lorraine qui ne pouvoit ouyr nouvelles de Michel Huet, Parisien, son Joueur de Flustes le plus souverain de son Temps 164
LXXXII Ballade XVI. Chant de joye composé la Nuict qu'on sceut les nouvelles de la venue des Enfans de France retournantz des Hespaignes 166
LXXXIII Ballade XVII. Ballade d'une dame et de sa beaulté par le nouveau serviteur 169
LXXXIV Ballade XVIII. Chant de May 170
LXXXV Ballade XIX. Chant de May & de Vertu 171

CHANTS-ROYAUX

LXXXVI Chant-Royal I. Chant Royal de la Conception nostre Dame que Maistre Guillaume Cretin voulut avoir de l'Autheur lequel luy envoya avecques ce Huictain 175
LXXXVII Chant-Royal II. Chant Royal Chrestien 179
LXXXVIII Chant-Royal III. Chant Royal dont le Roy bailla le Refrain 183
LXXXIX Chant-Royal IV. Chant Royal de la Conception nostre Dame 186

EPITAPHES

XC Epitaphe I. De Jane Bonté 191
XCI Epitaphe II. De Longueil, homme docte 191
XCII Epitaphe III. De feu honneste personne, le petit Argentier Paulmier d'Orleans 192
XCIII Epitaphe IV. De Maistre André le Voust, Medecin du Duc d'Alençon 193
XCIV Epitaphe V. De Noble Damoyselle Parisienne, Katherine Budé 194
XCV Epitaphe VI. De Coquillart et de ses Armes à trois Coquilles d'Or 195
XCVI Epitaphe VII. De frere Jehan Levesque Cordelier natif d'Orleans 196
XCVII Epitaphe VIII. De Jehan le Veau 197
XCVIII Epitaphe IX. De Guion le Roy qui s'attendoit d'estre Pape avant que mourir 198
IC Epitaphe X. De Jouan, le Fol de ma Dame 199
C Epitaphe XI. De frere André, Cordelier 200
CI Epitaphe XII. Du frere Cordelier Semydieux 200
CII Epitaphe XIII. De feu Maistre Pierre de Villiers 201
CIII Epitaphe XIV. De Jehan Serre, excellent Joueur de Farces 202
CIV Epitaphe XV. Epitaphe de ladicte Dame 205
CV Epitaphe XVI. De la Royne Claude 206
CVI Epitaphe XVII. De feu Monsieur de Precy Vers Alexandrins 207
CVII Epitaphe XVIII. De Messire Jan Cotereau Chevalier Seigneur de Maintenon 209
CVIII Epitaphe XIX. De luy mesmes 211
CIX Epitaphe XX. De luy encores Vers Alexandrins 212
CX Epitaphe XXI. Epitaphe des Allemans de Bourges, recitée par la Deesse Memoire 213
CXI Epitaphe XXII. De Alexandre President de Barroys 214
CXII Epitaphe XXIII. De Maistre Jacques Charmolue 215
CXIII Epitaphe XXIV. De noble Damoyselle Anne de Marle 216
CXIV Epitaphe XXV. De maistre Guillaume Cretin Poete Françoys 217
CXV Epitaphe XXVI. De Loys Jagoyneau 218
CXVI Epitaphe XXVII. De Florimont de Champeverne 219
CXVII Epitaphe XXVIII. De Jan de Montdoulcet Vers Alexandrins 220

TABLES DES MATIÈRES 299

CXVIII	Epitaphe XXIX. De Guillaume Chantereau, homme de Guerre	221
CXIX	Epitaphe XXX. De troys Enfans Freres	212
CXX	Epitaphe XXXI. De la Tombe de l'Abbé de Beaulieu la Marche qui osa tenir contre le Roy	223
CXXI	Epitaphe XXXII. Du Cheval de Vuyart	225
CXXII	Epitaphe XXXIII. D'Alix	227
CXXIII	Epitaphe XXXIV. De Françoys Daulphin de France	229
CXXIV	Epitaphe XXXV. De Anne de Beauregard qui mourut à Ferrare	230
CXXV	Epitaphe XXXVI. De Helene de Boisy Vers Alexandrins	231
CXXVI	Epitaphe XXXVII. De Monsieur du Tour, Maistre Robert Gedoyn	232
CXXVII	Epitaphe XXXVIII. De Jan L'huilier Conseillier	233
CXXVIII	Epitaphe XXXIX. De Madame de Chasteaubriant	234
CXXIX	Epitaphe XL. De Ortis, le More du Roy	235
CXXX	Epitaphe XLI.* Epitaphe de feu Madame de Maintenon	236
CXXXI	Epitaphe XLII.* D'elle mesmes	236
CXXXII	Epitaphe XLIII.* Epitaphe de monsieur de Langey	237
CXXXIII	Epitaphe XLIV. De Monsieur le General Preud'homme	238

ETRENNES

CXXXIV	Etrenne I. A la Royne	241
CXXXV	Etrenne II. A Madame la Daulphine	241
CXXXVI	Etrenne III. A Madame Marguerite	242
CXXXVII	Etrenne IV. A Madame la Princesse de Navarre	242
CXXXVIII	Etrenne V. A Madame de Nevers	243
CXXXIX	Etrenne VI. A Madame de Montpensier	243
CXL	Etrenne VII. A Madame d'Estampes	244
CXLI	Etrenne VIII. A elle encores	244
CXLII	Etrenne IX. A la Contesse de Vertus	245
CXLIII	Etrenne X. A Madame l'Admiralle	245
CXLIV	Etrenne XI. A Madame la grand'Seneschale	246
CXLV	Etrenne XII. A Madame de Canaples	247
CXLVI	Etrenne XIII. A Madame de l'Estrange	247
CXLVII	Etrenne XIV. A Madame de Bressuyre	248
CXLVIII	Etrenne XV. A ma Damoyselle de Macy	248
CXLIX	Etrenne XVI. A Madamoyselle de Duras	249
CL	Etrenne XVII. Telligny	250
CLI	Etrenne XVIII. A Ryeulx	250
CLII	Etrenne XIX. A d'Avaugour	251
CLIII	Etrenne XX. A Helly	251
CLIV	Etrenne XXI. A Miolans l'aisnée	252
CLV	Etrenne XXII. A Miolans la jeune	252
CLVI	Etrenne XXIII. A Bonneval	253
CLVII	Etrenne XXIV. A Chastagneraye	253
CLVIII	Etrenne XXV. A Torcy	254
CLIX	Etrenne XXVI. A Douartis	254
CLX	Etrenne XXVII. A Cardelan	255

CLXI Etrenne XXVIII. A la Chapelle		255
CLXII Etrenne XXIX. A Brazay		256
CLXIII Etrenne XXX. A Memillon		256
CLXIV Etrenne XXXI. A Lursinge		257
CLXV Etrenne XXXII. A Lucresse		257
CLXVI Etrenne XXXIII. A Bye		258
CLXVII Etrenne XXXIV. A la Baulme		258
CLXVIII Etrenne XXXV. A Saintan		259
CLXIX Etrenne XXXVI. A Brueil l'aisnée		259
CLXX Etrenne XXXVII. A Brueil la jeune		260
CLXXI Etrenne XXXVIII. A d'Aubeterre		260
CLXXII Etrenne XXXIX. A la Tour		261
CLXXIII Etrenne XL. A Orsonvillier		261
CLXXIV Etrenne XLI. A ma Dame de Bernay, dicte Sainct Pol		262
CLXXV Etrenne XLII.* A Madame du Gauguier		262
CLXXVI Etrenne XLIII.* A elle mesmes		263

Sonnets

CLXXVII Sonnet I. Sonnet A Madame de Ferrare	267
CLXXVIII Sonnet II. Sonnet de la difference du Roy et de l'empereur	268
CLXXIX Sonnet III. Pour le May Planté par les Imprimeurs de Lyon devant le Logis du Seigneur Trivulse	269
CLXXX Sonnet IV. Response à deux jeunes hommes qui escrivoyent à sa louenge	270

Appendice

1 Responce de Clement Marot à l'escripteau icy dessus	273
2 Rondeau par Clement Marot	273
3 De Martin	274
4 Epitaphe nouveau de Martin par C.M.	274
5 Sonnet par Marot	275

Glossaire 277

Index des Noms Propres 283

Table des Incipit 289

Table des Incipit des Pièces dans l'Appendice 293

Published by
THE ATHLONE PRESS
UNIVERSITY OF LONDON
at 2 Gower Street London WC1
Distributed by Constable & Co Ltd
12 Orange Street London WC2

Canada
Oxford University Press
Toronto

U.S.A.
Oxford University Press Inc
New York

© *C. A. Mayer*, 1966

Printed in Great Britain by
WESTERN PRINTING SERVICES LTD
BRISTOL

DATE DUE

NOV 15 '67			

GAYLORD   PRINTED IN U.S.A.